感染症の国家戦略

日本の安全保障と危機管理

前WHO健康危機管理官
阿部圭史
ABE KEISHI

東洋経済新報社

はじめに

２０２０年初頭、我が国は、中華人民共和国の武漢を震源地とするＣＯＶＩＤ‐19パンデミックの危機に直面し、国家を挙げての事態対処行動を行った。日本政府・国会・民間機関・学術機関の多くの関係者、そして国民の長期間にわたる奮闘により、複数回の緊急事態宣言を経ながらも、幾度も感染の波を越えてきた。諸外国と比して低い死亡率を保っているものの、その危機管理手法に対して、国内外から多くの批判が寄せられたこともまた事実である。危機管理の要諦である指揮統制の不徹底、人的・物的・財政的資源の逐次投入、脆弱なリスクコミュニケーション等、挙げればいくつもあるだろう。

しかし、危機管理とは、必ず不確実性の伴う営みであり、不測の事態のない危機管理など存在しない。同じ顔を持つ危機などというものは存在せず、危機管理とは常に未知なるものに対する挑戦である。したがって、批判は極めて容易な行為だが、実際の危機管理の実行は極めて難解かつ複雑な営みであることを理解せねばならない。危機管理責任者は、危機発生時点で利用可能な有限な資源を勘案しつつ、多方面で展開する戦線に優先順位付けを行い、極力被害を低減し、早期に危機を収束させることが要求される。政治的・経済的・社会的・人的被害なし、といった「ゼロリスク」はあり得ず、いかにリスク（危機）をマネジメント（管理）し、それら被害を最小化するかという「リスクマネジメント」という考え方が危機管理には必須である。

我が国の危機管理能力は、地震や水害等の純粋に国内のみで対応可能な事案に対しては高い水準を保っているが、福島原発事故（２０１１年）やＣＯＶＩＤ-19パンデミック（２０２０年）を含め、国外の要素が多分に関与する事案に対しては、確固たる戦略を構築しつつ高い能力を発揮できているとは言えないことも事実である。第二次世界大戦の大日本帝国陸海軍の失敗を組織論的に検証した『失敗の本質』の時代から変わっていない点も多い。また、感染症危機管理においては、科学（医学・公衆衛生学）に基づく対策が必要だが、科学は感染症危機管理を構成する一要素にすぎず、それだけでは危機管理は機能しない。危機管理とは、政府機関に代表される危機管理組織に対し、軍事的概念であるところの指揮統制を行使しながらその機動を操縦し、有限の資源を縦横無尽に駆使しつつ、将来または現在に生じる危機に対処する営みである。

感染症危機管理に従事する者は、軍事的概念について理解していなければならない。感染症危機管理における軍事的概念の必要性は、米国疾病予防管理センター（ＣＤＣ：Centers for Disease

Control and Prevention）において、米国公衆衛生局士官部隊（United States Public Health Service Commissioned Corps）という制服軍人が組織の主要な一角を構成していることにも見て取れる。

また、危機管理活動には、政府をはじめとする危機管理組織の統治機構に関する知識や、危機管理活動への法的制約を理解するための法律知識が最低限必要だ。さらに、感染症危機管理事案は、国内戦線と世界戦線の同期性という特性を有していることから、国際情勢を広く理解した上で危機管理組織を指揮統制するための国際的な能力が必須である。

すなわち、感染症危機管理とは、地球上全体に広がる戦域の情勢と自国への波及を常に見極めつつ（国際的能力）、病原体の性状と動態を把握した上で、現時点において利用可能な武器で対抗しつつ、ワクチンや治療薬といった新兵器の研究開発を同時に行いながら（科学的知識）、危機管理組織の機動を操縦し（統治機構の知識・法律知識）、統率のとれた事態対処行動を行う（軍事的思考）ことで、国家に対する被害の極小化を図る営みである。

このように、科学的知識・法律知識・国際的能力・統治機構の知識・軍事的思考の5要素は、感染症危機管理組織で責任ある立場を占める者に必要な最低限の素養である。また、感染症危機管理組織を統率する指揮官は、これら5要素に加え、その職業人生において、戦略・作戦・戦術の複数のレベルにわたり、広く感染症危機管理に関する経験を積んでいることが必要である。

筆者はこれまで、一貫して感染症危機管理に関するキャリアを歩んできた。

厚生労働省では、中国のＨ７Ｎ９鳥インフルエンザアウトブレイク対策（２０１３年）、西アフリカのエボラ出血熱対策（２０１４～15年）、韓国のＭＥＲＳアウトブレイク対策（２０１５年）に従事した。これらの事案では、事態対処行動を行う本部の組織図描画から、事態対処行動における個別機能のデザインと日々のオペレーションの実行に至るまで経験した。その後、感染症危機時に前線で対応する医療機関の経営的負荷を軽減するための策としての診療報酬の改定も担当した。また、感染症危機管理分野の日米協力を強化するための政策にも従事し、日米の危機管理政策及び危機管理組織の違いを分析する機会に多く触れることとなった。

世界保健機関（ＷＨＯ）においては、韓国のＭＥＲＳアウトブレイク対策（２０１５年）、コンゴ民主共和国のエボラ出血熱アウトブレイク対策（２０１９年）、化学・生物・放射線・核（ＣＢＲＮ）災害対策（２０１９年）、ＣＯＶＩＤ-19パンデミック対策（２０２０年）の政策立案及び実際の事態対処行動に従事した。その中で、指揮官の参謀から副官まで幅広く経験する機会を得た。

さらに、国際連合軍縮部生物兵器禁止条約履行支援ユニットにおいて、生物兵器禁止条約に関する政策策定に関与した。

これら、公衆衛生及び安全保障の両者を跨ぐ分野（Health-Security Interface）での経験を通じ、戦略・作戦・戦術の複数のレベルにおいて、日本国内・アジア地域・グローバルの各領域における感染症危機管理のオペレーションに関する知見を実務家として蓄えると同時に、日本・主要先進国・国際機関の危機管理体制を比較検討する多くの機会を得た。

本書出版時点では、筆者は、近年の感染症危機事案について、日本政府において実務家として感染症危機管理に関するオペレーションの立ち上げと実行を経験すると同時に、ＷＨＯにおいても実務家として感染症危機管理に関するオペレーションの立ち上げと実行を経験した、唯一の日本人であると思われる。これらの経験を通じ、日本政府とそれ以外の組織の行う危機管理活動の違いを明確に認識したことで、国際標準の感染症危機管理を理論化して祖国に伝えなければならないという問題意識を常々抱いていた。

２０２０年のＣＯＶＩＤ‐19パンデミック対策の経験は、筆者が本書を記す直接的な動機となった。ＷＨＯにおいてグローバルな事態対処行動に従事し、同時に日本政府に助言をしつつ、我が国における危機管理上の苦闘と仲間たちの昼夜を問わぬ奮闘に胸を打たれた。同時に、感染症危機管理という営みに対する理解の不足が、日本政府の官僚や、いわゆる専門家と称される方々にも存在することが、明らかとなった。

例えば、日本政府の複数の官僚から、「感染症危機管理など訓練もしたことがない。対策本部に入れと言われたが、どうすれば良いのか右も左もわからない」「対策本部の組織図を描いて指揮命令系統を明らかにしようと試みたが、対策本部に参画している専門家（学者・研究者）は、危機管理組織としての指揮統制に服した経験がなく、統率が取れない」「日本国内に、疫学などの個別機能の専門家は少ないながらもいるが、感染症危機管理そのものを専門とする人間がおらず、部分最適になってしまっている」といった声が筆者の元に寄せられた。また、２０２０年２月に国際社会でも大々的に報じられた大型客船ダイヤモンド・プリンセス号における混乱は、危機管理組織としての指揮統制への不理解が原因の一つであることは明らかであった。

我が国における感染症危機管理の関係者が暗中模索を重ねる姿を見つつ、近い将来に次なる感染症危機がまた起こることが想定される中で、日本政府及びＷＨＯの両者における危機管理活動を通じて自身の中に蓄積した暗黙知を形式知として祖国に還元し、祖国の感染症危機管理能力向上のために貢献できないかと考え、筆をとった。危機の顔は常に異なる。しかし、それら異なる危機への対策に通底する共通概念は存在する。したがって、その共通概念を一般化し、普及することは有用である。

危機管理を行う主体は、各主権国家の政府である。ＷＨＯをはじめとする国際機関は、あくまでそれら主権国家の危機管理活動を支援することを使命としているという点で、根本的な役割は異なる。しかし、未知なる脅威によって引き起こされた危機に際し、その未知なるものに効率的かつ効果的に対処するという意味では、主権国家も国際機関も同じである。この観点から、本書において論じる感染症危機管理の教義（ドクトリン）は、筆者が経験した二つの異なる主体の危機管理活動や、公衆衛生分野と安全保障分野という一般的には断絶していると考えられている領域を跨ぐ経験を弁証法的に究明し、発展させたものである。

本書の中核部分は、序章～第4章の五つの章で構成されている。

まず、序章で本書の目的について詳細を記した。本書は、感染症危機管理に関する「教範」である。標準化された原理原則に関する知識体系を意味する「教義（ドクトリン）」や、その教義を普及するためにまとめた「教範（マニュアル）」は、軍事分野であれば一般的であろうが、医学・公衆衛生分野では耳にすることはない。しかし、一般的な危機管理活動が軍事分野における事態対処行動の諸要素に類似することや、実際に、国際社会における標準化された事態対処行動は軍事思想からエッセンスを継承していることに鑑み、教義や教範といった概念について説明した上で、本書の目的を明らかにしている。

次に、「感染症危機管理の教義」について述べている。「感染症危機管理の教義」は、第1章から第4章までの四つに分割して記した。

第1章では、感染症危機管理の目的について述べている。危機管理活動において、それが具体的に、どのような敵から、何を守るためにやっているかについて明確に意識することは重要である。感染症危機は、基本的には外来の脅威であり、国家全体に影響を及ぼす性質の脅威であることに鑑み、感染症危機管理は国益を守ることにある。しかし、国益は至極曖昧な概念であるため、それを明確化した。同時に、数多ある感染症の中で、日本の国益に甚大な影響を及ぼし得る敵として認識すべき脅威について明確化した。

第2章では、感染症危機管理の特性について述べている。感染症危機管理は、地震、豪雨、軍事的侵攻、テロなどの数多ある危機管理事案の中の一つにすぎない。したがって、それら危機管理事案に共通する性質も存在するし、他の事案と比較して感染症危機管理のみが有する特性も存在する。本章では、それらを明らかにした。感染症危機管理に従事する者は、その特性を明確に意識することが重要である。

第3章及び第4章では、各々、感染症危機管理の平時の準備と危機時の対応について記した。危機管理活動は、何か危機が勃発した際にだけ行われるものではない。平時から危機に備える事態準備行動（プリペアドネス）が、危機発生後の事態対処行動（レスポンス）と同様に重要である。したがって、感染症危機管理活動に従事する者は、平時から危機時に至る一連の流れを理解しておく必要がある。これらの章では、感染症分野の危機管理の方法論について、具体的かつ詳細に述べている。両章で述べる事項は、ＣＯＶＩＤ-19に対する事態対処行動を含め、実際の感染症危機管理活動にそのまま適用できるように構成した。今後、どのような新たな感染症危機が発生するかは現時点で明らかにできる者などいないが、実際の危機の発生を想定し、その際に本書をいかに使用するかについて想定しながら読み進めていただきたい。

感染症危機管理は、原則として政府が主導し、政府が最終責任を有する特性のものである。しかし、政府機関の能力のみで感染症危機管理を成功に導くことはできない。特に、感染症危機管理は、「総力戦」という特性を有している。「総力戦」は、過去の二度の世界大戦において軍事の文脈で使用されていたが、高度化・複雑化した科学技術により、もはや専門職たる職業軍人でなければ軍事行動の実行が困難となった現代においては使用されない。しかし、感染症危機管理では、純然たる政府機関の範囲を越えて多様な主体が感染症危機の前線に立つという意味で、「総力戦」という特性を有する。したがって、感染症危機管理を遂行するためには、平時の段階から広く民間機関及び学術機関と協働することで、その能力を効果的に動員し、危機時には政官産学一体となった国家的なオペレーションを構築することが必須である（Whole-of-society approach）。そのため、本書に記した教義の内容を広く一般に公開し、政府機関に限らず、国会、民間機関及び学術機関の関係者にも理解していただき、政官産学が共通の知的土台の上に一連の危機管理活動をデザインし、構築することができるよう、出版の運びとなった。

これまで、感染症危機管理について包括的に論じ、理論化した書物は、世界的に存在しなかった。したがって、本書は、感染症危機管理という理論について体系的に記した、世界で初めての試みである。いわば、感染症危機管理の曼荼羅図（全体像）を示し、感染症危機管理に従事する者に対して思考のフレームワークを提供することを試みたとも言える。それゆえ、本書がカバーする地平は広大であり、多くの不備があるかもしれない。しかし、その責任はひとえに筆者にある。是非、読者諸氏よりご批判、ご指導をいただきたい。序章で示す通り、本書が提供するドクトリンは現在進行形の知識体系にすぎず、常に進化せねばならない。読者諸氏のご批判を通じ、感染症危機管理のドクトリンが進化を遂げ、我が国の感染症危機管理の能力がさらなる高みに上ることを望んでいる。

２０２１年７月

阿部圭史

感染症の国家戦略 ～日本の安全保障と危機管理～　目次

第1章 感染症危機管理の目的
——感染症危機管理のドクトリン①

第4章 危機時の対応：事態対処行動（レスポンス）——感染症危機管理のドクトリン④

第六節　感染症危機管理におけるインシデント・コマンド・システム——詳細

序章

感染症の国家戦略のために

――本書の目的

第一節　感染症危機管理の教義（ドクトリン）

これまで我が国には、いや、世界においてさえ、感染症危機管理に関する指針という類のものは、存在しなかった。明晰な基本的論理の存在しない表象においては、その行動はあちこちと揺れ動き、目的とそれに至るまでの道程が明確に定まるものではない。危機の本質は「未知」であるが、いかなる場所で道に迷ったとしても、頭上に北極星が輝き大まかな方向性を示してくれるように、「未知」の中にあっても、何らかの指針は常に必要である。

その指針が「教義（ドクトリン）」であり、標準化された原理原則に関する知識体系を意味する。「教範（マニュアル）」とは、ドクトリンを普及するための教科書のことである。ドクトリンという単語は、通常、軍事組織において使用される。米軍やＮＡＴＯ（北大西洋条約機構）など、軍事組織は、その軍事行動の指針となる基本的な思想や原則などをまとめ、ドクトリンとする。そして、そのドクトリンを基に教範を編纂し、発布する。本書では、その考え方を感染症危機管理に適用した。

危機管理には、ソフト（問題解決の思想・方法論）と、それらを現実社会で実装するハード（法的・人的・財政的制度）の二つの理論的側面が存在する。危機管理担当者は、その両者に精通していなければならないが、ドクトリンは、そのソフト面に関する知識体系を指していると言える。

本書は、感染症危機管理に関する教範（マニュアル）である。その目的は、感染症危機管理のソフト面について、我が国の感染症危機管理組織（主として政府機関）の理解を促進し、その結果として、我が国の感染症危機管理組織の効果的運用を図ることにある。国家的規模の感染症危機管理においては、「集権的統制と分散型実行」が不可欠である。そのためには、戦略レベルから戦術レベルまでの危機管理に従事する者は、国家全体がどのような思想と方法論を前提にし、どのような能力を有し、どのように意思決定を行った上で個別の危機管理活動を実行しているかについて理解していなければならない。

感染症危機管理組織は、感染症危機管理理論のソフト面に関する共通理解を得た上で、それをハードとして実社会に実装し、定着させねばならず、本書はその共通理解を促進する役割を果たし得る。しかし、本書が提供するドクトリンは現在進行形の知識体系にすぎず、外部環境の変化に応じ、また、危機管理活動の実践を通じた洗礼によって新たに得られた教訓を通じ、そのソフト及びハードの不断の更新を柔軟に行わねばならない。すなわち、ドクトリンという存在そのものが不断の自己改革を運命的に課されているわけであり、ドクトリンが固定化され、ドグマ（固定化された信条）となってはならない。戦略は常に進化せねばならないのである。

ドクトリンの固定化による弊害については、『失敗の本質』における「海戦要務令」についての記載が参考になる。「海戦要務令」は、日露戦争時の東郷平八郎連合艦隊司令長官に参謀として仕えた秋山真之少佐が起草した「海戦に関する綱領」を基に、明治34年に制定されたものとされる。ここに記載された艦隊決戦思想・大艦巨砲主義という思想は、日露戦争における日本海海戦で日本海軍が大勝して以降、日本海軍の伝統となった。「海戦要務令」自体は、その後5回にわたり改訂されたが、その思想自体が更新されることはなかった。しかし、その後、航空技術が発達し、航空戦力によって勝敗を決する時代が到来していたにもかかわらず、日本海軍は航空優位思想に転換できず、ミッドウェー海戦以降、種々の戦闘において敗北を喫し、終戦まで至ることとなる。

以上のように、ドクトリンは常に進化論的発展を遂げねばならず、ドクトリンの段階における戦略的誤りは、作戦や戦術によって挽回することは不可能である。『失敗の本質』は、日本軍の最大の失敗として、特定の戦略思想に徹底的に適応し過ぎた結果、学習棄却（Unlearn）ができずに自己革新能力を失ってしまったことであると述べている。

第二節　安全保障と危機管理

本書の目的は、国家に対して甚大な影響を及ぼす感染症に対する「危機管理」について、その知識体系を明らかにし、一定の指針を示すことである。「危機管理」は、「安全保障・危機管理」というように、並列して述べられることが多いが、基本的に、「安全保障」と「危機管理」は性質の異なる別個の概念である。したがって、本節では、その違いを明確化した上で、その対比を通じて「危機管理」という概念についての理解を促したい。

安全保障とは、何とも曖昧な概念である。国際政治学者ジョセフ・ナイは、その著書『国際紛争』で、安全保障とは、「通常、死活的利益に対する脅威という観点から定義される。伝統的な国際関係理論は、安全保障を国家間の暴力または戦争の観点から考えてきた」と述べている。すなわち、安全保障とは、「脅威から死活的利益を擁護すること」を指す。

ここで、「脅威」と「死活的利益」の二つをどう定義するかで、各国が考える安全保障の認識に差異が生じる。安全保障という単語は、それを使う者の世界観が無意識的に影響するため、一つの定義に落ち着くことはなく、曖昧なのである。

例えば、国際関係論でいうリアリズムは、安全保障を「国家安全保障（National security）」と捉え、一主権国家の死活的利益、すなわち「国益」の追求を主眼とするのに対し、リベラリズムは、安全保障を「国際安全保障（International security）」と捉え、国益のみならず「国際公益」をも視野に入れ、国際社会全体の安定を追求する傾向にある。

また、同じ国家安全保障であっても、主権国家が「脅威」をどのように捉えるかによって、それが指す内容は国ごとに大きく異なる。例えば、日本は、外国の軍事的侵攻を主たる脅威と捉え、国家安全保障＝軍事・国防と考える傾向が窺えるし、太平洋の小さな島国フィジーにとっては、国家そのものが水没しかねない原因となる地球温暖化と気候変動への対策は国家安全保障の核だろう。米国は、感染症危機への対応も国家安全保障として規定し、国家安全保障会議（ＮＳＣ：National Security Council）の一部局が政府の中核として機能している。

このように、安全保障という概念の射程は、一定のスペクトラムの中で、国家ごとに伸縮するのである。しかし、近年、全体的な傾向として、安全保障が対象とする脅威の射程は拡大していると言える。人類社会の政治的・経済的・技術的な発展とグローバル化により、従来から伝統的に存在する国家間の陸海空における軍事紛争といったものから、感染症危機、非国家主体によるテロリズムや国際組織犯罪、大量破壊兵器の拡散、サイバー空間の紛争、宇宙空間での争い、気候変動といった非伝統的な脅威まで射程に含まなければ、もはや国の安全を確保できない時代になった。

したがって、現代の国家安全保障とは、「国益を揺るがす脅威が及ばない状態」を創出する不断の営みのことであり、脅威には伝統的及び非伝統的なものが含まれる。

では、その安全保障に対して、「危機管理」とは何か。安全保障と同様、危機管理という単語も曖昧な概念であり、それを使う者の世界観が無意識的に影響するため、一つの定義に落ち着くことはない。

国家における危機（Crisis）とは、ある特定の「脅威」が、国家の死活的利益、すなわち「国益」に対して負の影響を今にも及ぼさんとしている状態（imminent threat）または既に及ぼしている状態を指す。したがって、国家における危機管理（Crisis Management）とは、特定の脅威が国益に対する負の衝撃（Impact）を与えることを阻止または低減するために、平時及び危機時にわたり行う一連の活動のことを指す。このように、危機管理の目的は、国益を守ることである。ただし、これは狭義の危機管理であり、１９６２年に米ソ間で発生したキューバ危機や、２０１１年の東日本大震災や福島第一原発事故のように、国家的規模で影響を及ぼす事態を指す。一方、広義の危機管理には、より地理的に限定された地震や豪雨災害、大事故、連続爆破テロ、凶悪犯罪、企業の不祥事などが挙げられ、局所的な事案が含まれる。本書で取り上げる感染症危機は、国家的規模で影響を及ぼす事態であることから、狭義の危機管理の範疇である。

これだけを見れば、安全保障と危機管理の違いは不明瞭だ。しかし、敢えてその違いを意識するには、リスクの考え方が役に立つ（第1章第三節第一項で詳述）。一般に、物事のリスクの大小は、脅威が発生する「蓋然性（Likelihood）」（確率）と、脅威が発生した際の「衝撃（Impact）」の掛け算で表されるが、安全保障はその「蓋然性」を下げる取組みであり、危機管理はその「衝撃」を下げる取組みであると整理できる。

ここで理解しておくべきは、安全保障も危機管理も、平時及び危機時にわたって活動を行い、時間軸において活動の切れ目はないということである。ただし、危機管理の場合は、平時の活動を「事態準備行動（プリペアドネス）」、危機時の活動を「事態対処行動（レスポンス）」と呼び、明確に区別している。

本書の目的は、国家に対して甚大な影響を及ぼし得る感染症に対する「危機管理」について、その知識体系を明らかにし、一定の指針を示すことである。すなわち、感染症危機による負の衝撃を阻止または低減するための活動について述べるのであって、安全保障の観点からいかに感染症危機を考えるかといった点について紹介することではない。

第三節　我が国の感染症危機管理の課題

我が国及び世界は、21世紀に入り、２度のパンデミックを経験している。２００９年のＨ１Ｎ１新型インフルエンザパンデミックと、２０２０年のＣＯＶＩＤ-19パンデミックだ。我が国では、２００９年のＨ１Ｎ１新型インフルエンザパンデミック終了後の２０１０年に、政府の「新型インフルエンザ（Ａ／Ｈ１Ｎ１）対策総括会議」が、その報告書を通じて事態対処行動の総括を行い、例えば以下のような提言を行っている。

- ●迅速・合理的な意思決定システム：国の意思決定プロセスと責任主体を明確化、医療現場や地方自治体の情報を的確に把握し迅速に意思決定
- ●地方との関係と事前準備：地方がどこまで裁量を持つか等の役割分担確認
- ●広報・リスクコミュニケーション：国民への広報やリスクコミュニケーションの専門組織を設け、人員体制を充実させる。専任のスポークスパーソンを設け、広報責任主体を明確化し、広報内容を一元化

これらを要約すれば、国家的な指揮統制の機能不全と、コミュニケーションのプロの不在があったと言えるだろう。

一方、ＣＯＶＩＤ-19パンデミックでは、２０２０年の感染第１波に対する日本政府の事態対処行動を検証した「新型コロナ対応・民間臨時調査会」の調査・検証報告書が、以下の点を課題として挙げている。

●感染症危機発生時における保健所・地方衛生研究所・医療機関に対する厚労省の指揮権限や関係組織間のコミュニケーションを強化するような法整備が必要

●海外発信の必要性や重要性についてはほとんど認識がないなど、感染症危機における危機コミュニケーション機能が極めて不十分な状況にあった。（中略）厚労省の感染症危機対応体制の中に、危機コミュニケーションの機能とこれを担う部署及び専門人材を組み込むことを検討すべき

このように、前回のパンデミックから10年を経ても同様に、国家的な指揮統制の機能不全や、コミュニケーションのプロの不在について述べている。

実際には他にも多くの事例があるが、この事例だけからもわかるように、我が国の感染症危機管理には、危機時における国家の統治機構の不備や、国内外とのコミュニケーション能力の低さなど、時代を超えて共通する問題が多く横たわっていると考えられる。

本書では、右記の事例でも指摘された感染症危機管理における指揮統制のあり方や、コミュニ

ケーションのあり方をはじめとして、感染症危機管理の様々な考え方や手法について、具体的に解説していく。また、それにあたっては、軍事分野における多くの概念が参考になるため、次節では軍事的思考の必要性について述べる。

第四節　軍事的思考の必要性

感染症危機管理について論じるにあたり、軍事的思考の必要性について改めて書いておく必要があるだろう。

事態対処行動における指揮統制や組織構造など、感染症危機管理における軍事的概念の必要性は、日本の厚生労働省に相当する米国保健福祉省（ＨＨＳ：Department of Health and Human Services）や米国疾病予防管理センター（ＣＤＣ）において、米国公衆衛生局士官部隊（United States Public Health Service Commissioned Corps）という制服軍人が組織の主要な一角を構成していることにも見て取れる。筆者が厚生労働省において感染症危機管理を担当していた際の米国ＣＤＣにおけるカウンターパートは、大半が制服軍人であった。彼らの最上位は「医務総監（Surgeon General）」であり、階級は海軍式の中将（Vice Admiral）である。日本では、次官級の文官である厚生労働省の医務技監（Chief Medical Officer）が相当する。英国などでも、同様にChief Medical Officerと呼ばれる文官が当該職位を占めている。

なぜ、政府の公衆衛生部局に制服軍人組織があるのか。それは、公衆衛生分野の危機（感染症危機、自然災害、大量破壊兵器によるテロリズム等）は、国家的危機に発展する可能性が高いものも多く存在することから、24時間体制で即応態勢を維持する必要があると同時に、統率の取れた国家的規模の事態対処行動が要求されるからである。実際、米国ＣＤＣは、彼ら制服軍人と文官が混合されたチームで感染症危機に対する事態対処行動に従事している。

ＷＨＯでも、制服軍人こそいないが（元軍人はいる）、軍事的思考を取り入れて危機管理組織を構築している。

ＷＨＯの危機管理組織は、ＷＨＯ危機管理局（ＷＨＥ：WHO Health Emergencies Programme）である。ＷＨＥは、平時と危機時には異なる組織構造で対応している。何らかの危機が発生した際には、平時の組織とは切り離された危機時の組織が設置される。その危機時の組織の機能を「Incident Management System」と呼び（前記の米国ＣＤＣ等の危機管理組織など、一般的にはIncident「Command」Systemと呼ばれる）、組織そのものを「Incident Management Support Team（ＩＭＳＴ）」と呼ぶ。平時には、ＷＨＥの一部門が世界中の公衆衛生分野の急性危機（acute emergencies）を監視しているが、いざ大規模危機の発生となれば、当該部門のシニアのスタッフがＩＭＳＴを束ねる指揮官（Incident Manager）に任命され、同部門のジュニアのスタッフが副官（Project Management Officer）に任命される。

ＩＭＳＴは、いわゆる危機時の参謀組織であり、指揮官の下に機能ごとの部門が複数ぶら下がる組織構造を取っている。この各機能部門を「Pillar」と言い、各機能部門に必要な専門性を有するスタッフが平時の組織から任命され、各機能に特化した参謀を務めるのである。指揮官は、副官や、各部門長（Pillar Lead）の補佐を受けながら、ＷＨＯとしての組織的な事態対処行動を調整・実行する。指揮官は、上級指揮官（ＥxＤ：Executive Director）に直接レポートする役割を担い、上級指揮官は最高指揮官たる事務局長（ＤＧ：Director General）にレポートする。

以上のような平時と危機時の組織構造の区別は、軍事組織における軍政と軍令の区別と同じである。軍政とは、軍事組織の行政事項（法律、予算、人事、装備、教育など）のことを指し、軍令とは、作戦計画や部隊運用などの純然たる作戦事項のことを指す。

文官組織であるＷＨＯが軍事組織と異なる点が二つある。一つは、スタッフが全員文官であることである。もう一つは、軍事組織では、一個人は軍政組織か軍令組織のどちらかに専任されるのが常であるが、ＷＨＯでは一個人が平時の組織にも危機時のＩＭＳＴにも重複して任命されることである。このように、軍事組織は、危機時の組織の運用・作戦に関して独立性が保たれている点が、特徴的である。

我が国の感染症危機管理組織である厚生労働省も、大規模な感染症危機発生に伴い、軍令組織たる「対策本部」が設置される。言うまでもなく、厚労省も文官組織である。したがって、ＷＨＯと同様、各スタッフは平時の組織にも危機時の組織たる対策本部にも重複して任命される。しかし、ＷＨＯの場合は、明確に業務の優先順位付けがなされ、軍政的業務は削減され、軍令的業務の比重が大きくなる。一方、厚労省は、国民の付託に応え、いかなる行政サービスをも途切れさせないことを名目に、危機時にあっても業務の優先順位付けが明確になされることはなく、平時の組織の仕事が明確に削減された上で、危機時の組織の業務に比重が置かれるということもないため、危機時には単純に業務量が激増する。結果、危機にもかかわらず軍令的業務に十分な人員と労力を割くことができないというジレンマに陥ると言われている。

また、感染症危機は、数多ある国家的危機の中でも、その性質が軍事分野に最も似通っており、軍事分野から多くの概念を学ぶことができる。例えば、自然災害は、発生時が被害のピークでその後は低減していくものだが、感染症危機は、寄せては返す波のように、幾度も危機が到来し、その都度被害が増減する。すなわち、意思を持つ生ける敵との相互作用が常に発生するという軍事分野の性質と同じで、有機体同士の不断の衝突が発生するのが感染症危機管理なのである。

軍事と同様、感染症危機管理においては、統率の取れた国家的規模の事態対処行動が要求される。そのためには、感染症危機管理に従事する者は、文官であろうとも、軍事的概念であるところの指揮統制や危機時の統治機構などについて十分に理解していなければならない（第4章で詳述）。

第1章

感染症危機管理の目的

——感染症危機管理のドクトリン①

第一節　感染症危機管理とその目的

国家における危機（Crisis）とは、ある特定の「脅威（Threat）」が、国家の死活的利益、すなわち「国益（National interest）」に対して負の影響を今にも及ぼさんとしている状態（imminent threat）または既に及ぼしている状態のことを指す。したがって、国家における危機管理（Crisis management）とは、ある特定の脅威が国益に対する破壊的な事象を発生させるに際し、当該事象が国益に与える負の衝撃（Impact）を阻止または低減するために、平時及び危機時にわたり行う一連の活動のことを指す。このように、危機管理の目的は、国益を守ることである。この一連の活動を実行する国家的規模の主体を「危機管理組織」と呼び、主として政府機関がそれに相当する。危機管理組織は、平時及び危機時の両期間にわたって行う危機管理活動の前提として、どのような事象を脅威として捉えるのかという認識、すなわち「脅威認識（Threat perception）」を明確に同定した上で、その脅威が発現せしめる危機に的確に対応するための活動を行う必要がある。

したがって、国家における感染症危機（Infectious disease crisis）とは、感染症領域に属するある特定の「脅威」（「生物学的脅威（Biological threat / Biothreat）」という。一般的には、病原体以外に生物由来の毒素を含む）が、「国益」に対して負の影響を今にも及ぼさんとしている状態（imminent threat）または既に及ぼしている状態のことを指す。したがって、国家における感染症危機管理（Infectious disease crisis management）とは、ある特定の生物学的脅威が、国益に対する破壊的な事象を発生させるに際し、当該事象が国益に与える負の衝撃（Impact）を阻止または低減するために、平時及び危機時にわたり行う一連の活動のことを指す。

このように、感染症危機管理の目的は、国益を守ることにある。この一連の活動を実行する国家的規模の主体を「感染症危機管理組織」と呼ぶ。感染症危機管理組織は、その危機管理活動にあたり、どのような「脅威認識」を持つべきなのだろうか。それは、本章第三節第二項で詳述する。

第二節　国益の基本概念

「国益」とは、原則として対外的な文脈（外政）において使用される概念である。国家は、対外的な文脈（外政）において「国益」を確保する義務を負っており、国家が行ういかなる対外政策も、「国益」を確保するために行われるべきである。したがって、国家に来襲する脅威に対処する際にも、「国益」の確保を中心に据えねばならない。

本節では、「国益」という概念を定義することを試みる。しかし、そもそも「感染症危機管理に関するマニュアル」である本書で、わざわざ大上段に構えて国益という概念を敢えて定義することに何の意味があるのだろうか。それは、「国益」の内容を明確化し、感染症危機管理が守ろうとしている客体を明らかにしないことには、感染症危機管理のマニュアルである本書を何のために使用するかという点も不明確になってしまうからである。

すなわち、実際に感染症危機管理活動を行う主体である感染症危機管理組織が「国益」の意味する内容を明確に理解できなければ、いかなる活動も目的が曖昧になってしまう。結果、感染症危機管理活動の利益を享受する国民に対し、その利益を毀損してしまうことに繋がるのである。

では、この曖昧模糊としたいわゆる「国益」という概念は、具体的に何を指しているのだろうか。一般的に、感染症危機管理活動が守るべき国益とは、国民の生命に他ならないように思えるが、果たして本当にそうなのだろうか。

国家的な危機管理を行う代表的組織は、自衛隊と警察だが、両者の活動は、以下のように規定されている。

自衛隊法第三条：自衛隊は、我が国の平和と独立を守り、国の安全を保つため、我が国を防衛することを主たる任務とし、必要に応じ、公共の秩序の維持に当たるものとする。

警察法第二条：警察は、個人の生命、身体及び財産の保護に任じ、犯罪の予防、鎮圧及び捜査、被疑者の逮捕、交通の取締その他公共の安全と秩序の維持に当ることをもつてその責務とする。

これを素直に読めば、自衛隊の活動の目的は、我が国の平和・独立・安全の確保である。また、警察の活動の目的は、国民の生命・身体・財産の保護と、公共の安全・秩序の維持である。すなわち、自衛隊は外敵に対して主権を守るのが目的であって、警察は国民一人一人の保護と国内社会の安定を目的としているようにも読める。このように、危機管理組織ごとに活動の目的は異なるのであって、必ずしも一般的に言われるように、ざっくりと「国民の生命と財産を守る」というわけではないのである。

したがって、本節で国益という概念を敢えて定義し、感染症危機管理活動の目的を明確化することは重要である。

第一項▼国益概念の範囲の特定

国益とはどのような広がりを持つ概念なのかについては、主権国家の行動やそれらの相互作用について科学的な説明を試みる国際関係論を使って同定することができる。世界は多義的であり、唯一絶対の価値によって規定されているわけではない。したがって、国家の各種行動について、国際関係論を構成する一つの理論（パラダイム）のみで説明することは不可能である。国家の特定の行動については、リアリズム・リベラリズム・コンストラクティヴィズムといった国際関係論の三つの主要なパラダイムごとに、説明できるものと説明できないものがあり、どれか一つが正しいという性格のものではない。特に、実務家として危機管理活動に従事するにあたり、日本及び各国政府の行動が、リアリズムによって説明できるものもあれば、リベラリズムによって説明できるものもある。また、国際機関側の行動は、自らが中心となって策定する規範によって主権国家の行動に影響を及ぼそうとするなど、コンストラクティヴィズムの観点から説明できるものも多い。同様に、国益に関する定義も、各パラダイムにおいて、その射程が異なる。

リアリズムは、その細かな分類（古典的リアリズム・ネオリアリズム（攻撃的リアリズム・防御的リアリズム等））ごとに、国際関係の捉え方について多少の違いはある。しかし、一般的には、国際社会の主要なアクターである主権国家が、人間の性質に基づく権力欲または国際システムの無政府性（アナーキー）という課題に対して、パワーを手段として用いながら、国家の「生存」を図ることこそが、国家の追求すべき最高の利益（国益）だと規定している。

ここで、国際秩序の「安定」と「平和」は異なることに留意せねばならない。仮に、平和を「戦争のない状態」と定義する。リアリストは、バランス・オブ・パワーを通じて安定的な国際秩序を形成し、自国の生存を維持しようとするが、これは、戦争のない状態（平和）を維持しようとするためでも、全ての国家の生存を維持するためでもない。すなわち、リアリストは、あくまで、国際秩序の安定を通じて自国の「生存」を追求しているのであって、平和を追求しているのではない。リアリストにとっての「国益」は、あくまで自国の「生存」である。

　リベラリズムは、国際システムの無政府性（アナーキー）という課題がある中で、いかにして戦争を防止するのか、すなわち、いかにして国際社会の平和を形成するのかを究極の目標としており、「国益」はその過程で形成される。

　リベラリズムの思想的起源は17世紀まで遡り、国家との関係における個人の自由と権利、経済、平和といった各種哲学を基盤としているが、国際関係論におけるリベラリズムは、第一次世界大戦後の国際法や国際機構、世論、相互依存等を平和達成のための手段として重視する理想主義（Idealism）から発展した。しかし、国際連盟による集団安全保障体制の失敗と第二次世界大戦の勃発により信憑性を失い、戦後はリアリズムにより脇に追いやられるものの、戦後の国際関係における経済の相互依存の高まり等を受け、国際関係をリベラリズム的視点から分析する姿勢が復活した。このように、戦後のリベラリズムは、戦間期の理想主義から派生したものであり、たとえ国際社会は無政府状態であっても、国家は必ずしも争わず、互いに協力していけるものであるという精神を共有し、国際社会の平和をあり得べき姿として認識することによって、平和への一貫した期待を内包している。

リベラリズムにおいても、リアリズムと同様に、国際社会を無政府状態であると認識はするものの、常に闘争状態にあるわけではなく、リアリズムの規定する純粋な無政府状態とはその程度が異なり、より穏健であると認識する。これは、リベラリズムの性質である平和の継続への安定した期待から生じる認識である。したがって、純粋な無政府状態ではない国際社会においては、「生存」以外の利益を「国益」として追求する余裕があり、その「国益」の定義は、各国家の国内社会における経済・社会・政治システムの様相を国際社会に投射したものとなる。すなわち、各国家の国内社会の経済・社会・政治システムの様相を国際社会に投射したものを保全することそのものが、「国益」であると考えられている。具体的には、国際社会の主要なアクターを主権国家に据えつつも、国際機関等の非国家主体の役割も重視し、国家間の相互利益や国際協調を促進する以下の方策が、「国益」の確保という営みを通じた国際社会の平和を達成する手段として挙げられる。

1　経済分野：貿易による相互依存（国際関係論では「interdependence」と呼ばれる）

2　社会分野：人の移動・交流による相互依存（国際関係論では「interdependence」と呼ばれる）

3　政治分野：

a．国家間の制度的枠組み（国際法や国際機関等）による国際協調（国際関係論では「Neoliberal

Institutionalism」や「International Regime Theory」と呼ばれる）

b. 民主主義による統治（国際関係論では「Democratic Peace Theory」と呼ばれる）

このリアリズムとリベラリズムの違いからわかるように、「国益」の定義は、国際社会の特定の状況が無政府状態という抽象的な概念にどの程度近いものと感じるかという主観的な認識の差によって、縮小または拡大する。リベラリズムの場合は、リアリズムにとっての「国益」である「生存」よりも拡張した領域の保全を「国益」の射程として捉えている。

コンストラクティヴィズムは、「国益」を国際社会の無政府性という国家の外的要因に起因する所与のものとして規定したリアリズムやリベラリズムとは異なり、国際社会の主要アクターである国家のアイデンティティや規範に対する認識といった内的要因によって「国益」が変化すると考える。すなわち、「国益」は客観的に存在する不変のものではなく、時代や場所ごとに国家間で間主観的に理解されている理念であり、この理念により「国益」が構成されると考える。したがって、コンストラクティヴィズムにおいて、国家が国際社会で追求する「国益」とは、自己の有する理念・アイデンティティ・規範を保全することである。これはすなわち、コンストラクティヴィズムにおける「国益」の定義が、単なる「生存」よりも拡張した領域を対象に含んでいることを示している。

リアリズム・リベラリズム・コンストラクティヴィズムという国際関係論の三つの主要なパラダイムに関する分析を通じ、「国益」とは、リアリストの定義する国家の「生存」を最も狭い概念として、リベラリズムやコンストラクティヴィズムが定義するように、他の領域にも拡張し得るという、一定のスペクトラムをもった概念であることがわかる。

第二項▼国益の具体化

国益の最も狭くかつ中心的概念である国家の「生存」や、「生存」から拡張した国益の領域は、具体的にどのようなものを指すのだろうか。

代表的なリアリストである国際政治学者ハンス・モーゲンソーは、「生存」を以下のように定義している。[1]

> 国益という名の下に行う如何なる外交政策も、我々が国家と称する物理的・政治的・文化的な存在に確実に依拠していなければならない。数多の主権国家がパワーを巡って争う国際社会では、全ての国家の外交政策は、各々の「生存」を最低限の要件として行われなければならない。即ち、全ての国家は、自国の物理的・政治的・文化的なアイデンティティを他国の侵略から守るように行動するのである。

他国から自国のアイデンティティを守る上で、国民国家としての政治的統一を「生存」させることは、国益を構成する要素としてそれ以上分割することができない最小単位である。それをより具体的に言えば、領土の保全・政治体制の保全・文化の保全のことである。

このように、モーゲンソーによれば、国家の「国益」の最低要件とは国家の「生存」のことであり、国家の「生存」を確保するとは、領土・政治体制・文化の三つの安全を確実にするという意味である。

一方、『孟子』にも国益についての記載があり、参考になる[2]。

孟子曰、諸侯之寶三、土地・人民・政事、寶珠玉者殃必及身

書き下し文：孟子曰く、諸侯の宝は三つ、土地・人民・政事なり、珠玉を宝とする者は、殃必ず身に及ぶ。

現代語訳：孟子がいわれた。「諸侯の宝は三つある。それは土地と人民と政事（政治）だ。しかるに、この三つの宝を尊重しないで、無用な珠玉などの類をこよなき宝とするものは、必ずや災害がその身に及んで、国家は滅亡するであろう。」

このように、孟子では、領土・国民・政治体制の三つを守らねばならない国益であるとしている。続けて孟子は、これら三つの優先順位を以下のように規定している。

孟子曰、民為貴、社稷次之、君為輕、是故得乎丘民而為天子、得乎天子為諸侯、得乎諸侯為大夫、諸侯危社稷、則變置、犠牲既成、粢盛既絜、祭祀以時、然而旱乾水溢、則變置社稷

書き下し文：孟子曰く、民を貴しとなし、社稷之に次ぎ、君を軽しとなす。是の故に丘民（衆民）に得られて天子となり、天子に得られて諸侯となり、諸侯に得られて大夫となる。諸侯社稷を危くすれば、則ち（其の君を）変（更）めて置（立）つ。犠牲既に成（肥）え、粢盛既に絜（潔）く、祭祀時を以てす。然（如是）くにして旱乾水溢あれば、則ち社稷を変めて置つ。

現代語訳：孟子がいわれた。「国家においては人民が何よりも貴重であり、社稷の神によって象徴される国土がそのつぎで、君主がいちばん軽いものだ。それ故に、大勢の人民から信任をうけると天子になり、天子から信任をうけると諸侯になり、諸侯から信任をうけると大夫になるというわけである。故に、もし諸侯が無道で、社稷を危くするならば、その君を廃してあらためて賢君を選んで立てる。（これは君主が社稷（国家）よりも軽いからである）。また、社稷の祭に供える犠牲が十分に肥えふとり、供え物の穀物も申し分なく清浄で、時期を

あやまらず祭ったにもかかわらず、なお旱魃（ひでり）や洪水があったりすれば、〔社稷の神の責任であるから〕その〔罪を責め〕祭壇をこわして、新たに造りかえる。〔これは社稷が人民よりも軽いからである〕。」

このように、孟子は、国益たる領土・国民・政治体制の三つの優先順位について、国民＞領土＞政治体制と規定している。

モーゲンソーと孟子の国益概念を対照すると、両者とも領土と政治体制を挙げ、モーゲンソーはそれに文化を加えたもの、孟子はそれに国民を加えたものを国益と規定している。これらの観点では、いわゆる国家の「生存」は、国民の生命・国家の領土・国家の政治体制・国家の文化の4要素を保全することであると定義することができる。孟子による優先順位を考慮すれば、国家の「生存」を構成する4要素の中で最も優先順位が高いものは、国民の生命の保全である。

国家の「生存」から拡張した領域まで含む包括的な国益概念は、「論語」が以下のように具体的に規定している。[3]

子貢問政、子曰、足食足兵、民信之矣

書き下し文：子貢、政を問う。子の曰わく、食を足し兵を足し、民をしてこれを信ぜしむ。
現代語訳：子貢が政治のことをおたずねした。先生はいわれた、「食糧を十分にし軍備を十分にして、人民には信を持たせることだ。」

このように、論語では、兵・食・信の三つを政治が達成すべき包括的な国益概念であると規定している。外交官の兼原信克氏は、その著書『戦略外交原論』において、兵・食・信をそれぞれ安全・繁栄・価値観と形容している。安全とは国家の生存、繁栄とは国家の経済的繁栄、価値観とは国家の有する政治体制（民主主義）・固有の文化・社会的伝統・言語等のことである。

ところで、論語で言うところの兵（安全）とは、物理的な安全のことを指す。すなわち、形而下的生存である。形而下的生存の対比としての形而上的生存とは、国家の有する価値観の保全、すなわち、論語でいうところの信（価値観）のことであると言えよう。すなわち、国益における「生存」は、形而下的生存たる国家の物理的安全と、形而上的生存たる国家の価値観保全の二つによって構成されている。さらに、前述のモーゲンソーと孟子の国益概念に照らせば、物理的安全とは、国民の生命と国家の領土の安全のことであり、価値観保全とは、自由主義・民主主義・法の支配・基本的人権の尊重といった各種価値観に支えられた政治体制と、言語・宗教・社会的伝統といった各種要素によって構成される国家の文化のことであると言える。

以上のように考えれば、論語は、物理的安全と価値観保全によって構成される国家の「生存」

図表１　国益の構成要素

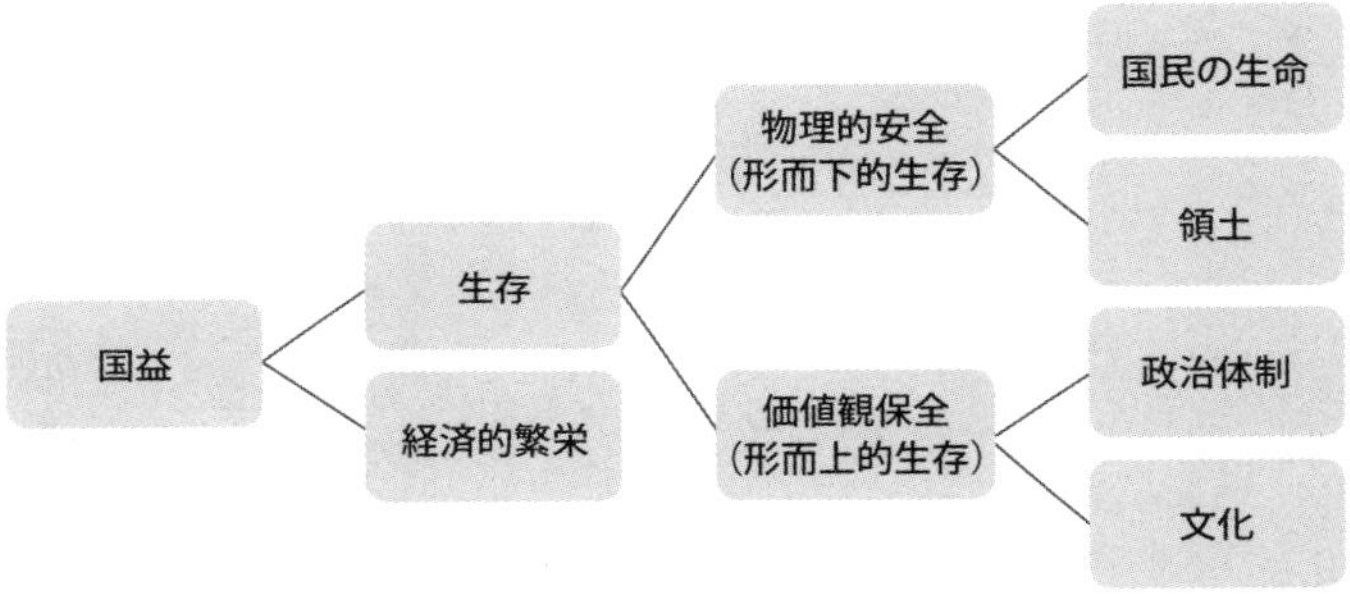

に加え、自国の経済的繁栄を「生存」から拡張した国益の領域として規定していると言えるだろう。

「国益」とは、国家の「生存」を最も狭い概念かつ最低要件としつつも、他の領域にも拡張し得る一定のスペクトラムをもった概念である。そして、これまでの分析を通じ、その国家の「生存」の確保とは、①国民の生命、②国家の領土、③国家の政治体制、④国家の文化の四つを保全することにあり、その中でも国民の生命の保全が最も優先度が高いものであることを明らかにした。また、国家の「生存」より拡張した国益概念とは、⑤経済的繁栄のことであることも述べた。

本章の冒頭で述べたように、国家における危機管理とは、ある特定の脅威が国益に対する破壊的な事象を発生させるに際し、当該事象が国益に与える負の衝撃（Impact）を阻止または低減するために、平時及び危機時にわたり行う一連の活動のことを指す。したがって、前述した国益の具体的内容に照らせば、危機管理組織が行う危機管理活動の目的は、特定の脅威が、①国民の生命、②国家の領土、③国家の政治体制、④国家の文化、⑤国家の経済的繁栄を毀損することを防ぐこと、また、その脅威によって生じた被害を極力低減することであると言える。

第三項▼感染症危機管理における国益

前項では、危機管理組織が行う危機管理活動の目的は、特定の脅威が、①国民の生命、②国家の領土、③国家の政治体制、④国家の文化、⑤国家の経済的繁栄を毀損することを防ぐこと、また、その脅威によって生じた被害を極力低減することであると述べた。

それでは、この五つの国益要素の中で、感染症危機管理とは、どの国益要素を守る活動なのであろうか。感染症危機管理においては、生物学的脅威、すなわち細菌やウイルス等の病原体が引き起こすアウトブレイクによる人体への侵害に焦点があたる。すなわち、感染症危機管理における脅威とは、細菌やウイルス等の病原体のことであって、これらは直接的に国民の生命を侵害し、死に至らしめる。

したがって、感染症危機管理とは、特定の生物学的脅威が、国益に対する破壊的な事象を発生させるに際し、当該事象が①国民の生命（国益）に与える負の衝撃（Impact）を阻止または低減するために、平時及び危機時にわたり行う一連の活動のことを指すのである。

このように、感染症危機管理は、国民の生命に対する直接的な侵害作用を阻止し、被害を低減することが第一義的な目的である。しかし、その事態対処行動の副作用として、国益を構成する他の要素、特に⑤経済的繁栄に影響を及ぼしてしまうことは避けられない（詳細は後述）。したがって、感染症危機管理の事態対処行動が国益に与える副作用についても、常に念頭に置きつつ事態対処行動を実施する必要がある。

さらに、後述するように、病原性及び感染性が非常に高い病原体が脅威として発現した場合は、それによる負の衝撃の度合いは、社会構造が変質するほどの死者を発生させ、③国家の政治体制の維持・保全に影響を及ぼすことも想定される。

結論として、感染症危機管理は、直接的には①国民の生命という国益を守り、間接的には③国家の政治体制や⑤経済的繁栄を守るという目的を持っているのであって、必ずしも①国民の生命を守るだけというわけではないことに留意する必要がある。

第三節　脅威認識の基本概念

第一項▼リスクの考え方

国家における危機管理とは、ある特定の脅威が国益に対する破壊的な事象を発生させるに際し、当該事象が国益に与える負の衝撃を阻止または低減するために、平時及び危機時にわたり行う一連の活動のことを指す。負の衝撃が直接的に作用する対象の例としては、人命、環境、経済、物理的施設などが挙げられる。「脅威」とは、社会において何らかの被害を発生させる因子のことであり、その因子を自然発生的なものと人為的なものに敢えて区別するとすれば、前者は「Hazard」、後者は「Threat」と表現される。脅威の性質、すなわち、その脅威が発現する蓋然性（Likelihood）と発現した後の被害の衝撃（Impact）の度合いの組み合わせは、脅威の種類ごとに異なる。

また、ある脅威が実際に発現することによって社会が被る被害の度合いのことを「リスク（Risk）」という。それはすなわち、脅威によって生じる好ましくない結果の期待値を示している。したがって、ある脅威についてのリスク（Risk）は、以下のように定義される。

リスク　＝　蓋然性　×　衝撃

（Risk ＝ Likelihood × Impact Risk ＝ ※Probability × Severity と表現する場合もある）

Likelihoodは、一般的に0〜1の値または％で表現される。一方、Impactは、その負の衝撃が加えられる対象の影響範囲を数値的に表現する（例：人命の場合は○○人、経済の場合は○○円）。このように規定された特定の脅威のリスクに対する国家と国民の認識・姿勢を「脅威認識（Threat perception）」と呼ぶ。危機管理組織は、適切な脅威認識に基づき、各脅威のリスクに適した対策を取らねばならない。

感染症危機管理においては、リスクに基づき対処するのではなく、脅威が発生した場合の衝撃（Impact）が大きいものに対して優先的に対処すべきである。すなわち、国家規模の感染症危機管理においては、Likelihoodのいかんにかかわらず、Impactの高い脅威に対処することが肝要である。なぜなら、Likelihoodが高くてもImpactが低ければ、社会に特筆すべき被害を及ぼさないからである。

一般的に、Impactは以下のように定義される。

衝撃　＝　暴露範囲　×　衝撃強度　×　潜在的脆弱性

（Impact ＝ Exposure × Intensity × Underlying Vulnerability）

潜在的脆弱性　＝　脆弱性／対処能力

（Underlying Vulnerability ＝ Vulnerability / Coping capacity）

暴露範囲（Exposure）とは、自然状態における脅威による衝撃の影響範囲のことである。例えば、脅威が人命に対して影響を及ぼす場合は、影響を受ける人口集団の大きさ（例：人数、総人口割合（%））で表される。

衝撃強度（Intensity）とは、脅威による衝撃の自然状態における大きさ（深さ）のことである。

潜在的脆弱性（Underlying Vulnerability）は、【潜在的脆弱性＝脆弱性／対処能力】（Underlying Vulnerability ＝ Vulnerability / Coping capacity）で表される。

潜在的脆弱性の構成要素である脆弱性（Vulnerability）とは、脅威による衝撃を被る対象の自然状態における感受性のことであり、脅威による衝撃強度（Intensity）に乗数効果を及ぼし得る。

対処能力（Coping capacity）とは、脅威による衝撃を被る対象の感受性を低減させるための何らかの人為的方策の効果の程度のことである。したがって、これら二つの要素で構成される潜在的脆弱性は、対処能力によって効果をある程度減じた上でも残存する、脅威による衝撃を被る対象の感受性のことである。

ここで、【暴露範囲×衝撃強度】は脅威側の要因である一方、【潜在的脆弱性】は受け手側（脅威による衝撃を被る対象側）の要因であることがわかる。さらに、【潜在的脆弱性】を構成する【脆弱性】は自然状態における感受性のことなので、それを変化させることが不可能である一方、【対処能力】は受け手側の努力次第で変化し得る可変領域であることがわかる。したがって、負の衝撃を減じるためには、【対処能力】を増強することが重要であることが明らかとなる。

衝撃　＝　暴露範囲　×　衝撃強度　×　脆弱性／対処能力

（Impact = Exposure × Intensity × Vulnerability / Coping capacity）

危機管理活動とは、危機管理組織がその対処能力を用いて、脅威による負の衝撃を緩和する営みであるとも言える。この危機管理活動は、危機が発生する前、すなわち平時に行う事態準備行動（Emergency Preparedness）と、危機が発生した際の事態対処行動（Emergency Response）の二つの要素によって構成される。

すなわち、右記式における【対処能力】を増強することとは、事態準備行動と事態対処行動を向上させることである（事態準備行動や事態対処行動の関係性等については第２章第六節第一項で述べる）。

第二項▼感染症危機管理における日本の脅威認識（新型インフルエンザ・Disease X・CBRN危機）

前項において、感染症危機管理では、脅威が発生した場合の衝撃（Impact）が大きいものに対して優先的に対処すべきであると述べたが、そもそも世の中には、どのような脅威が存在するのだろうか。

一般的に、図表2のようなものが挙げられる。

このような種々の脅威が存在する中で、感染症危機管理組織はどのような個別具体的な脅威認識を持たねばならないのだろうか。

国家的規模の感染症危機管理においては、Likelihoodのいかんにかかわらず、Impactの大きい生物学的脅威に対処することが肝要である。例えば、季節性インフルエンザや結核などは、日本社会で発生するLikelihoodは高いが、Impactは小さい（ワクチンの効果も影響する）。したがって、社会全体としては平常運転が可能である。

日本の国益を揺るがせにするほどの負の衝撃を及ぼす脅威として、感染症危機管理組織は、以下の三つのものに対して脅威認識を持つべきである。

1　新型インフルエンザ
2　Disease X
3　CBRN危機（化学・生物・放射性・核）

これら三つは、いずれも発現する蓋然性（Likelihood）は非常に高いとは言えないが、一度発現すれば、社会に対して大きな負の衝撃（Impact）を及ぼす脅威である。我が国のように、医療・公衆衛生を含む広範な社会システムが整った強靭な国家であれば、衝撃の度合いの低い脅威については、基本的な社会システムが衝撃を吸収してくれる。しかし、いかに強靭な国家といえども、衝撃の度合いの高い脅威については、きちんとした対策を取らなければ大きな被害を被ることになる。したがって、日本の感染症危機管理においては、蓋然性が非常に高いと言えないものの衝撃の度合いが著しく大きい右記の三つの脅威に対し、優先的に対策を講じなければならない。

三つの脅威に関する詳細は個別に後述するが、ここでも少しだけ触れておきたい。

新型インフルエンザとは、これまで人間界に存在していなかったが、新たに人に感染する能力を持つものとして人間界に出現したインフルエンザウイルスのことである。新たに出現したウイルスなので、そのウイルスに対する免疫を獲得しているヒトは存在しないと考えられる。したが

		人為的	
生物学	天文学	技術	社会
新興感染症	隕石 ・地表衝突 ・空中爆発	工業災害 ・化学物質流出 ・有毒ガス漏出 ・工場崩壊 ・爆発 ・工場火災 ・放射性物質流出	軍事紛争 ・国際紛争 ・内戦
感染症流行 ・エピデミック ・パンデミック	宇宙天気 ・エネルギー粒子拡散 ・磁気嵐 ・衝撃波	構造物の崩壊 ・建物崩壊 ・ダム決壊	市民の暴動
虫害 ・バッタ類の異常繁殖		交通災害 ・航空災害 ・自動車事故 ・鉄道事故 ・海上災害	テロ ・化学・生物・放射線・核（CBRN） ・爆発物 ・通常・非通常兵器
食品媒介感染症		爆発・火災	金融危機 ・ハイパーインフレ ・通貨危機
		大気汚染 ・煙霧	
		停電	
		有害物質拡散 ・化学 ・生物 ・放射線 ・核	
		食品汚染	

図表2　脅威の種類

大分類	自然発生的			
中分類	地質学	水文気象学		
小分類		水害	天候	気候
脅威の種類	地震 ・地盤振動 ・津波	洪水 ・河川氾濫 ・鉄砲水 ・沿岸洪水 ・アイスジャム洪水	嵐 ・巨大熱帯低気圧 ・熱帯低気圧 ・対流性暴風雨（雷雨・豪雨・霰・雹・竜巻等）	旱魃
	液状化	地滑り ・雪崩 ・土石流 ・落石	極端な気温 ・熱波 ・寒波 ・厳冬	山火事 ・土地火災 ・森林火災
	火山活動 ・火山灰降下 ・火山泥流 ・火砕流 ・溶岩流	波浪作用 ・巨大波浪 ・静振	濃霧	氷河湖決壊

出典：WHO Emergency Response Framework, 2nd edition

って、当該ウイルスがヒトからヒトに感染する能力を獲得した場合には、広く蔓延し、その毒性によっては多くの死者を出すことが考えられる。

Disease Xとは、現時点において人類に知られていないインフルエンザウイルス以外の病原体（細菌またはウイルス等）であって、将来のある時点において人類に危害を及ぼし、国際的に蔓延する恐れのある感染症のことである。

ＣＢＲＮ危機とは、化学剤（Chemical）・生物剤（Biological）・放射性物質（Radiological）・核物質（Nuclear）によって引き起こされる危機のことを言う。ＣＢＲＮ危機の中で、感染症危機管理が扱う領域は厳密にはＢ（Biological）のみが対象だが、感染症危機管理より大きな概念である公衆衛生危機管理では、ＣＢＲＮの全てが対象となる。一般に、Ｂだけ特出しで述べられることは少なく、「ＣＢＲＮ危機」として一括して呼称されることが多いため、本書でも「ＣＢＲＮ危機」として述べる。

公衆衛生危機管理は、感染症危機管理をその一要素として内包する分野である。感染症危機管理において優先すべき脅威認識として新型インフルエンザ、Disease X、ＣＢＲＮ危機の三つを挙げたが、公衆衛生危機管理において優先すべき脅威認識も、同様にこれら三つである。ただし、厳密には、感染症危機管理はＣＢＲＮの「Ｂ」のみを扱うのに対し、公衆衛生危機管理は

「ＣＲＮ」も扱うという意味で、公衆衛生危機管理において優先すべき脅威認識の範囲は、感染症危機管理のそれより若干広い。

ＣＢＲＮ危機の発生原因は、例えば福島第一原子力発電所事故のように、自然発生や事故の場合もあるが、意図的に引き起こされる場合もある。ＣＢＲＮといった脅威物質が意図的に拡散される場合は、大量破壊兵器による武力攻撃という観点で、安全保障分野（この場合の「安全保障」は「軍事」を意味している）も伝統的に扱ってきた。

このように、公衆衛生危機管理は、医療・公衆衛生領域と安全保障領域を跨ぐ領域を扱う。したがって、公衆衛生危機管理の扱う領域を「Health-Security Interface」とも呼ぶ。同様に、感染症危機管理も医療・公衆衛生領域と安全保障領域を跨ぐため、「Health-Security Interface」である。

感染症危機管理では、一般的に軍事とは異なり必ずしも敵国があるわけではない。したがって、民主主義国家として、生物学的脅威の性質及び国家の戦略等を広く国民及び国際社会と共有し、政府機関・民間機関・学術機関に加え、国民の役割を明確に示すことで、国家全体で対策を促進することが重要である。すなわち、感染症危機管理を主導する日本政府をはじめとする感染症危機管理組織は、透明性（Transparency）及び説明責任（Accountability）を確実にし、国民及び国際社会に対して適切なコミュニケーションを絶えず実施することが肝要である。

一方、感染症危機管理の分野の中で、ＣＢＲＮ危機の場合、特に、脅威物質が人為的に拡散された場合は、国家主体であれ、非国家主体であれ、日本の「国益」を脅かす明確な敵が存在する。したがって、被害の拡大を抑えるための感染症危機管理に加え、法執行機関（警察）の犯罪捜査や、防衛当局の事態対処行動が極めて重要となることから、情報公開に対する姿勢は慎重にならざるを得ない。

図表3は、近年世界で発生した主な生物学的脅威による危機である。パンデミック級の超ド級の感染症危機は約10年に1度の割合で発生しているが、それより規模は小さくとも、日本に何らかの脅威を及ぼしかねない感染症危機は、2～3年に1回の割合で発生しており、頻度が高いことがわかる。

なぜ感染症危機（特に新興再興感染症と呼ばれるものによる危機）の発生が近年増加しているのか。理由は主に三つある。

1　グローバル化
2　気候変動と温暖化
3　途上国の経済発展

図表3　近年の主な生物学的脅威発生事案

発生年	生物学的脅威発生事案
1993	亀戸異臭事件（オウム真理教による炭疽菌を用いた生物テロ未遂事件）
1997	高病原性鳥インフルエンザA（H5N1）
2001	アメリカ炭疽菌事件
2002	重症急性呼吸器症候群（SARS）
2009	新型インフルエンザA（H1N1）パンデミック
2012	中東呼吸器症候群（MERS）
2013	高病原性鳥インフルエンザA（H7N9）
2014	西アフリカを震源地とするエボラ出血熱
2014	日本におけるデング熱発生
2015	韓国における中東呼吸器症候群（MERS）アウトブレイク
2015	南米を震源地とするジカ熱
2018	コンゴ民主共和国を震源地とするエボラ出血熱
2018	ドイツにおける生物テロ未遂事件（ISILの影響を受けた人物によるリシンを用いた生物テロ未遂事件）
2019	COVID-19パンデミック

グローバル化が進み、大陸を越えたヒトやモノの移動が活発になった現代において、地球の裏側のどこかで発生した感染症は、36時間後には地球のあらゆる主要都市に到達すると言われている。SARSやCOVID-19は、このような国際社会の連結性を如実に示す好例である。これらの流入を完全に阻止することは基本的には不可能だ。COVID-19で各国が発動した渡航制限は、感染症流入を抑制する効果を厳密に検証した研究は限られているものの、少なくとも数日~数週間にわたって流入を遅延させたり、流入量を低下させたりする効果があると言われて

図表4　21世紀において大規模に発生した感染症とそれに対抗するために設置された国際的枠組みの系譜

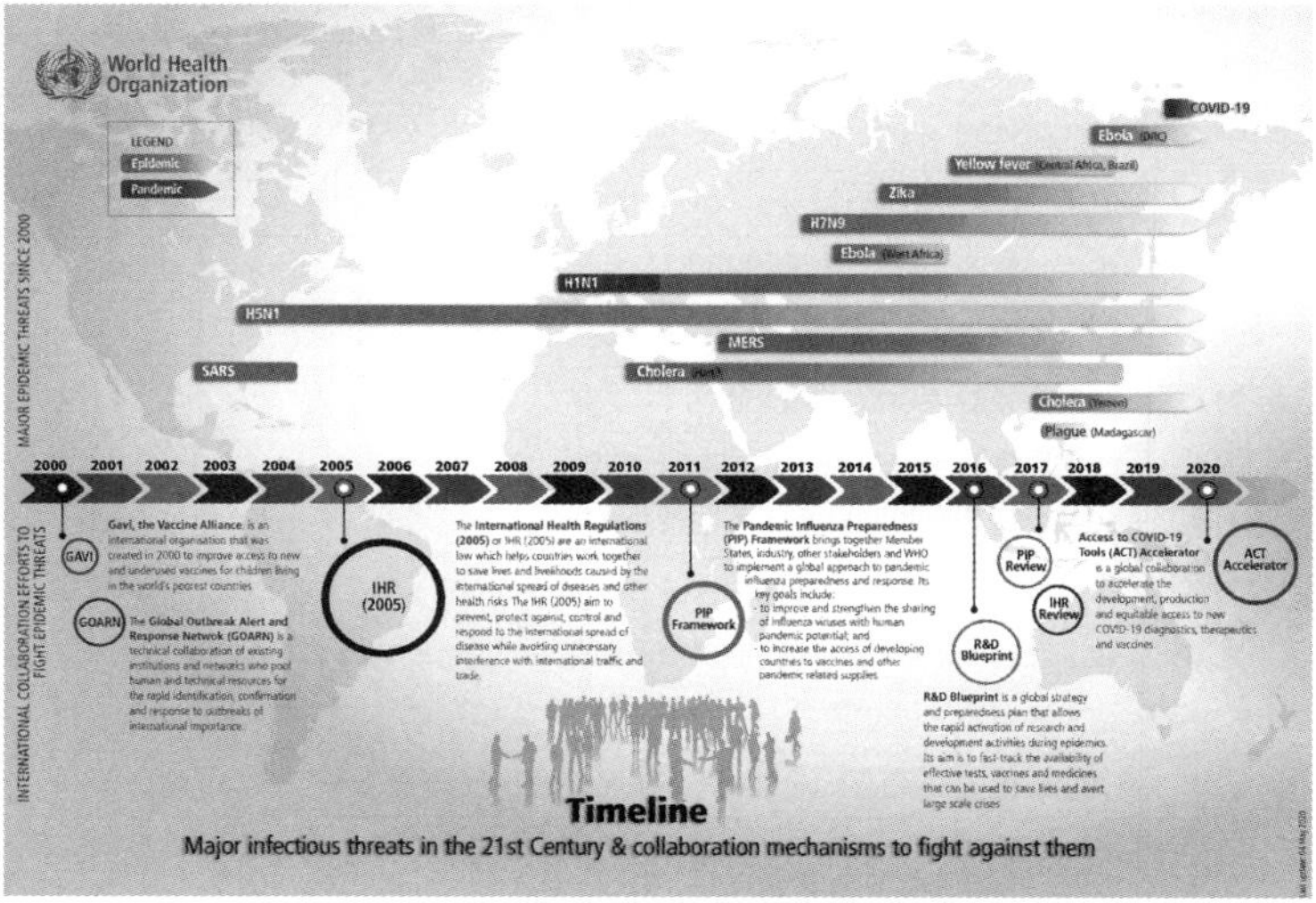

出典：WHO

いる。これによって、国内の事態対処行動の初動体制を整備する時間を稼ぐと同時に、国外からの流入量を一定程度低下させることにより、国内の事態対処行動にかかる負荷を減らすことはできる。

気候変動とそれに伴う地球温暖化は、感染症の発生を増加させる。我々日本人がそれを如実に体感したのが、2014年に東京で発生したデング熱である。デング熱は蚊が媒介するデングウイルスの急性感染症で、アジアや中南米等の熱帯・亜熱帯地域で広く流行している。日本国内での感染は、それらの地域から輸入された例を除き、1940年代前半に東南アジア地域の戦地から持ち帰られたデングウイルスが西日本で大規模な流行を起こして以来、報告されていなかった。しかし、２０１４年８月に東京都内で感染したと考えられるデング熱症例が確認され、その後２カ月で１６０名に及ぶ国内感染に拡大し、感染拡大の原因と考えられた代々木公園は封鎖された。蚊媒介性の感染症は、蚊の成虫が日本の冬を越冬できないため、感染は一過性のものとして自然に終息する。しかし、温暖化が進めば、蚊の越冬や、蚊の生息限界（北限）を拡大することに寄与するため、日本における拡大も懸念される事態となる。

途上国の経済発展は、感染症の世界的な拡大に寄与する要因となる。その代表例がエボラ出血熱である。エボラは、コウモリ等が媒介するアフリカ奥地の風土病であった。たまたま人間が感染したとしても、都市部から大きく離れたジャングル奥地の村の出来事であり、50～90％というその高い致命率により、あっという間に村一個を滅ぼしてしまうため、感染を媒介する人間がいなくなり、感染はそこで限局し、終息するというのが常であった。しかし、各国の経済発展により、人間の入植地が拡大。森林伐採等により、それまでジャングル奥地にしか生息していなかったコウモリ等の媒介動物と人間の接触機会（Human-Animal Interface）が増加し、人口が密集する都市部とも近くなる。都市部には国際空港もあり、容易に世界各国にウイルスを運ぶ。このような事態が現実化したのが、２０１４年の西アフリカを震源地とするエボラ出血熱アウトブレイクである。エボラの脅威は欧米主要国にも到達し、各国の脅威認識は最高潮に高まった。フランス・米国・英国の3カ国は、震源地となった旧植民地のギニア・リベリア・シエラレオネの3カ国にそれぞれ軍を派遣し、大規模なオペレーションを実施。現地での感染封じ込めに躍起になった。また、２０１９年のコンゴ民主共和国におけるエボラ出血熱アウトブレイクでは、国際空港が存在するゴマ市での感染が確認されたことに加え、長引く内戦による武装勢力の邪魔立てによって感染者に接触した者を追跡しきれない等の事情により、世界的な脅威認識を増大させた。

第一目　新型インフルエンザ

我が国では、新型インフルエンザについては、新型インフルエンザ等対策特別措置法が厳密な定義を行っている。同法によれば、新型インフルエンザとは「新たに人から人に伝染する能力を有することとなったウイルスを病原体とするインフルエンザであって、一般に国民が当該感染症に対する免疫を獲得していないことから、当該感染症の全国的かつ急速なまん延により国民の生命及び健康に重大な影響を与えるおそれがあると認められるもの」である。要は、ヒト―ヒト感染を起こす新しいインフルエンザのことである。したがって、鳥インフルエンザが散発的に鳥からヒトに感染したものなどは当てはまらない（そこからヒト―ヒト感染を引き起こし、新型インフルエンザに発展する可能性は大いにある）。

これまで人類が知り得る歴史の中で、明治以降の近現代においては、図表5に示すの六つの新

図表5　明治以降の近現代に発生した新型インフルエンザによるパンデミック

発生年	原因病原体	通称	世界の死者数
1889年	新型インフルエンザA（H3N8）	ロシアかぜ（Russian flu）	約100万人
1918年	新型インフルエンザA（H1N1）	スペインかぜ（Spanish flu）	約5000万人 ※感染者5億人
1957年	新型インフルエンザA（H2N2）	アジアかぜ（Asian flu）	約110万人
1968年	新型インフルエンザA（H3N2）	香港かぜ（Hong Kong flu）	約100万人
1977年	新型インフルエンザA（H1N1）	ソ連かぜ（Russian flu/Children's pandemic）	約70万人
2009年	新型インフルエンザA（H1N1）	豚インフルエンザ（Swine flu）	約20万人

型インフルエンザによるパンデミックの脅威が発現している。[4]

このように、新型インフルエンザによるパンデミックの脅威は、約20年ごとのサイクルで発現していると言える（Likelihood）。WHOの定義によれば、インフルエンザ・パンデミックとは、「新型インフルエンザの地球規模の流行（global spread of human influenza caused by a new subtype）[5]」のことであるが、一度その脅威が発現して危機を発生させた場合の政治・経済・社会に対する衝撃（Impact）は深刻である。パンデミックは、新型インフルエンザのみが発生させる事象ではなく、次節で述べるDisease Xも発生させるおそれがある。２０２０年にパンデミックとなったＣＯＶＩＤ-19は、Disease Xがパンデミックに至った代表例である。

上記の新型インフルエンザ・パンデミックの事例に加え、未だヒトからヒトに感染する能力を完全に獲得してはいないものの、高病原性鳥インフルエンザの鳥からヒトへのSpillover event（ウイルスが動物からヒトに初めて感染すること）が散発的に発生しており、今後人類に対して大きな脅威を及ぼす可能性を秘めている。例えば、１９９７年のＨ５Ｎ１鳥インフルエンザや、２０１３年のＨ７Ｎ９鳥インフルエンザが挙げられる。これらに対しては、国際社会における十分な監視体制が必要である。

第二目 Disease X

Disease Xとは、２０１８年にＷＨＯが、感染症危機への危機管理医薬品の研究開発に関する世界戦略「R&D Blueprint」(6)の中で初めて使用した用語である。Disease Xは、「現時点において人類に知られていない病原体であって、将来のある時点において人類に危害を及ぼし、国際的に蔓延する恐れのある感染症」と定義され、「Epidemic-in-waiting」とも呼称される。２０００年以降、Disease Xの定義に当てはまる脅威として、図表６に示すものが発現している。

このように、21世紀において、Disease Xによる脅威は10年前後で発現している（Likelihood）。

図表6　21世紀に発生したDisease X

発生年	Disease Xによる感染症危機	発生源と考えられる国
2002年	SARSアウトブレイク	中国
2012年	MERSアウトブレイク	サウジアラビア
2019年	COVID-19パンデミック	中国

新型インフルエンザと同様、一度その脅威が発現した場合の政治・経済・社会に対する衝撃（Impact）は深刻である。ＳＡＲＳは世界的拡散によって大きな混乱をもたらしたし、ＭＥＲＳの国内感染が広がった韓国も大きなダメージを負った。ＣＯＶＩＤ-19はパンデミックにまで至り、第二次世界大戦以降の最大の危機を世界にもたらしたと言われている。

しかし、同じDisease Xに分類される脅威であっても、個々の特徴は多様だ。それが与える負の衝撃の程度は、脅威の種類によって異なる。すなわち、病原体の感染性（Transmissibility）と病原性（Severity / Pathogenicity / Virulence）によって異なる。

本章第三節第一項で述べたように、脅威による衝撃（Impact）は以下のように定義される。

衝撃　＝　暴露範囲　×　衝撃強度　×　脆弱性／対処能力

（Impact ＝ Exposure × Intensity × Vulnerability / Coping capacity）

これを感染症危機管理に適用すると、暴露範囲は感染性によって規定され、衝撃強度は病原性によって規定される。

脆弱性は、ヒトが持つ免疫状態によって規定され、免疫不全状態のヒトは脆弱性が高い。また、未だ人類社会に発現したことのない病原体であれば、どのヒト個体も当該病原体に対して免疫を持っていないので、脆弱性は高い。新型インフルエンザやDisease Xはその典型である。

対処能力の程度は、感染症危機管理における事態準備行動及び事態対処行動の効果によって規定され、それによって初めて衝撃が緩和されることがわかる。

したがって、感染症危機管理における負の衝撃は、以下のように定義することができる。

衝撃　＝　感染性　×　病原性　×　ヒトの脆弱性／感染症危機管理の効果

(Impact = Transmissibility × Severity × Vulnerability / Coping capacity)

このように、生物学的脅威の程度は、「感染性×病原性」（Transmissibility × Severity）によって規定される。したがって、脅威が発現した場合に実際にどのような衝撃を及ぼし得るのかを知り、効果的な事態対処行動を行うためには、「感染性」と「病原性」をまず知ることが重要である。前者は疫学上の概念である基本再生産数（Ro）等で、後者は致命率等で測ることができる。それらの簡単な内容は後述するが、詳細は疫学の専門書に譲る。

「感染性×病原性」によって規定される脅威の程度は、病原体がヒトに感染していく過程で変異し、同じ病原体であっても時間の経過とともに増大することもあれば、減少することもあることには留意する必要がある。

ケーススタディ1

COVID-19パンデミック下の変異株——同じウイルスで異なる脅威認識

２０２０年12月14日、イギリス政府は、ＣＯＶＩＤ-19パンデミックを引き起こしているＳＡＲＳ-ＣｏＶ-２ウイルスの変異株（Ｎ５０１Ｙ）が、同年11月下旬以降イギリス全土で拡大しているという分析をＷＨＯに報告。ＷＨＯはイギリス政府及び欧州ＣＤＣ（ＥＣＤＣ）と協議の上、同月18日に全加盟国に通知した。

同変異は、２０１９年12月以降に中国武漢を震源地として世界中に拡散したオリジナルのウイルス株と比較し、ウイルスのスパイク蛋白に大きな変異が生じており、感染性の増大に寄与しているとされた。結果、同じウイルスであっても「感染性×病原性」で表現される脅威の程度が増大していると考えられ、変異株に対する世界各国の脅威認識も増大。世界中が警戒体制に入った。

第三目　ＣＢＲＮ危機

日本は、化学（Chemical）、生物（Biological）、放射性物質（Radiological）、核（Nuclear）の全ての項目に関する事案を経験している稀有な国である。１９４５年の広島と長崎における米国の原爆投下（Ｎ）に始まり、１９９３年のオウム真理教の炭疽菌噴霧による生物テロ未遂事件（亀戸異臭事件）（Ｂ）、１９９４年と１９９５年にオウム真理教がサリンを散布した一連の化学テロ事件（松本サリン事件、地下鉄サリン事件）（Ｃ）、２０１１年の東日本大震災に伴う福島第一原子力発電所の炉心溶融（メルトダウン）による放射性物質漏出事故（福島第一原子力発電所事故）（Ｒ）が挙げられる。

また、近年、中東やアフリカの脆弱国家が関係するＣＢＲＮ危機が中東・アフリカ諸国だけでなく、Ｇ７を中心とする友好国においても増加している。２０１１年から続くシリア内戦における数多の化学兵器使用事案と、ＩＳＩＬ（イラク・レバントのイスラム国）残党の世界規模の拡散による日本を含む世界各国への脅威については、論をまたない。ＩＳＩＬはシリア内戦において実際に化学兵器を使用したとされているが、ＩＳＩＬによる生物兵器作成マニュアルも発見される等、脆弱国家を震源地とするＣＢＲＮ関連の知識・技術の拡散が実際に発生している。２０１８年には、リシンを用いた生物テロを画策したとして、フランスでエジプト人が、ドイツでチュニジア人が相次いで逮捕された。ドイツのテロリストはＩＳＩＬの思想に同調していたとされている。また、イタリアではレバノン人が飲料水を利用した化学生物テロ準備罪で逮捕された。英国では、化学剤（Novichok）によって実際に2人が殺害されている。我が国の近隣では、２０１７年にマレーシアにおいて、北朝鮮の金正男氏が化学剤（VXガス）により殺害された。

このように、CBRN危機のリスクは我が国周辺や、基本的価値を同じくする国々で多数発生している。

CBRN危機全体を扱うのはあくまで公衆衛生危機管理の範疇であり、感染症危機管理に焦点を当てる本書では、あくまで生物剤（B）の脅威のみに焦点を当てて述べることとする。

事故であれ意図的であれ、人為的な生物剤の拡散によって発生した危機への対処は、自然発生的な感染症危機に対する感染症危機管理と同様である。自然発生的であれ、人為的であれ、脅威となる感染症が一度拡散してしまった後の対処は、感染症危機管理における事態対処行動として共通している。

しかし、人為的拡散の場合は、国家主体であれ、非国家主体であれ、日本の「国益」を脅かす明確な敵が存在し、追加的な攻撃の発生も否定できない。したがって、その敵を特定するために、法執行機関の犯罪捜査が極めて重要となる。この点が、自然発生的な感染症危機と大きく異なる。犯罪捜査のために、事態対処行動における情報の取り扱いに著しい違いが生じるのである。したがって、生物剤の人為的拡散の場合における事態対処行動については、医療・公衆衛生分野の危機管理組織と、法執行機関の緊密な連携が必要になってくる。

注

（１）Morgenthau, H. J. (1952, December). Another “Great Debate”: The National Interest of the United States (pp. 961–988). *The American Political Science Review*, 46(4). Retrieved from https://www.jstor.org/stable/1952108?seq=1

（２）小林勝人訳注『孟子（下）』岩波文庫、１９６８年

（３）金谷治訳注『論語』岩波文庫、１９９９年

（４）Francis, M. E., King, M. L., & Kelvin, A. A. (2019, January). Back to the Future for Influenza Preimmunity—Looking Back at Influenza Virus History to Infer the Outcome of Future Infections. *Viruses*, 11(2), 122. https://doi.org/10.3390/v11020122

（５）WHO. (2017, May). Pandemic influenza risk management.

（６）「R&D Blueprint」は、感染症危機時に迅速に研究開発を実施するための世界的なプリペアドネス（事態準備）計画である。その目的は、大規模な感染症危機に対抗するための危機管理医薬品（診断薬・治療薬・ワクチン）の開発促進だ。本計画の策定には、ＷＨＯを主宰者として、世界中の科学者や薬事規制当局者が参画。２０１６年５月のＷＨＯ総会において、加盟国が本計画を承認した。

第2章

感染症危機管理の特性

——感染症危機管理のドクトリン②

感染症危機管理の特性と言った場合には、国家的な危機管理一般に共通する特性と、感染症危機に固有の特性が存在する。

古来より、国家に対する脅威とは、外敵の侵攻のことであった。したがって、危機管理、すなわち、ある特定の脅威が国益に対する破壊的な事象を発生させるに際し、当該事象が国益に与える負の衝撃を阻止または低減するために、平時及び危機時にわたり行う一連の活動に関する問題解決の思想及び方法論は、軍事の分野で発展し、数多の研究がなされてきた。感染症危機管理では、軍事とは異なり、必ずしも敵国がいるわけではない。しかし、外来の脅威に対し、いかに効率的かつ効果的に対処するかという点では同じであり、危機の特性に関する考え方や組織の動かし方（用兵手法）など、多くの点で軍事的概念及び方法論が適用できる。したがって、その軍事的概念及び方法論は、国際社会の感染症危機管理の一翼を担うＷＨＯや諸外国政府においても採用されている。

軍事行動には、未知・霧・摩擦といった不確実性を助長する三要素が本質的に内在している。その帰結として、プロイセン王国の将軍クラウゼヴィッツは「戦争における一切の行為は確定的な結果を目指して行われるのではなく、蓋然的な結果を目指して行われるのである」と述べているが、国家的な危機管理一般も同様である。

このような観点から、感染症危機管理において科学やエビデンスばかりを強調する者は、そもそも危機管理という営みを理解しているとは言えない。すなわち、感染症危機管理においては、医学や公衆衛生学といった科学的知識を有しているだけでは不十分なのであり、軍事的概念の理解が不可欠なのである。

したがって、第一節及び第二節では、他の国家的な危機管理にも共通する感染症危機管理の特性として、各種の軍事的概念を基に、危機の特性と危機に向かう姿勢について説明する。

また、第三節、第四節、第五節及び第六節では、各々、戦域と武器、国政術の四階層と感染症危機管理の三階層、アクターとルール、時相について述べる。これらの項目立て自体は他の国家的な危機管理と共通するだろうが、その内容は、感染症危機に固有のものである。

第一節　危機の特性——未知・霧・摩擦

第一項▼未知との遭遇

戦争は、未知との遭遇の代表例である。敵の物理的及び精神的抵抗力は未知である。すなわち、戦争は、生ける力と生ける力の衝突であり、一方が暴力を行使すれば他方も暴力をもって抵抗するという彼我の不断の相互作用が生じる。

同様に、感染症危機管理も、未知との遭遇である。未知の脅威に対する感染症危機管理に「前例」など存在しない。「来るだろう」とはわかっているものの、「いつ来るか」そして「何が来るか」がわからない危機に対して備えねばならない。いざ危機が発生すれば、感染症危機管理組織は脅威との不断の相互作用を行うことで、その危機に対応する。すなわち、感染症危機管理組織は、未知の危機に対して過去の経験に基づく事態対処行動を試みつつ、その効力が低いまたは無効であるとわかれば、情報を収集・分析して危機の性状に適応するようにその方策を修正し、新たな事態対処行動を試みるという、不断の作用・反作用を繰り返さねばならない。こうすることで、発生時はゼロであった未知の脅威に関する情報を徐々に収集しつつ、それに合わせて事態対処行動を幾度も軌道修正しながら対応し、なるべく早期に危機を収束させるように努めるのである。

第二項▼霧と摩擦

クラウゼヴィッツは、戦争の本質に内在するものとして、戦場の霧（Fog）と摩擦（Friction）の存在について述べており、基本的にそれらの克服は困難である。この二重苦の存在こそが実際の戦争と机上の戦争（訓練）の違いであり、彼我の不断の相互作用の結果、事態対処行動が計画通りに進むことなどない。

第一目　霧

実際の戦争では、そもそも敵の能力で未知なる部分が存在することに加え、意思を持つ生ける敵との相互作用によって絶えず多くの偶然性が介入してくるため、あらゆる情報や予測が不確実である。すなわち、戦争では、正確な状況認識（ＳＡ：Situational Awareness）が困難になり、事態対処行動における不確実性が増加する。このような状況を戦場の「霧」と呼ぶ。クラウゼヴィッツは『戦争論』の中で以下のように述べている。

> 戦争とはそもそも不確定なものであるし、戦争における行動の基礎となる諸事象のうち四分の三は、多かれ少なかれ不確実な霧の中に包まれているといっても過言ではないからである。したがって戦争には緻密で透徹した理性の力が要求され、その判断によって事態の真相が解明される必要があるのである。（中略）あらゆる情報や予想が不確実であり、これらに絶えず偶然が混じり込んでくる結果、戦争当事者は常に事態が当初の期待とは異なったものになって行くのを見出すだろう。理性の力が要求され、その判断によって事態の真相が解明される必要があるのである。

また、不確実性について以下のようにも述べている。

戦争においてはすべての事実が極めて不確実であるということも、戦争にとって独特の困難さの一つである。ここではすべての行動が、かなり輪郭のかすんだ薄明（筆者註：Twilight）の境で行われねばならない。それはちょうど、霧（筆者註：Fog）のなかや月明かり（筆者註：Moonlight）のなかで物を見るようなものである。このように確実性に乏しく完全な洞察をなし得ない事柄は、才能によって推察されるか、偶然的幸運に委ねられねばならない。つまり客観的知識の不足を補うためには、才能か偶然的幸福に頼らざるを得ないということもある、ということである。

軍事における戦場の霧の概念は、感染症危機管理を含む、危機管理活動一般に対しても同様に適用し得る。危機が発生した後の行動、すなわち事態対処行動の対象となる脅威の性質は、その発生時には未知であることに加え、危機管理組織と脅威が発生させる危機との不断の相互作用によって、絶えず多くの偶然性が介入してくるため、あらゆる情報や予測が不確実である。軍事行動と同様に、危機管理の事態対処行動においても、指揮官から末端構成員に至るまで、正確な状況認識（SA）を保持することが重要である。しかし、それは危機管理における「不確実性の霧」によって困難となり、事態対処行動における不確実性が増加する。

この「不確実性の霧」が渦巻く事態対処行動に対して可能な限り確実性を付与するための行いが、指揮統制である。これは、第4章第一節で詳述する。

第二目　摩擦

戦争においては、作戦計画の際に想像もつかなかったような大小様々な予期せぬ事態が無数に発生し、当初の計画は役に立たなくなる結果、得られる成果が、当初立てた目標の遥か手前で留まらざるを得ないことになる。このような事態について、クラウゼヴィッツは、戦争における行動は「抵抗多き物質中の運動に似ている」と述べている。例えば、水中においては、人間の基本動作である歩行という運動さえも容易に行うことが困難となる。同様に、戦争中における事態対処行動も、通常の力では並の成果さえも得ることが困難であるということだ。それらの抵抗や障害は、どこに潜んでいるかわからない。それは常に偶然的に発生し、予期し得ない現象を発生させる。「いかなる戦争にも必ず非常に多くの特殊な現象が伴うものであって、それはちょうど暗礁の多い未知なる大海に似ていると言うべきである。（中略）戦争に臨むのはまるで暗黒の夜の海に船出するようなもの」とも表現される。このような抵抗や障害を、戦場の「摩擦」と呼ぶ。

「摩擦」は、組織の内部環境と外部環境からもたらされる。

戦争では、軍事組織同士の闘争が行われるわけだが、その軍事組織を構成するのは、意思と肉体を持つ個人である。生きた個人は、階級にかかわらず事態対処行動を阻害する行動を起こす可能性がある。例えば、寒さや飢え、暑さや渇き、肉体的労苦等により、軍事組織の内部環境、すなわち個々の構成員の精神的・肉体的状況が悪化することで、理性の活動が鈍り判断を誤ったり、感情が腐蝕して規律違反を引き起こしたりということは往々にして起こり得るだろう。

また、天候や、砲弾の飛来等の戦争に必然的に付随する危険、事態対処行動の計画と実行の基礎となる敵に関する情報の錯綜や誤報・齟齬・虚偽といった外部環境も摩擦を引き起こす。天候不順によって当初の計画が実行し得ない事態もあり得るだろうし、敵の攻撃が及ぼす危険が個々人の精神の平静さや柔軟性を失わせ、決断能力を腐蝕することが考えられる。敵に関する虚偽の情報によって事態対処行動を誤ったり、相矛盾する情報によって事態対処行動を躊躇したりということも生じ得る。

クラウゼヴィッツは、広義の摩擦を構成する要素として以下の四つを挙げ、これらは渾然一体として目の前に現出し、障害物として事態対処行動を妨害すると述べる。

●肉体的労苦（physical exertion）：寒さや飢え、暑さや渇き、長い行軍に伴う肉体的疲労。
●危険（danger）：戦争に必然的に付随する命の危険。
●情報（intelligence）：敵や外部環境に関する情報の錯綜や誤報、齟齬。虚偽の情報。
●（狭義の）摩擦（friction）：天候、自軍の行動停止や規律違反（右の三つにより増悪する）、その他。

軍事組織を構成する生きた個々人は、あらゆる方面からこれら四つの広義の摩擦にさらされている。これら四つの摩擦に耐え得る手段としては、以下を挙げている。

- ●肉体的労苦：最高司令官の強い精神力。
- ●危険：熱狂的・禁欲的・生来の勇気。強い名誉心。危険に対する永年の習慣。
- ●情報：将校が持つ事物と人間に関する知識と、それらに基づく一定の識別力。その内的見識に対する確信を持って、情報によって生じる幻影に惑わされない力。
- ●（狭義の）摩擦：力強い鋼のような意志と判断の機知（instinct and tact）。

摩擦を乗り越える唯一の手段は、軍隊自身が戦争というものに習熟することであると、クラウゼヴィッツは述べる。もし実戦を経験する機会が少なく、平時が長いという場合は、以下の2点によってその習熟を補完するべきだと述べている。

- ●摩擦を実際に組み込んだ平時の演習
- ●他国の軍隊の実戦経験豊富な将校の顧問としての招聘

軍事における戦場の摩擦の概念は、感染症危機管理を含む、危機管理活動一般に対しても同様に適用し得る。緊張感が伴う事態対処行動が一定期間にわたれば、危機管理組織内部の人員の肉体的労苦は蓄積し、理性の活動が鈍って判断を誤ったり、感情が腐蝕して組織内部に亀裂を生じせしめたりすることは往々にしてある。また、事態対処行動の前線機関の人員には、警察によるテロ組織鎮圧であれ、医療機関による感染症対応であれ、常にその身に危険が伴う。情報が錯綜したり、誤報が流布したりすることもざらである。個人のスタンドプレーや規律違反、命令拒否といった狭義の摩擦も、肉体的労苦・危険・情報といった要素によって増悪して発生することもある。

摩擦による事態対処行動の阻害を低減するためにも、平時において実戦的な訓練を定期的に行い、危機管理組織の人員を危機管理に習熟させることが重要であるし、他国の危機管理組織の人間を招聘したり、他国の危機管理組織に赴いてその知見を収集し、自国の危機管理組織に組み込んだりすることを積極的に行わなければならない。

ケーススタディ2

感染症危機における霧

２０２０年１月のＣＯＶＩＤ‐19アウトブレイク発生当初、ＷＨＯは同月22、23日に国際保健規則緊急委員会（IHR Emergency Committee）を開催し、ＣＯＶＩＤ‐19が及ぼし得るリスクについて評価を行った。その時点において得られた情報では、ＷＨＯが緊急事態宣言（ＰＨＥＩＣ：Public Health Emergency of International Concern）を行うべきか否かについて、委員の考えが二分していた。結果として、緊急委員会から答申を受けたテドロス事務局長はＰＨＥＩＣを宣言しないという決断をした。しかし、一週間後の同月30日に再度開催された緊急委員会では、ＰＨＥＩＣを宣言した。これは、未知の病原体に対する感染症危機管理、特に事態対処行動の初動においては、多くの情報が判明していないため正確な状況認識（ＳＡ）を行うことが困難で、不確実性の霧の中にいることの好例である。

ケーススタディ3

感染症危機における摩擦

ＣＯＶＩＤ-19パンデミックに対する事態対処行動が年単位の長期にわたる中、日々対応にあたる日本政府では、膨大な業務量によって職員の肉体的労苦が蓄積することで、理性的な思考の持続時間が短くなり、中長期的な戦略立案といった重要任務を行う上での障害になっていたという。事態対処行動中に発生する摩擦の典型例である。

第二節　危機に向かう姿勢

危機の本質に内在する不確実性の霧は晴れることがない。このような危機の特性が存在するゆえに、危機管理政策には常に二つの陥穽が付きまとう。

第一項▼No Regrets Policy——戦力の逐次投入の回避

一つは、過度の対策を講じることによって、無駄に資源を消費し、余分な社会的費用を課してしまうこと。もう一つは、不十分な対策を講じることによって、脅威の発する衝撃を十分に緩和できないこと。不確実性の霧を内包するという危機の特性上、脅威が発現した時点において、脅威が発現してから消失するまでの期間に脅威が社会に及ぼす衝撃全体の大きさを正確に理解し、適度な対策を行うことは現実的に不可能である。

したがって、議論は、過度な対策の方がマシか、不十分な対策の方がマシか、ということになる。危機管理の目的が、ある特定の脅威が国益に対する破壊的な事象を発生させるに際し、当該事象が国益に与える負の衝撃を阻止または低減することにある以上、不十分な対策は可能な限り避けねばならないことは自明である。不十分な対策を採用したことで国益に及ぼされる被害は、不可逆的か、可逆的であっても通常は回復に長期間を要してしまう。したがって、危機管理においては、過度な対策の方がマシであると判断される。この原則を、「No Regrets Policy（後悔のない対策）」と呼ぶ。危機が発生した際には、No Regrets Policyに基づき、まずはヒト・モノ・カネに関する十分な量の資源を投入して最悪の事態にでも対応できる初動体制を確保した上で、危機管理組織と脅威との彼我の相互作用を通じ、その後に脅威に関するある程度の情報が明らかになってから、過剰な部分を削ぎ落としていくことが理想的だ。

危機が発生した際の事態対処行動において行ってはならないのは、戦力の逐次投入である。戦力の逐次投入による弊害は、第二次世界大戦の大日本帝国陸海軍の失敗を組織論的に検証した『失敗の本質』においても繰り返し述べられている。

ノモンハン事件の陸戦においては、関東軍は、ソ連軍が大兵力を展開することはないとの先入観に捉われ、事件発生時の初動の兵力投入量が過小であった。その後は戦力の逐次投入が行われ、物量で圧倒するソ連軍に対して多くの人的損害を増やし、敗退した。

ガダルカナル島の陸戦では、米軍の戦力を過小評価し、一木支隊、川口支隊、青葉支隊、第二師団、第三八師団という戦力の逐次投入が行われ、消耗戦に陥った。結果、死者８２００人、戦病死者１万１０００人という多大なる犠牲を出してガダルカナル島を放棄の上撤退し、日米戦全体の大きなターニングポイントとなってしまった。

感染症危機管理における戦力の逐次投入とは何か。例えば、未知の病原体によるアウトブレイクが発生した際に、後述する「危機時の組織」たるインシデント・コマンド・システムの設置をなかなか行わず、平時の組織構造のまま、平時に感染症危機管理を担当している人間のみで事態対処行動の初動を行い、事態の進展に伴い、徐々に他部署の人間を増やしていくといったやり方である。No Regrets Policyに従えば、指揮官はまずは早急にインシデント・コマンド・システムを起動し、組織図を描画した上で、一定量の人員を一気にインシデント・コマンド・システムの参謀に任命して、「危機時の組織」として初動の任に就かせることが重要だろう。同時に、十分な量の物的・財政的資源を投入する必要がある。病原体の性質や、それが生起する危機の内容の詳細が判明するにつれ、初動に投じた資源量を調節していけば良い。

第二項▼リスクマネジメント――ゼロリスクの不存在

危機管理の特徴は、未知なるものに対し、突発的に対処せねばならないということである。したがって、大半の場合、発現している脅威及びそれが発する負の衝撃についての前例や科学的エビデンスなどというものは存在しない。特に、新型インフルエンザやDisease Xなど、現時点で未知の病原体の場合には、医学及び公衆衛生学上の科学的エビデンスなどは世の中に皆無である。ある事象に関する科学的エビデンスとは、ある時点における科学的知見の集積とそれに対する合意された見解のことである。脅威が未知である以上、エビデンスなどというものは当然のように存在しない。感染症危機管理組織と病原体が発現する危機との不断の相互作用を通じながら、すなわち、事態対処行動を行いながら少しずつ当該脅威に関する情報を収集しなければならない。その時々で得られた情報を基に作用を行い、反作用を得ながら、その都度軌道修正し、また作用を行っていくという繰り返しが危機管理の事態対処行動におけるルーチンである。

クラウゼヴィッツは、『戦争論』において戦争の概念を導出したが、それについて考察した以下の記述[1]は、感染症危機管理にもよく当てはまる。

> 戦争とは科学的法則に支配された活動ではなく、人間の意志や精神力が相互衝突する不確実性、偶然、摩擦等の多様性である。従来の戦争理論家たちは、軍事行動のための明確性と肯定的な指揮法を追求したが、クラウゼヴィッツは不確実な戦争の本質を理解すべきであり、普遍妥当な戦争理論は存在せず、各時代には各時代の独特な戦争理論が存在すると言った。

同様に、感染症危機管理を含む危機管理活動一般に言えることとして、科学的法則に支配された活動ではないということを理解せねばならない。感染症危機管理における事態対処行動は、「科学的活動」ではなく、「危機管理活動」である。感染症危機管理は、「感染症対処の問題」と捉えられるきらいがあるが、それは問題設定が誤っている。感染症危機管理は、あくまで「危機管理」という概念が先にあり、その中で、「感染症」というタイプの脅威に対していかに対処するかという問題である。

したがって、詳細は指揮官の素養について論じた第4章第三節第一項で述べるが、医学や公衆衛生学を含む科学は、感染症危機管理を構成する一要素にすぎない。感染症危機管理において科学を手段として用いることは非常に重要であり不可欠だが、いわゆる科学が差し示す事柄を遵守することに拘泥してはならない。また、科学に絶対性は存在しない。科学とは、あくまで歴史の時間軸のその一時点において、客観的に確からしいと考えられている一時的なコンセンサスにすぎず、相対的な存在である。コンセンサスは変わり得るし、変わらないこともある。したがって、感染症危機管理においては、いわゆる「科学的に正しい」とされる事柄をその時点の手段として便宜的に用いるだけである。そこに、科学に対する絶対的な信仰は存在してはならないし、信仰を介在させることは危険ですらある。科学的に対応していればリスクはないなどということはあり得ない。

感染症危機管理組織と病原体が発現する危機との不断の相互作用と言うからには、一連の時間軸の過程で、感染症危機管理組織が繰り出す作用が危機の性質にうまく適合せず、被害が生じることもあることは当然である。感染症危機管理組織の指揮官は、その時点で利用可能な有限の資源を勘案しつつ、多方面で展開する戦線に優先順位付けを行い、早期に危機を収束させることが要求される。しかし、感染症危機管理の事態対処行動にあたり、政治的・経済的・社会的・人的被害なし、といったゼロリスクなどという概念は存在し得ないし、それは単なる幻想である。「いかにリスクをマネージメント（管理）し、病原体の発現によって生じる被害を最小化するか」という考え方が危機管理には必須である。すなわち、「マイナスを小さくすることがプラスである」という考え方を基礎とせねばならない。

第三項▼後医は名医——批判の作法

感染症危機管理組織は、病原体の及ぼす衝撃を過小評価したことによって不十分な対策を取ってしまった場合には、当然、その判断について批判を受けて然るべきである。しかし、No Regrets Policyに基づき、脅威発現当初は規模の大きい対策を講じ、状況の推移に応じて過剰になっている部分を削ぎ落とし、対策の規模を調節している限りにおいては、批判されるべきではない。また、未知・霧・摩擦という危機の特性に鑑み、危機管理の事態対処行動には必ず不確実性が伴う。すなわち、不測の事態のない危機管理など存在しない。同じ顔を持つ危機などというものは存在せず、危機管理とは常に未知なるものに対する挑戦である。したがって、外野からの批判は極めて容易な行為だが、実際の危機管理の実行は極めて難解かつ複雑な営みであることを理解する必要があるだろう。

批判は危機管理活動の改善に有用である。しかし、批判を行うこと自体が全て良いものであるわけではなく、害を為す場合もある。重要なのは、批判の仕方と中身である。批判について、クラウゼヴィッツは、『戦争論』において以下のように述べている。

一事件をその結果から判断することは、結果が事件の最上の審判者である以上、許されることではあっても、結果だけから導かれる判断をもって人智最高の判断と見なしてはならないはずである。敗戦の原因を探し出すだけでは未だ敗戦の批判をする資格はない。この原因の予測が可能であったことが証明されるとき初めて、それは批判の名に値するだろうし、最高司令官の作戦の是非を論ずることもできるだろう。

もし批評家が行為者を称賛したり非難したりしようとすれば、言うまでもなく、批評家は正確に行為者の立場に身を置き、行為者が知っていたことや彼の行為の動機となっていたことの一切を関連づけ、反対に行為者が知り得なかったことや実際に知らなかったことの一切を排除し、特に結果として明らかになることをも排除するよう努めねばならない。

医者の世界に、「後医は名医」という格言がある。患者を最初に診た医師（前医）よりも、後から診た医師（後医）の方が、前医からの治療を受けた経過に関する情報や、病状の進行に伴い顕著になった症状に関する新情報など、獲得できる情報量が当然多くなり、より正確な診断や治療ができるように見えるというものである。また、アメリカンフットボールの世界にも、「Monday-morning quarterback」という言葉が存在するようだ。アメリカンフットボールの試合は日曜日の夜に開催されるのが一般的だが、翌朝（Monday morning）に振り返って、前日夜の試合について（自分はプレイしないのに）結果を知った上の後知恵であれこれ批判する人間のことを言うのだという。

危機時には、後知恵で過去の時点における個別の対処方法について批判する者や、自称有識者・自称専門家が多数現れるのが常であるが、それらの者は皮肉にも、危機管理について無知であることを自らの行動によって証明していることも多い。未知なる脅威が引き起こす時々刻々と変化する危機に対応している危機管理組織にとって、事態対処行動中に向けられる根拠のない恣意的な批判や後知恵による批判は、意味がないだけでない。それら批判に対応するために、本来は事態対処行動に振り向けるべき有限の資源を割かねばならなくなることに加え、自己を犠牲にしながら事態対処行動に従事している危機管理組織構成員の士気を削ぐ等、事態対処行動そのものを阻害し、ひいては受益者たる国民の利益を害するものである。

批判を行う者は、批判の作法について十分理解した上で、意味のある批判を行うべきである。危機管理における特定の手段や事象に関する狭い領域についてのみ考察し、全体との連関を捨象して行われる批判は、恣意的な批判であり、有害であるとも言えよう。また、ある手段を批判するにあたっては、それよりも優れた他の手段を代替案として提起しなければ、その批判に価値はない。クラウゼヴィッツは、批判する者が陥りやすい傾向として、以下のように具体的に述べている。

> ［結果を知っている（筆者註）］批評家は［最高司令官と比べて（筆者註）］より一段と高い立場に立つ必要がある。そうすれば、豊かな判断の根拠が得られて批判は最高度に主観を排除できるし、批評家の偏狭な精神を判断の尺度としなくてもすむものである。こうした高い立場に立つ批判、および事態を十分に見通しての称賛や非難は、それだけでわれわれの感情を傷つけるものではないが、ただ、批評家が傲慢になって、事件の完全な洞察によって得た一切の知恵をあたかも彼独自の才能であるかのような調子で語るとき、初めてわれわれの感情は傷つけられるのである。こうした欺瞞は極めて浅薄なものであるが、人は虚栄心にかられてややもすれば、こうした欺瞞を弄しがちであるから、他人の不興を買うこともまた当然である。

感染症危機管理におけるNo Regrets Policyとリスクマネジメントの視点が欠如し、批判の作法について知らない者、例えば国民及びメディアが、事態対処活動を後知恵で批判することは、よくあることである。しかし、そのような国民及びメディアに対して、知らぬからと言って逆に批判したり無視したりすることは、あってはならない（もちろん、不当な批判に対しては積極的に反論すべきである）。

感染症危機管理とは、特定の生物学的脅威が、国益に対する破壊的な事象を発生させるに際し、当該事象が国民の生命（国益）に与える負の衝撃を阻止または低減するために、平時及び危機時にわたり行う一連の活動のことを指す。感染症危機管理の目的は、国益を守ることにあり、その受益者は、全ての国民である。感染症危機管理組織は、国益を守るために、全ての国民に奉仕しているのだということを忘れてはならないだろう。

国民やメディアの理解が得られず批判を浴びるのであれば、まずは、第4章第六節第六項第一目で述べる感染症危機管理組織自身のクライシスコミュニケーションの能力の低さを疑うべきである。

そうは言っても、本章第三節第四項で詳述するように「総力戦」という特性を有する感染症危機管理では、国民やメディアも事態対処行動に対して大きな役割を担っている。したがって、国民やメディアも、感染症危機管理について自ら積極的に学ぶ責任があるとも言える。感染症危機管理の事態対処行動で必要となる機能の一部について何らかの専門的知見を有する者であれば、なおのこと感染症危機管理という営みの全体像について学ぶ責任があろう。

このような観点では、「後医は名医」という批判の方法に関する格言は、広く国民一般やメディアに対しても十分に成立する。誰であれ、感染症危機管理の事態対処行動について批判を加える者は、自由闊達な言論空間を保ちつつも、根拠のない恣意的な批判や後知恵による批判は意味がないだけでなく、事態対処行動そのものにとっても有害であり、ひいては我々国民一人一人が不利益を被りかねないことを認識しなければならない。

第四項▼事案総括・検証（ＡＡＲ：After Action Review）

感染症危機管理の最終的な成否は、「ある特定の病原体が発現させた危機が国益に対して与えた負の衝撃を阻止または低減できたか」という結果においてのみ判断されるべきである。それができなかった場合は、無論、感染症危機管理組織の責任が厳しく問われて然るべきだ。

しかし、その根拠が、批評家の信条や虚栄心に基づく単なる恣意的な批判に基づいてはならないことは当然だが、批評家による個別の有益な批判に基づくことも適切ではない。特定の危機管理事案全体の総括や、事態準備行動や事態対処行動に関する個別具体的な判断や行動についての精査は、「事案総括・検証（ＡＡＲ：After Action Review）」において実施され、最終的な結論とされねばならない。ＡＡＲには、以下の五つの目的がある。

1　今回の危機管理活動（危機発生後の事態対処行動に加え、危機発生までの事態準備行動を含む）を総括し、成功か失敗かを確定すること。

2　今回の危機管理活動におけるグッドプラクティスを同定し、制度化し、次の事態対処行動に活かすこと。

3　今回の危機管理活動における課題を同定し、それに基づく提言を行うこと。

4　提言に基づき、人的・物的・財政的支援を得て危機管理組織及び危機管理活動を強化する（事態準備行動（プリペアドネス）を向上する）ことで、次に類似した危機が発生した場合には十分に対処可能な体制を構築すること。

5　今回の危機管理活動を総括することで、主要構成員の責任を明確にし、信賞必罰を与え、組織的教訓とすること。

ＡＡＲでは、危機管理組織自身またはそれ以外の中立な第三者が、危機管理活動（事態準備行動及び事態対処行動）のどの時点でどのような対応を行うのが適切であったかという点について事実に基づき精査し、危機の特性を踏まえた建設的な検証を行った上で、危機管理組織及びその構成員の責任を問うことが求められる。

検証作業は事件調査と同じであり、検証作業に従事する者の主観を排し、ファクトに基づき正当に行われなければならない。ファクトとは、物証（危機管理活動に係る各種文書等）や関係者の供述（証言）である。それらファクトに基づき、危機管理活動の個別の内容について具体的に精査を行い、その正不正を判断し、原因を追究する。検証作業に従事する者が、危機管理組織またはその構成員の各種判断や行動に対する正不正の判断を行う際には、事案の最終結果を知った上で初めて見出した観点からその判断を下すべきではなく、危機管理組織及びその構成員の当時の立場と状況に身を置いて考察する必要があることは、前項でも述べた。

危機管理活動の結果が失敗であった場合には、その失敗に繋がった個別判断を原因として特定するだけでは未だ判断の不正を論じる資格はなく、この原因から生じる結果が予測可能であったことが証明されるとき初めて、判断の不正を論じるに値する。

ＡＡＲは、危機管理の結果が失敗であったと推測されるときだけではなく、成功であったと推測されるときにも行われねばならない（そもそもその成否自体はＡＡＲが決めることである）。危機管理の結果が一見成功であったとしても、それは「再現性のない成功」かもしれない。いかなる危機が起ころうとも、国益に対して一定の負の衝撃を与える限り、危機管理は成功させねばならず、しかもその成功には再現性がなければならない。「今回は結果オーライ」では済まないのである。

検証作業は、関係者の記憶が鮮明に残っているうちに実施しなければならない。具体的には、事態対処行動終了後3カ月以内に、集中的に実施するべきである。万一危機が長期化する恐れがある場合には、未だ全ての事態対処行動が終了していなくとも、危機の程度が一時的に凪の状態となった際に実施すべきである。この場合、「事案中総括・検証（ＩＡＲ：Intra-Action Review）」と呼ぶ。

ＡＡＲ自体は報告書を作成・提出して終了となる。しかし、それで全てが終わったわけではなく、前述したＡＡＲの目的１〜３が終わっただけである。まだ４と５が実施されていない。本章第六節の「時相」で述べるように、危機管理はサイクルである。したがって、危機管理組織は、報告書の作成・提出によって目的１〜３を達成した後、報告書の結論を踏まえた人事を行うことで目的５を達成し、構成員の能力育成・各種インフラ強化・予算獲得を行うことで目的４を達成することが求められる。目的４と５を行うことなく、報告書の提言内容をうやむやにして終わらせてはならない。

我が国における著名なＡＡＲとしては、大東亜戦争における大日本帝国陸海軍を検証した『失敗の本質』が代表例として挙げられよう。また、感染症危機管理に関するＩＡＲとしては、独立系シンクタンクであるアジア・パシフィック・イニシアティブが行った「新型コロナ対応・民間臨時調査会（コロナ民間臨調）」の調査・検証報告書が挙げられる。

第三節　戦域と武器

第一項▼戦域——国内戦線と世界戦線の同期性

感染症危機管理は、国内戦線と世界戦線が同期的に進行する可能性が高いことが特徴である。

もちろん、２０１３年の中国におけるＨ７Ｎ９鳥インフルエンザアウトブレイクや、２０１５年の韓国におけるＭＥＲＳアウトブレイクのように、国内初発例や輸入症例を起点として国内のみで拡散・進行し、国際社会とは同期しない場合もあり得る。しかし、２００３年のＳＡＲＳ、２００９年のＨ１Ｎ１新型インフルエンザパンデミック、２０１４年の西アフリカを震源地とするエボラ出血熱、２０２０年のＣＯＶＩＤ-19パンデミックなど、国際社会に広く拡散し、国内戦線と世界戦線が同期的に進行する場合の方が多い。

　したがって、感染症危機管理の戦域は国内だけではないという戦域認識を常に持つことが重要である。いかに国内で危機を収束させようとも、世界各地で同じ危機を発生させている脅威が、国境を越えて侵入し続ける。

　戦域が国内と国外の両方に跨るという感染症危機管理の特性により、感染症危機管理に関する政策担当者が外交実務及び内政実務の両方に精通している必要があることは、論をまたない。特に、後述する戦略レベルを担う指揮官や参謀（特に部門長）は、感染症危機管理に関する外交及び内政実務に関する知識と経験を有していることが、任命されるための最低条件であろう。

　感染症危機管理に従事する者は、事態準備行動と事態対処行動の両期間を通じ、国内対策と同時に、①情勢分析と②同盟という二つの観点から、国際社会に積極的に関与する必要がある。

①情勢分析

国内戦線と世界戦線の同期性という戦域的特徴を持つ感染症危機管理では、他国の感染症危機管理の動向を把握することが必須である。具体的には、事態準備行動期間に加え、事態対処行動期間における各国の政策や被害状況といった地球上の各戦域に関するタイムリーな情勢分析である。

事態準備行動期間における各国の政策に関する情勢分析は、後述する感染症危機管理の同盟に関する我が国の政策判断に大きな影響を及ぼす。

事態対処行動期間における各国の政策、すなわち各国で採用された事態対処手法の有効性や無効性について学ぶことは有用である。我が国の事態対処手法に反映させることで、我が国の事態対処行動の効果を増加させることができるからだ。

また、各国の被害状況に関するタイムリーな情勢分析は、我が国の渡航措置の実施判断の根拠となるものである。これらの情勢分析は、後述する感染症インテリジェンスの一環として実施される。

②同盟

感染症危機管理では、国内戦線と世界戦線が同期する可能性が高い。したがって、感染症危機管理活動に関する他国や国際機関との協調体制の構築が必須となり、それは、事態準備行動及び事態対処行動の両期間にわたって実施される必要がある。

これはさながら、軍事同盟と同様の構図である。例えば、日米同盟は、日米安全保障条約に基づき、戦時の協調行動を確実にするために、平時から日米防衛協力のための指針（ガイドライン）を整備しつつ、武力攻撃事態を想定した合同訓練や脅威情報に関するやりとりを行い、何らかの脅威が発生した場合に備え、二国間関係の管理（メンテナンス）を行っている。

国際政治学者のジョセフ・ナイは、同盟について以下のように述べている。

> 「同盟」とは、主権国家がお互いに相互の安全保障を確保するために結ぶ、公式・非公式の取り決めである。同盟を結ぶ動機の一つは軍事的考慮である。（中略）伝統的に、軍事同盟こそ国際政治の焦点の一つであった。国家はまた、非軍事的な理由で同盟するかもしれない。（中略）イデオロギーは紛争を引き起こすけれども、しばしば国家を結び付ける。経済的考慮も同盟の理由であるかもしれない。とりわけ、純粋に軍事的な考慮が退潮しつつある現代世界の一部地域には該当しよう。

軍事同盟は、相互の援助義務規定を有する防衛協定（Defense pact）、援助義務規定のない協商（Entente）（近年は「準同盟」と形容されることが多い）、不可侵条約（Non-aggression pact/Neutrality pact）に分類されるという。感染症危機管理における国家間の協力関係の性質は、援助義務規定のない「協商／準同盟」の形式に似ている。平時及び危機時にわたって協力を行うものの、必ず援助しなければならないというものではない。しかし、我が国が深刻な危機に直面した場合に備え、各国及び国際機関との平時からの関係構築とそのメンテナンスが欠かせない。

ケーススタディ4

ＧＨＳＩと日中韓三国保健大臣会合――Ｇ７と中韓とのメンテナンス

詳しくは本章第五節第二項の「海外アクターと国際ルール」で述べるが、我が国は、感染症危機管理に関する政策協力体制として、Ｇ７＋メキシコ＋欧州委員会（ＥＣ）という志を同じくする諸国では「世界健康安全保障イニシアティブ（ＧＨＳＩ：Global Health Security Initiative）」を、地域レベルでは「日中韓三国保健大臣会合」を有している。

ＧＨＳＩの閣僚級会合は毎年開催されるし、その下の局長級会合（ＧＨＳＡＧ：Global Health Security Action Group）や専門家会合は年に複数回開催される。また、日中韓三国保健大臣会合も２００７年以降、尖閣諸島をめぐる問題で日中関係が悪化した２０１２年を除き毎年開催されている。このような会合を通じ、各国政策担当者はファーストネームで呼び合う個人的関係を構築し、感染症危機時にも円滑に情報交換を行うことができるチャネルが形成される。国家間関係のメンテナンスとは、公式な関係に加え、個人的関係にも大きく左右されるのである。

感染症危機管理における協力関係の構築には、二つの目的がある。一つは、各国・国際機関との事態対処協力。もう一つは、国際的な資源獲得競争における協調である。

第一の目的、すなわち各国・国際機関との危機時における事態対処協力は、平時の事態準備期間中から国家間関係を整備することによって初めて可能となる。例えば、事態対処行動期間中における各種政策に関する情報共有は平時からの情報共有枠組みがあって初めて機能するし、それによって初めて前述した他国に対する情勢分析が可能となる。また、発動される渡航措置は、その発動と解除の両方の側面において、国家間の政策調和（Harmonization）を必要とする場合もある。

我が国がどのような国または国際機関との感染症危機管理に関する協力関係を有しているかについては、海外アクターについて述べた本章第五節第二項で詳述する。

第二の目的は、国際的な資源獲得競争における協調である。何らかの国際的な感染症危機が発生した際には、戦略物資に関する資源獲得競争が発生する。例えば、本節第三項の「貿易制限」で述べるように、各国は、自国の事態対処行動において直接的に必要となる各種装備品（マスク、個人防護具、人工呼吸器など）や医薬品の輸出制限（Export ban）や、病原体媒介生物に対する輸入制限（Import ban）を発動する可能性がある。

国際貿易が進展した現代社会において、感染症危機への事態対処行動を遂行する際、全ての資源を自国だけで賄うことは不可能である。国内戦線と世界戦線の同期性という感染症危機管理の特性に鑑み、これらの国際的な資源獲得競争を回避するための国際協調体制の維持・構築に積極的に関与することは、我が国の経済安全保障の観点からも重要なのだ。

次なる新型インフルエンザパンデミックを見据え、資源獲得競争に一定の歯止めをかけるために設けられた枠組みが、本章第五節第二項第一目で後述するパンデミック・インフルエンザ・プリペアドネス・フレームワーク（ＰＩＰフレームワーク（Pandemic Influenza Preparedness Framework））である。

自然発生的であれ人為的であれ、未知の感染症によるアウトブレイクが発生した場合、その原因となる病原体そのものやその遺伝子デジタル情報を取得の上、武器たる危機管理医薬品（ＭＣＭ：Medical Countermeasures。ワクチン・治療薬・診断薬の三つを合わせた総称）をいかに迅速に開発するかに、感染症危機管理の成否がかかっていると言っても過言ではない。このように、病原体そのものとその遺伝子デジタル情報の獲得は、感染症危機管理における武器開発のための資源獲得競争のチョークポイントなのである。

原因病原体が新型インフルエンザであった場合は、病原体原産国がその上流たる病原体の取得に制限をかけ、他国における下流の危機管理医薬品開発に大きな影響を及ぼす可能性がある。

ＰＩＰフレームワークは、その病原体の取得制限を規制かつ調整する役目を果たす。

我が国は、事態準備行動期間中からこのような資源獲得競争に関する利害調整の枠組みに積極的に参画し、国際的な感染症危機管理体制の国際協調メカニズムの整備に尽力しつつ、危機が発生した際の我が国の経済安全保障に関する予測可能性を高めておかねばならない。

ケーススタディ5

感染症危機管理のチョークポイント絞扼の解除――ＰＩＰフレームワークとBioHub

２００６年、インドネシアが感染症危機管理のチョークポイントを締めにかかる事態が発生した。Ｈ５Ｎ１鳥インフルエンザウイルスの国際社会への共有を拒否したのである。

１９９７年、それまで鳥類をはじめとする動物界に限局していたＨ５Ｎ１鳥インフルエンザのヒトへの感染が、香港で初めて確認された（Spillover event）。その後、アジア各国に拡散し、２００５年にはインドネシアでもヒトへの感染が確認され、死者が出ていた。

当初、インドネシアは国際社会に対してワクチン開発の基となるウイルス株を共有していた。しかし、それを基に先進国企業が作成する危機管理医薬品へのアクセスができなかった。

この事態を受け、２００６年12月、当時のインドネシア保健大臣は、自国原産のウイルスに対する「ウイルス主権（Viral Sovereignty）」を主張し、ウイルス株共有の拒否を宣言。国際社会に衝撃が走った。

焦った各国は、ＷＨＯの仲介で交渉を開始。インドネシアがＨ５Ｎ１鳥インフルエンザウイルス株の共有を再開する代わりに、２００７年５月のＷＨＯ総会で、国際社会へのウイルス株共有とワクチンへの公平なアクセスを保証するための枠組みを創設する交渉の開始が決議された。

４年の交渉の末に創設されたのが、ＰＩＰフレームワークである。ＷＨＯが管理・運用するＰＩＰフレームワークは、①新型インフルエンザのリスクアセスメント及びワクチン開発のために、全ての国が脅威となり得るウイルスを供与すること、②全ての国に対してパンデミックインフルエンザワクチンへの公平なアクセスが保証されることを目的としている。

また、ＣＯＶＩＤ-19パンデミックを受け、２０２０年11月、ＷＨＯは「BioHub」というプロジェクトを発足。これは、危機管理医薬品を「国際公共財」と見なし、その研究開発を世界的に促進するために、人類に脅威を及ぼす病原体を一体的に保管することを目的としている。病原体の保管場所にはスイスのＢＳＬ４施設が指定され、２０２１年１月時点で南アフリカがＳＡＲＳ-ＣｏＶ-２ウイルスの変異株を提供するなどして始動した。

このように、ＰＩＰフレームワークは新型インフルエンザを、BioHubはDisease Ｘをも対象に含み、感染症危機管理のチョークポイントが締まることのないように「利益の公正かつ衡平な配分（ＡＢＳ：Access and Benefit Sharing）」を担保している。

第二項▼二つの攻撃と二つの防御——医療措置・公衆衛生措置・渡航措置

脅威に対する攻撃は、事態対処行動の中核である。これがなければ、脅威を排除できない。すなわち、危機管理そのものが成立しない。

米軍統合ドクトリンは、攻撃とは「目標に対して一定の効果を及ぼすために武器等を使用すること」と定義している。どのような種類の攻撃手法が必要となるかについては危機管理の領域ごとに異なるが、感染症危機管理における攻撃手法は、医療措置（ＰＩ：Pharmaceutical Interventions）と公衆衛生措置（ＮＰＩ：Non-pharmaceutical Interventions）[2]の二つに大別される。同時に、感染症危機管理では、渡航措置（Travel Measures）という防御手法も活用する。公衆衛生措置と渡航措置は、医療措置の確実な実施のために奉仕する存在である。

二つの攻撃手法の関係性や作用の仕方については、感染者の重症度トライアングル（Severity Triangle）を「感染の穴」として見立てた図表7を考えるとわかりやすい。

第一目　医療措置（ＰＩ：Pharmaceutical Interventions）

医療措置とは、臨床医療分野の医療行為のことを指し、脅威に対する直接的攻撃手法である。医療措置の対象は、有症状の感染者（患者）に限定されている（ワクチンは例外的に非感染者を対象

図表7　医療措置・公衆衛生措置・渡航措置の作用部位のイメージ

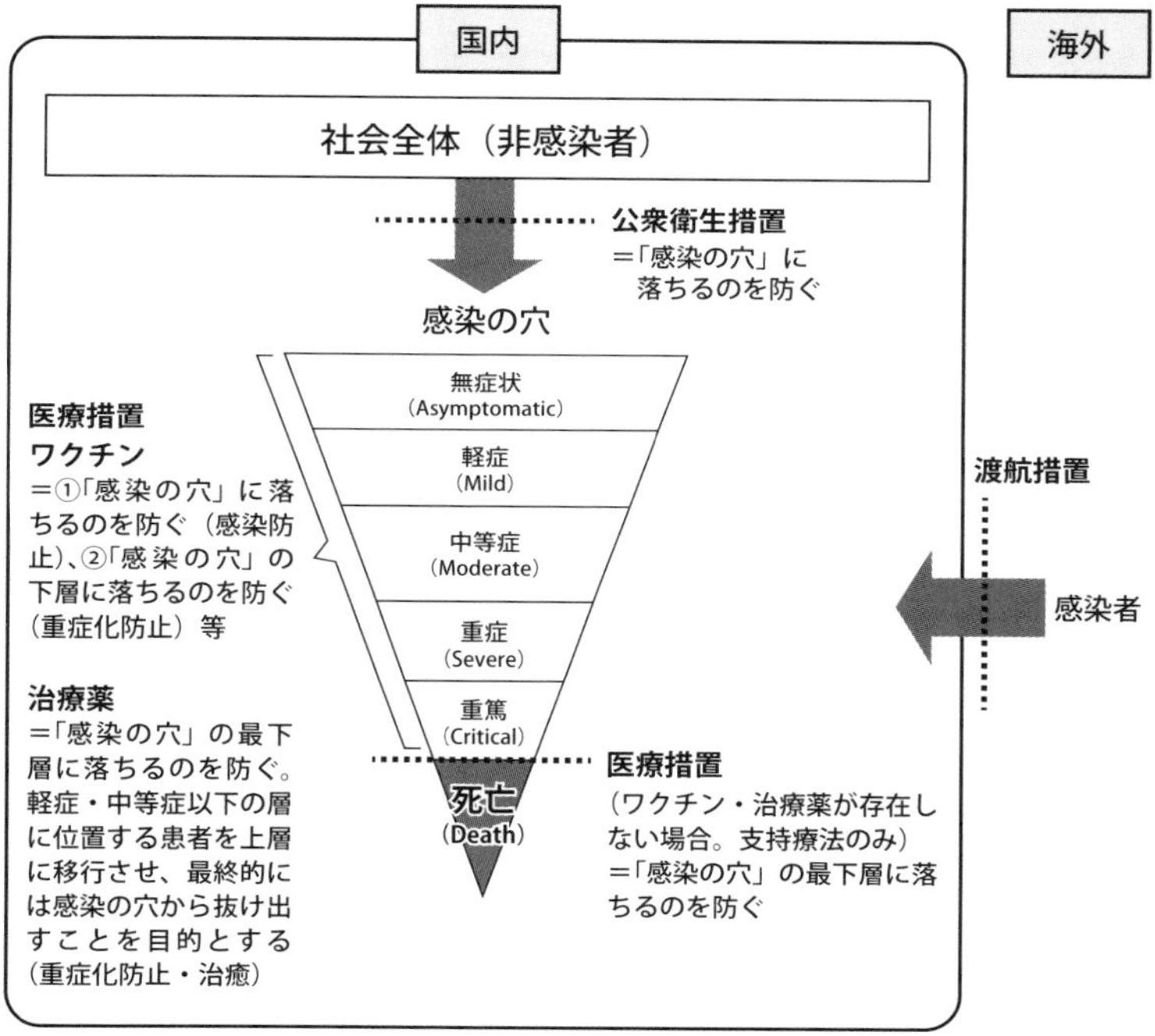

とする）。医療措置が行われる場所は、主として病院や診療所といった医療機関である（ワクチンの大規模接種時等の例外はある）。医療措置の目的は、有症状の感染者（患者）に対して臨床的介入を行い、症状緩和や救命を行う。すなわち、国益を守るための最後の砦だ。医療措置において選択肢となる武器は、以下の三つであり、①及び②は、第3章第二節第一項で詳述する危機管理医薬品（MCM）である。

①ワクチン（Vaccine）：攻撃対象となる病原体に特化したワクチン。

②治療薬（Therapeutics）：攻撃対象となる病原体に有効性のある抗菌薬または抗ウイルス薬。

③支持療法（Supportive care）：攻撃対象となる病原体に特化したワクチンや治療薬が存在しない場合には、唯一の武器となる。

「感染性×病原性」の組み合わせによって規定される病原体の脅威の程度に応じ、国家として医療措置を実行することのできる限界、すなわち危機に対応可能な医療提供キャパシティ（Healthcare system capacity）の上限が存在する。医療措置を確実に実行するためには、医療提供キャパシティがその上限以下に保たれている必要がある。医療機関における医療措置を確実に実行できる環境を確保するために行われる攻撃手法が公衆衛生措置であり、防御手法が渡航措置である。この意味で、公衆衛生措置と渡航措置は、医療措置の確実な実施のために奉仕する存在なのである。

公衆衛生措置と渡航措置は、図表8の概念図で示したような状況を作り出す（Flatten the curve）ことによって、医療措置に奉仕する。具体的には、海外で発生した感染症危機の場合には、自国に波及し、国内のアウトブレイクが発生する時期を遅らせる（Delay the start）ために、まずは渡航措置を発動して防御する。必要に応じ、強度の高い渡航措置も実施されねばならない場合がある（例：入国制限）。感染症危機管理組織は、その間に稼いだ時間差を利用して、事態対処行動の初動を起動し、国内の医療提供キャパシティの上限を引き上げて十分な医療措置を実施する体制を整える等、国内に脅威が流入した場合の準備を行う。同時に、各種の公衆衛生措置も発動する。感染者数の増加に伴う患者の増加の度合いが大きく、医療提供キャパシティの上限を超えそうな脅威が発現した場合、すなわち医療措置だけでは十分に感染をコントロールできない場合は、強度の高い公衆衛生措置を発動する必要がある。強度の高い公衆衛生措置は、患者数増加がピークに達するまでの時間を遅らせ（Delay the peak）、患者数のピークそのものを低減させる（Reduce the peak）効果がある。公衆衛生措置と渡航措置の詳細は後述する。

医療提供キャパシティは、概念的に以下のように分解できる。

医療提供キャパシティ　＝　量　×　質

図表８　医療提供キャパシティに関する概念図（Flatten the curve）

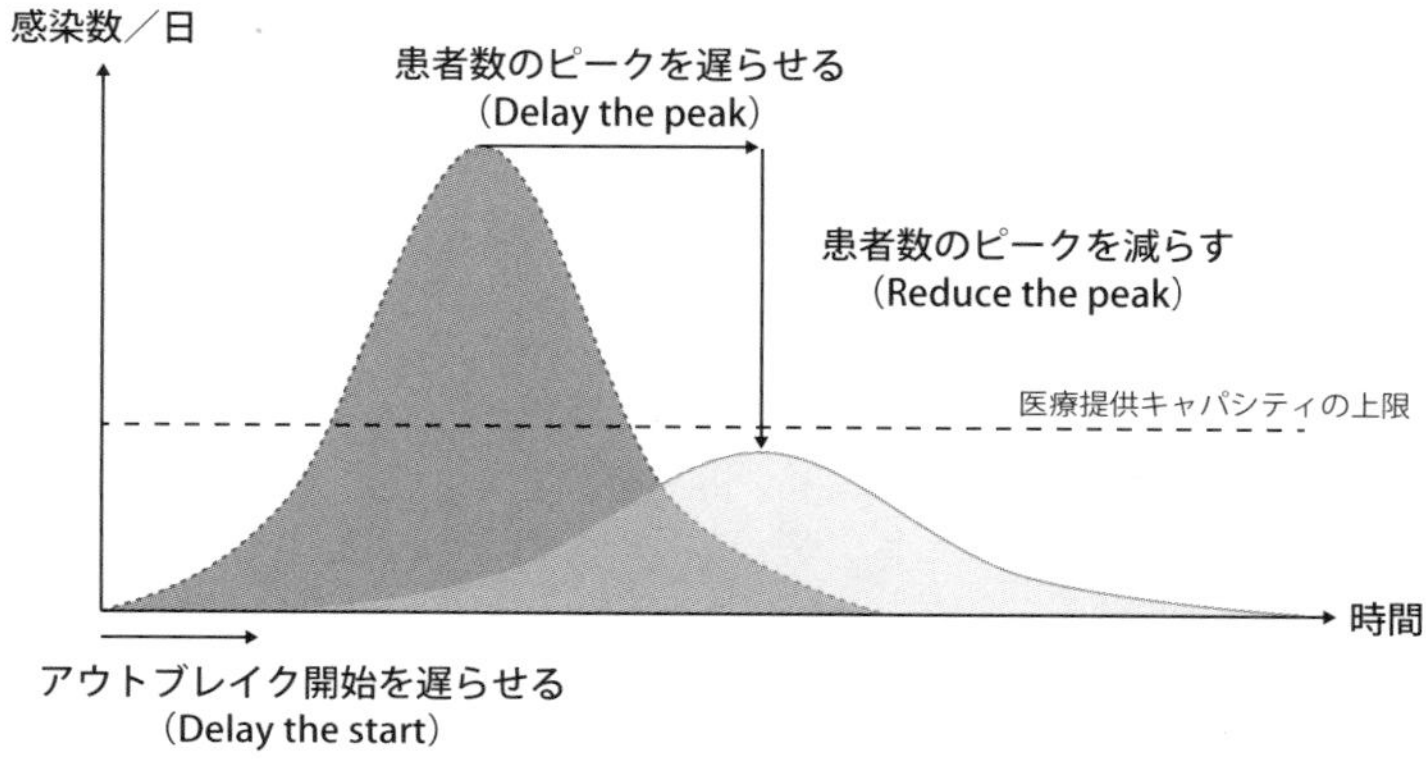

医療提供キャパシティの「量」とは、医療の基礎インフラの量（人口当たり病床数、医師数等）のことを指す。また、医療提供キャパシティの「質」とは、医療提供レベル（医療機関の高度性、医師の技量に関する水準等）のことを指す。感染症危機における事態対処行動は、医療措置を必要とする患者量が前述のように規定される医療提供キャパシティの上限を超えないように調節しながら実施せねばならない。

病原体の脅威の程度は「感染性×病原性」の組み合わせによって規定されるが、大まかには図表９のように、Ａ〜Ｉの９種類に分類できる。脅威の種類ごとの医療提供キャパシティの逼迫度合いを緑・黄・赤で色分けすると、ＡＢＤが緑、ＣＥＧが黄色、ＦＨＩが赤である。感染性が上昇するに従い、また、病原性が上昇するに従い、医療提供キャパシティが短期間に逼迫し、全ての重篤患者に対応する余力がなくなることで、死者数が増加し、社会的荒廃を招

図表9　病原体の脅威の程度に関する分類

脅威の分類		病原性		
		低	中	高
感染性	高	G	H	I
	中	D	E	F
	低	A	B	C

く可能性が高くなっていく。すなわち、左下（A）から右上（I）に移行するに従い、その可能性が高くなる。

例えば、エボラ出血熱のように、接触感染で感染が広がるため、呼吸器感染症ほどの感染性の高さが認められなくとも、致命率50～90％と病原性が著しく高く、医療措置の実施のために高度に専門的な医療施設が要求される場合は、自ずと国全体の医療提供キャパシティは少なくなる。すなわち、図表9ではFあたりに分類されると言える。

また、新型インフルエンザのような呼吸器感染症で感染性が高くとも、病原性が著しく低い場合は、感染しても発症しないか、発症しても医療機関における医療措置を必要としない者が大多数となるため、医療提供キャパシティへの負荷は相対的に少ない。すなわち、図表9ではGに分類されると言える。

COVID-19は、中等度～高度の感染性に、中等度の病原性を有する感染症である。医療措置が必要となる患者が多い上に、一定数が重症化し、死に至る。したがって、医療提供キャパシティへの負荷は常に一定程度以上存在する。すなわち、図表9では

EかHに分類されると言える。

最悪のシナリオは、麻疹並みの高い感染性を有し、エボラ出血熱並みの高い病原性を有する新型インフルエンザやDisease Xが発生した場合である。すなわち、図表9ではIに分類される脅威である。この場合、爆発的に感染が拡大し、その大半が高度の医療措置を要する重症患者となるだろう。そして、医療措置に関する国のキャパシティは一気に枯渇し、膨大な死者が発生、社会が荒廃する恐れがある。

第二目　公衆衛生措置（NPI：Non-Pharmaceutical Interventions）

公衆衛生措置は、感染症危機管理における攻撃手法の二本柱の一つであり、脅威に対する間接的攻撃手法である。医療機関における医療措置を確実に実行できる環境を確保するために行われる攻撃手法であり、医療措置のために奉仕する存在であるが、医療措置と同様に重要な存在である。

感染性の高い病原体、すなわち市中における感染者増加のスピードが速い感染症危機（呼吸器感染症など）の場合には、感染症危機管理組織が感染者を追跡・同定・隔離し、医療機関における医療措置を行うことによる感染者減少スピードだけでは、到底追いつかなくなる。すなわち、個々の感染者間の疫学的関係性の特定と追跡・隔離が困難になり、感染者は無秩序に増え続けるため、タイムリーな事態対処行動は困難となる。このような状況下、特に危機管理医薬品としてのワクチンと治療薬が存在しない場合には、公衆衛生措置の存在が格段に重要となり、強度の高い公衆衛生措置の発動が必要となる。

公衆衛生措置の目的は、病原体のヒトへの暴露機会を減少させることである。すなわち、市中において、ヒト由来の感染媒介物質（例：呼気、唾液）の送受を防いだり、ヒト同士の接触機会を減少させたり、媒介可能性のある環境物質―ヒト間の病原体伝播を防止することにある。医療措置と異なり、公衆衛生措置の対象は、社会の不特定多数である。また、公衆衛生措置が行われる場所は、社会のあらゆる場所が候補となり得る。

公衆衛生措置において選択肢となる武器は、それを適用する対象別に以下の三つに分類される。

①個人（Personal measures）

1　手洗い・手指消毒
2　咳エチケット
3　マスク着用

②社会（Social measures）

1　接触者（無症状者）の健康監視（Monitoring）
2　患者（有症状者）の隔離（Isolation）
3　集会・イベントの制限・禁止
4　外出制限・禁止

5　公共交通機関使用制限・禁止
6　国内移動距離制限
7　社会的距離の確保（Social distancing）
8　学校閉鎖
9　職場閉鎖
10　建物閉鎖
11　都市封鎖（都市間往来禁止。「ロックダウン」とも呼ばれる）など

③環境（Environmental measures）

1　施設・設備・物品の消毒
2　施設・設備・物品の破棄
3　施設の換気
4　遺体処理・埋葬

三つの主体に適用される個別の手段は、各々効力の強度が異なる。これらのどれを発動するかについては感染症危機管理組織の戦略・作戦レベルの判断であると同時に、その効力が社会全体に与える影響が大きい場合（例：学校閉鎖など）は、より上位の政治レベルの判断となる（政治／大戦略レベル、戦略レベル、作戦レベル、戦術レベルの「国政術の四階層」については、次節で詳述する）。

さらに、これら個別の手段について、法に基づき罰則等を用いて強制的に国民に遵守させるか、強制力を持たさず国民の主体的な行動変容によって遵守してもらうかなど、それを国民に遵守させる方法によっても発現する効力の強度が変化する。

したがって、事態対処行動で実施される特定の公衆衛生措置の総合的な強度は、概念的には以下のように表されるだろう。

特定の公衆衛生措置の総合的な強度 ＝ 種類別強度 × 徹底度 × 期間

ケーススタディ6

公衆衛生措置の強度の比較——Stringency Index

英国のオックスフォード大学が運営するウェブサイト「Our World in Data」は、COVID-19パンデミックの最中、多くの指標を作成し、各国の事態対処行動を比較できる様々な情報を公開した。その中の一つに、「Stringency Index」がある。これは、各国政府が行った主に公衆衛生措置の強度を指標化したものである。具体的には、学校閉鎖・職場閉鎖・イベント制限・集会制限・公共交通機関使用制限・外出制限・国内移動制限・渡航措置・各種施策の実効性を高める広報キャンペーンの合計九つの指標を統合し、その強度を1

図表10　Stringency Index

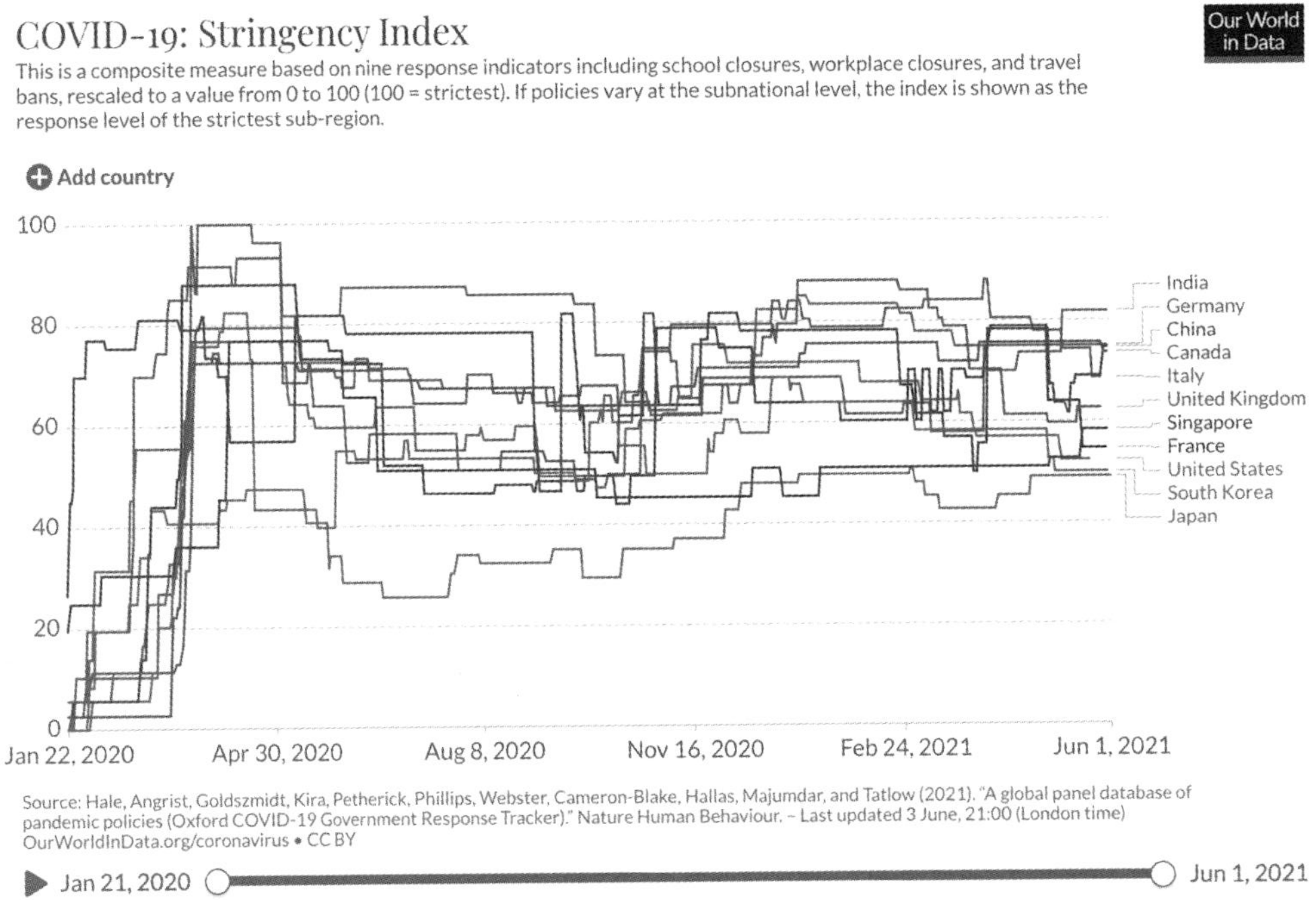

出典：Our World in Data

～１００の数字で表現している。主に、公衆衛生措置の②社会（Social measures）に対する指標と言えるだろう。渡航措置が含まれるため、純粋に公衆衛生措置を評価した指標とは言えないが、目安にはなる。

例えば、２０２０年1月22日～２０２１年6月1日の期間におけるＧ７諸国・中国・韓国・シンガポール・インドを比較してみると、日本のStringency Indexが飛び抜けて低いことがわかる。各国の最高値を見てみても、日本が50なのに対し、それ以外の国は75～１００の間に分布する。このように、各国と比較して、日本は危機時に強力な公衆衛生措置を取ることができないのが特徴である。

将来、ＣＯＶＩＤ-19より強大な感染症危機が到来した場合には、より強い私権制限を伴う公衆衛生措置が必要となるだろう。いざという危機時にそれが円滑に実施できるよう、事前のプリペアドネスを高めておくことが重要である。

※各国の最高値：日50、米75、加75、英88、仏88、独85、伊93、中82、韓82、シ77、印１００

第三目　渡航措置（Travel measures）

渡航措置[3]は、感染症危機管理における防御手法である。渡航措置の目的は、国外から国内への脅威となる病原体の流入を低減させることにある。それにより、国内の医療提供キャパシティにかかる負荷を減少させることが可能となる。この意味で、渡航措置は、医療措置のために奉仕する存在である。渡航措置の対象は、航空・水上・陸上の国境を越える渡航者である。したがって、渡航措置が行われる場所は、空港・海港・陸上国境検問所といった出入国地点（ＰＯＥ：Points of Entry）である。

グローバル化が進んだ現代においては、地球の裏側で発生した何らかのアウトブレイクは、36時間後には国内に流入し得ると言われている。したがって、後述する感染症インテリジェンスを通じて海外で発生した感染症危機情報を検知した場合には、自国への波及と、それによる国内のアウトブレイクが発生する時期を遅らせる（Delay the start）ために、まずは渡航措置を発動して防御することが必要となる。脅威の種類によっては、感染症危機管理組織の判断により、強度の高い渡航措置も実施されねばならない場合もある（例：入国制限）。感染症危機管理組織は、渡航措置発動によって稼いだ時間差を利用して、事態対処行動の初動を起動・強化し、国内の医療提供キャパシティの上限を引き上げて十分な医療措置を実施する体制を整える等、国内に脅威が流入した場合の準備を行う。よくある誤解として、「渡航措置の『失敗』によって国内に病原体が流入してしまった」という言説がある。これは、渡航措置が病原体の流入を完全に遮断することが可能であるかのような考えに基づいているが、一般的にそれは不可能である（世界のどこかで生物学的脅威が発現した際に、次に述べる「渡航制限」を徹底的に実施し、完全な鎖国状態を作り出すという極端な措置を行えば理論上は可能）。また、そもそも渡航措置は、国内への流入の遮断ではなく、流入を遅延させたり、減少させたりすることを目的としているため、適切な理解に則った運用が必要である。

渡航措置において選択肢となる武器は、大きくは以下の四つに分類される。

①渡航勧告（Travel advice）：国内在住の出国者に対して渡航先の第三国における感染の危険性を喚起することで、帰国時に脅威を国内に流入させることを阻止する狙いがある。一方、あくまで注意喚起であって、強制性はない。

②検疫（Quarantine）：無症状だが感染の可能性のある出入国者及び病原体に汚染されている可能性のある出入国物品・機材に対する措置。

1　出国スクリーニング（Exit screening）：出国者に対する検温・検査等の措置。

2　入国スクリーニング（Entry screening）：入国者に対する検温・検査等の措置。

3　外出禁止措置（Self-quarantine）：無症状の入国者に対して、一定期間（一般的に対象病原体の潜伏期間）にわたる入国後の外出禁止措置。

4　停留（Detention）：無症状の入国者で、有症状者への接触歴のある者を特定の場所に留め置き、健康状態を観察する措置。

③隔離（Isolation）：有症状の出入国者及び病原体に汚染された出入国物品・機材に対する措置。

④渡航制限（Travel restrictions）

1　出入国地点の集約化（Diversion）：いくつかの空港・海港・陸上国境検問所を閉鎖し、出入国地点を特定の場所に限る措置。特定の国または人に対する出入国制限は必ずしも伴わない。

2　入国制限（Entry ban）：特定の国または人に対する入国制限措置。出国制限と合わせて国境閉鎖（Border closure）とも言われ、その程度は、部分的な措置から包括的な措置まで幅広い。

a．ビザ発給制限（Visa restrictions）：特定の国民に対するビザ発給制限を通じた入国制限措置。

b．航空機制限（Flight restrictions）：特定の国からの航空機の入港を制限する措置。

c．船舶制限（Ship restrictions）：特定の国からの船舶の入港を制限する措置。

d．陸上交通制限（Land boarder restrictions）：特定の国との陸上国境における往来を制限する措置。

e．予防接種又は予防薬に関する国際証明書（ＩＣＶＰ：International Certificate of Vaccination or Prophylaxis）の要求：対象となる病原体に対するワクチンや予防薬が存在する場合は、入国者に対してその証明書の提出を要求する措置。詳細は国際保健規則（ＩＨＲ：International Health Regulations）が法的に規定する。

3　出国制限（Exit ban）：自国から特定の国への出国制限措置。入国制限と合わせて国境閉鎖（Border closure）とも言われ、その程度は、部分的な措置から包括的な措置まで幅広い。

第三項▼禁忌としての貿易制限

何らかの国際的な感染症危機が発生した際に、各国は、自国の事態対処行動にとって必要となる様々な戦略物資囲い込みや、脅威物質の排斥のために、「貿易制限」（Trade restrictions）を発動する場合がある。具体的には、自国の事態対処行動において直接的に必要となるマスクや防護服といった個人防護具や人工呼吸器、医薬品に対する輸出制限（Export ban）や、病原体媒介生物に対する輸入制限（Import ban）である。また、各国が渡航措置を発動することによって世界的に貿易の停滞が発生し、食糧輸入量が減少する恐れがあることから、食糧に対して輸出制限をかけ、自国内に留め置く措置などが実施される可能性がある。

しかし、これらの貿易制限措置は、外交上の相互主義の観点で、相手国からも輸出制限をかけられ、国家間で事態がエスカレートする可能性を秘めている。同時に、一方的な貿易制限は、事態対処行動中や事態収束後に世界貿易機関（ＷＴＯ：World Trade Organization）に提訴されるおそれがある。

例えば、２００９年のＨ１Ｎ１新型インフルエンザパンデミックの際には、ウイルス媒介生物であると考えられた豚や豚由来製品の輸入制限について、ＷＴＯ衛生・植物検疫委員会（WTO Sanitary and Phytosanitary Measures（ＳＰＳ）Committee）において議論がなされている。

国内戦線と世界戦線の同期性という感染症危機管理の特性があるにもかかわらず、貿易措置によって自国のみで戦略物資を囲い込み、他国への物資供給を減少させることは、俯瞰的な視点で問題解決に資さないばかりか、最終的には自国へのツケとして返ってくる可能性がある。したがって、感染症危機管理の世界では、貿易措置は禁忌と見なされている。特に、海洋・貿易国家である我が国にとっては、貿易制限を発動することも発動されることも死活問題である。

感染症危機管理に精通した指揮官や参謀が配置される戦略レベルでは、貿易制限は禁忌であるという認識をせねばならない。一方で、貿易措置は主権国家による主権の行使に他ならないことから、最終的な判断は、政治／大戦略レベルを担う者の判断に委ねられる。

第四項▼総力戦

一般的に、国家的な危機管理とは、政府機関が主導して行う活動である。しかし、感染症危機管理は、社会のあらゆる組織に加え、国民一人一人に至るまで事態対処行動に参画することが要求される点で、他の危機管理活動とは一線を画す。その意味で、感染症危機管理は、総力戦（Total War）である。それは特に、公衆衛生措置の実行において顕著な特徴を有する。

「総力戦」とは、もともとは第一次世界大戦で出現した概念である。その後、核兵器が登場し、その他の通常兵器も高度化・複雑化し、もはや専門職たる職業軍人でなければ軍事行動の実行が困難となった現代において、「総力戦」という概念はある意味で過去の遺物となったと考えられている（現代の軍事行動では、訓練された志願兵のみが有用なのであって、有事において徴兵されてきた素人軍人の有用性が低くなった）。しかし、感染症危機管理においては、総力戦の概念が生き続けている。

総力戦の概念を体系化したドイツの軍人ルーデンドルフが著した『総力戦』について、その内容を脱イデオロギー化して解説を試みた『ルーデンドルフ 総力戦』（伊藤智央訳・解説）は、以下のように述べている。

> 「総力戦」は二〇世紀の戦争の特異性を捉えた言葉として理解されている。すなわち軍隊が急激な量的拡大を遂げ、戦闘地域が地理的に拡大し、戦争の勝利に向けて銃後が体系的に投入されるようになり（兵器開発への科学の貢献、兵器の大量生産へ向けた資源確保から軍需生産にわたる領域での住民の動員）、そしてその結果として非戦闘員が軍事的な攻撃目標に含まれるようになったという意味で「総力戦」という言葉が使われている。

ここで注目すべきは、「銃後が体系的に投入される」という点である。「銃後」とは、戦場における銃の後ろ、すなわち直接の戦場である前線ではない後方で、前線における直接戦闘には携わってはいないが、間接的に何らかの形で戦争の遂行に参画している一般国民という意味で用いられる。これは、感染症危機に対する事態対処行動において、最前線で脅威に対抗する医療措置をサポートするために、間接的攻撃手法たる公衆衛生措置の実施に国民一人一人の協力が不可欠であることと同じ構図である。感染症危機管理組織以外のあらゆる組織及び国民一人一人の協力がなければ、公衆衛生措置は効果を発揮しえず、結果として医療措置の遂行に支障が生じ、事態対処行動が全体として成功しないのだ。

総力戦の本質は、「実際に国民全体が生存の維持に関して脅かされ、戦争を引き受けるという覚悟ができているときにのみ、総力戦は遂行可能となる」ということであり、「総力戦での重点は国民にある」のである。

また、同書は「総力戦」というものの特徴についても列記している。それらの特徴は、感染症危機管理における事態対処行動の成否が、国民一人一人にまで至る協力をどれだけ得られるか、それによって公衆衛生措置の効力をどれだけ社会全体で発揮できるかによって決定されるという特徴にそのまま当てはまる。

第一に、政府の感染症危機管理組織が行う事態対処行動、特に医療措置の成否と、公衆衛生措置における国民一人一人の協力が密接に連関する点である。「敵に対する軍の戦争遂行能力は、銃後での国民の戦争遂行能力に密接に依存」するという総力戦の特徴は、感染症危機管理そのものである。政府の事態対処能力と国民の力は相互に密に絡まり合い、両者を分離することは不可能なのだ。

第二に、強度の高い公衆衛生措置を実行するにあたり、国民はそれに適応した生活習慣（例：外出制限による長期間の自宅滞在、常時のマスク着用と手指消毒、デジタル化推進）を獲得する必要があり、相応の規律が求められる点である。「銃後では、戦争のための労働と生活が生まれるようになった」、「総力戦の中では、規律は極めて重大な試験にかけられる」という総力戦の特徴は、感染症危機管理にそのまま当てはまる。

第三に、公衆衛生措置の完遂には、国民の団結が不可欠である点だ。総力戦では、それを「国民の抗戦力」と表現する。国民の抗戦力を維持するためには国民の団結が必要であり、それを促すためには、政治指導者による国民への優れたコミュニケーションが死活的に重要である。国民の団結性は、「一朝一夕に終わることのない、長期間、それも極めて長期間継続する可能性のある戦争において国民を維持することを目的とする生存闘争の中で必要」とされるが、長期間にわたって公衆衛生措置を維持せねばならない感染症危機においても同様に必要であり、総力戦における事態対処行動の強さは「国民の肉体的、経済的、精神的な強さと同様」となる。

第四に、強力な公衆衛生措置が実施される場合には、その副作用対策としての経済対策が必要となる場合があるが、総力戦の完遂を支えるためには安定した経済を国民に提供することが重要である点だ。20世紀の大戦期の総力戦では、「不満の深い根源、すなわち国民の団結性にとっての危険は、戦前、戦中の経済情勢の構造であった可能性」があり、「経済的な補給が国民の団結性と関連」していた。政府による経済への対処方法は、国民の精神的団結性に大きな影響を与える。例えば、その対処方法は、厳格かつ誠実に実行されねばならない。それを怠り、「不誠実と腐敗」が認められる場合には、国民は総力戦への協力を拒否する。危機管理組織は、国民が経済的困窮に陥って団結性が消失する前に、可能な限り早期に危機を収束させなければならない。「戦争が長引くほど経済状況の確立が一層難しくなり、国民や陸軍のための需要を満たす可能性が一層低くなるということは、今や恐らくあらゆる国家で見られる」という大戦期に見られた現象は、感染症危機でも同様である。そのためにも、後述する危機管理医薬品の研究開発が鍵を握る。

以上のように、感染症危機管理の事態対処行動は、真の意味で総力戦である。この点で、感染症危機管理は、政府機関が行う他の危機管理活動とは一線を画す。

第四節　国政術の四階層と感染症危機管理の三階層

軍事組織は、軍事行動を戦略レベル（Strategy）・作戦レベル（Operation）・戦術レベル（Tactics）という軍事の三階層（Three Levels of War）に整理・区別し、それぞれ、戦争における軍事行動全体のデザイン（設計）、個別計画の策定、個別計画の実行といった機能を遂行する役割を担っている。

この三階層の区別を意識することによって、指揮官は、個別の作戦をそれぞれ同期させ、資源を分配し、適切な部隊にタスクを課すことが可能になる。これら三階層の境界を客観的な指標によって明確に区別することは難しいが、敢えて行うとすれば、時間×空間×力の総和によって区別されている。その総和が大きくなれば戦略領域、小さくなれば戦術領域に位置し、その中間が作戦領域である。

軍事の三階層において、戦略は戦争の術、作戦は戦役の術、戦術は戦闘の術と言われ、以下のように整理することができる。[4][5]

- 戦略とは、戦争（War）、すなわち一連の会戦（Campaign）を総合した事象（Sequence of Campaign）に勝利する方法を規定したもの（the use of campaigns to win a war）。一言で言えば、「Direction」（方向性を指し示すこと）である。
- 作戦とは、会戦（Campaign）、すなわち一連の戦闘（Battle）を総合した事象（Sequence of Battles）に勝利する方法を規定したもの（the use of battles to win a campaign）。一言で言えば、「Plan」（個別計画を策定すること）である。
- 戦術とは、戦闘（Battle）、すなわち一連の武力行使（Force）を総合した事象（Sequence of

day to day use of force）に勝利する方法を規定したもの（the use of forces to win a battle）。一言で言えば、「Execution」（個別計画の遂行手法を明示すること）である。

感染症危機管理、特に事態対処行動の遂行にあたっても、この三階層の区別を常に意識することが重要である。感染症危機では、戦略レベルには日本政府、作戦レベルには都道府県・市町村が相当する。戦術レベルには最前線の個別機関が該当する。戦術レベルの具体的な主体としては、医療措置では医療機関と保健所、公衆衛生措置は保健所を中心としつつも社会のあらゆる組織と国民一人一人、渡航措置では検疫所を中心としつつも税関や出入国在留管理局（いわゆるＣＩＱ（Custom, Immigration, Quarantine）機関）も関与する。

三階層の区別は、指揮官と参謀が、平時及び危機時において危機の特性に応じた具体的な問題設定を行い、設定した問題を解決するための手法を策定し、資源配分のあり方を決定し、危機管理組織の実際の事態準備行動及び事態対処行動を決定するのに有用である。

この三階層を区別して思考することは有用だが、実際の実行では、戦略・作戦・戦術の各階層（レベル）は密接に関連しており、明確な線引きを行うことは難しく、より複雑である点について留意すべきである。

24時間の絶え間ないメディア報道や、特定の勢力によるインターネット上のプロパガンダ

（例：ワクチン忌避や各種の陰謀論）に容易に接することが可能な現代においては、戦術レベルの行動やその結果は、作戦レベルや戦略レベルに深刻な影響を及ぼすことがある。例えば、戦術レベルの現場におけるたった一人の軽率な行動が、作戦レベルや戦略レベルに深刻な影響を及ぼす。逆に、全ての階層における行動がメディア報道によって好影響を受ける場合もある。

このように、事態対処行動の実行段階においては、三階層全てが相互に影響を与えている。したがって、三つの各階層における指揮官と参謀は、自らの計画と行動が他の階層にどのような影響を与えるかについて常に念頭に置いておかねばならない[6]。

このように、軍事であれ感染症危機管理であれ、事態対処行動において、戦略レベル・作戦レベル・戦術レベルの三階層を区別することは有用である。しかし、軍事分野において、戦争の術である戦略を策定するにあたり、そもそもその戦争を実施するのか否かを考えたり、その戦争を国家全体のあらゆる事業の中でどのように位置付けるかを考えたり、戦争と他の国家的事業との間の資源配分を考えたりするための「政治（Policy）」というさらなる上位の階層が存在する。これは、「大戦略（Grand Strategy）」と呼ばれることもある。戦争の三階層に「政治（Policy）」の階層を合わせて、「国政術の四階層（Four Levels of Statecraft）」という。

感染症危機管理においても、感染症危機管理の三階層の上位の次元として「政治／大戦略」の階層がある。すなわち、その感染症危機管理という営み自体を国家全体の事業の中でどのように位置付けるかを決定する階層であり、国政術の四階層を形成している。

政治／大戦略・戦略・作戦・戦術の各レベルの違いは、医学領域における人体へのアプローチを考えると理解しやすい。例えば、戦争や感染症の危機に直面する国家を、脳動脈瘤の破裂の危機に直面する患者に置き換えて考えてみる。その場合は、国政術の四階層は、以下のように区別される。

●大戦略：脳動脈瘤を有する患者の健康をいかに維持及び増進するかの方向性を決定する（国家の生存及び繁栄のための方策に相当）。具体的には、外科療法（外科療法にしても脳動脈瘤クリッピング術かコイル塞栓術か）、内科療法、経過観察をいかに組み合わせるかについて検討する（脅威に対して戦争をしかけるか、外交的に収めるか、様子見か）。

●戦略：脳動脈瘤という問題を外科療法でいかに治療するかの計画（特定の脅威が惹起する問題を軍事行動でいかに解決するかの計画に相当）。手術全体のデザインを行う（軍事行動全体のデザインに相当）。

※外科療法戦略と内科療法戦略と経過観察戦略が別々に存在するが、外科療法戦略の場合について例示する。

●作戦：麻酔・頭皮切開術・頭蓋骨開放術・硬膜切開術・脳動脈瘤同定術・脳動脈瘤クリッピング術・硬膜縫合術・頭蓋骨固定術・頭皮縫合術などの手術の個別段階の計画策定を行う。

●戦術：これらの手術の個別段階の計画の実行。具体的には、頭蓋骨開放術の手技、硬膜切開術の手技や、脳動脈瘤を同定するために行う各種血管や脳組織を剥離する手技、脳動脈瘤クリッピング術の手技、硬膜縫合術の手技、頭蓋骨固定術の手技、頭皮縫合術の手技を用いた実行である（どの器具を使うか、どのプレートを使うか、頭蓋骨の骨粉をどう再利用するか、顕微鏡をどの角度で当てて視野を確保するか、どの糸を使うか、どのような糸結びを行うか等の具体的実行）。

第一項▼政治／大戦略レベル

「大戦略」という概念を提唱したリデルハートは、「戦略とは政策上の諸目的を達成するために軍事的手段を分配し、適用する術である」と定義する。「戦略は大戦略の下位の次元」であるとし、「戦略が見通すことのできる範囲は戦争に限られているが、一方、「大戦略」の視野は戦争の限界を超えて戦後の平和にまで延びている」と大戦略と戦略の違いについて述べている。大戦略は、国家の各種手段を単に結び合わせるだけでなく、国家の長期的展望に立ち、将来の平和状態に害を及ぼすことなく、生存と繁栄のために、それら手段の使用法の手綱を握っているのである。したがって、軍事はあくまで国家の政治目的（大戦略レベル）を達成するための一つの手段にすぎない。政治目的（大戦略レベル）が軍事の戦略目標（戦略レベル）を支配するのであって、その逆ではないことに留意せねばならない。

感染症危機が発生した際には、大戦略レベルは、政治・経済・社会・外交・軍事・科学技術等、感染症危機管理を超えた領域を調整する階層であり、複雑な問題を多数抱える国家における一事象にすぎない感染症危機とその他の事象とを調整し、優先順位付けする機能を有する。大戦略の階層から見れば、感染症危機管理は国家の単なる一事業にすぎないのである。

また、大戦略レベルは、当該感染症危機に関連した国際政治及び国内政治を取り扱い、危機管理をも含めた国益を最大化することにある。このことから、大戦略レベルは、「行政府の長及び閣僚の領域」である。[7]

大戦略レベルは、特定の感染症危機が発生した場合の事態対処行動をどの程度の規模・強度で行うか、すなわちどの程度の人的・物的・財政的資源を投入するかについても決定する。その理由は、クラウゼヴィッツの『戦争論』における戦力の支出に関する評価についての以下の記述が明確に示している。

> 戦争とは決して盲目的激情の行為ではなく、政治的目的によってもたらされたものである以上、この政治的目的がもっている価値によってこれに払われるべき犠牲の大きさが決定されるのは当然のことである。

大戦略レベルが、発現した生物学的脅威の程度がもたらす感染症危機の程度が小さいと判断すれば、事態対処行動への資源投入量が少なくなることは必定である。一方で、感染症危機の程度が大きく、社会を崩壊させるほどのものであると判断すれば、他の国家的事業を脇に置き、感染症危機管理を国家の最優先事項として事態対処行動に相応の資源を投下するだろう。

その場合、効果的な事態対処行動を実現するために大戦略レベルの政治指導者たちが行うべきことは、平時モードから危機時モードへの切り替えを大々的に宣言し、平時に行っていた行政サービスをどの程度削減するかの政治判断を行うことである。第4章第五節第二項で後述するように、感染症危機管理を担う文官の危機管理組織は、危機が発生して初めてインシデント・コマンド・システムを立ち上げるのであって、平時にはインシデント・コマンド・システムが存在せず、平時の業務に従事している。したがって、軍事組織の参謀組織の方が平時から多くの人員を必要とする一方、文官の危機管理組織は、危機時において平時の組織と危機時の組織の両方に重複して任用される結果、単純に職務内容が倍以上になり、危機時の事態対処行動に100%注力できない可能性や、すぐに疲弊してしまう恐れがある。ゆえに、文官の危機管理組織の特徴を理解した大戦略レベルの政治指導者がその他の行政サービス削減の政治判断を行うか否かが、事態対処行動の成否に大きな影響を及ぼす鍵となるのである。

感染症危機管理は、国民の生命に対する直接的な侵害作用を阻止し、被害を低減することが第一義的な目的である。しかし、その事態対処行動の副作用として、経済的繁栄に影響を及ぼしてしまうことは避けられないことは、第1章第二節第三項で述べた。また、国益を守ることとは、国家の生存と繁栄を確保することであり、生存を構成する要素の中では、国民の生命の保全が最も優先順位が高いものであることも述べた。しかしながら、国益構成要素の中での比較は、絶対論ではなく、相対論である。すなわち、生物学的脅威からの国民の生命の保全が必ずしも絶対なのではなく、感染症危機管理によって国民の生命を保全することと、その副作用によって経済的繁栄をどの程度犠牲にできるかは、程度問題であるということだ。その程度こそ、大戦略レベルが判断する問題である。作用と副作用の天秤をどのように考えるかという政治的判断が求められるのである。

一方、戦略レベル以下で感染症危機管理に従事する者は、自身が見通せる範囲は感染症危機管理の範囲しかないことを肝に銘じ、感染症危機管理が絶対であるなどという幻想を抱いてはならない。感染症危機管理への資源の投入量や、どの程度の強度で事態対処行動を実行するかの判断については、自身の領分を超えた事項であることを明確に意識する必要がある。

感染症危機管理を国家的観点から指導する大戦略レベルの政治指導者たちが行うべき最も重要なことは、現下に発生する感染症危機に臨むにあたり、既存の法の範囲を超えた事態対処行動が必要になるのであれば、法を超える判断を行い、その責任を引き受けることである。

法治国家である我が国の感染症危機管理は、無論、全てが法に則って行われることが原則である。法の支配が重要であることは言うまでもない。しかし、不足ある法を遵守した結果、「国民の生命」という国益を守護するという感染症危機管理の政治目的を達成できないのでは、本末転倒である。

国家の存亡がかかる感染症危機の際には、法を超えた事態対処行動を行うことを躊躇ってはならない。ある指揮官の言葉を借りれば、「法の矩（のり）を超えるのは政治的意思しかない」のである。

国家の存亡がかかる危機時にも法の支配を徹底するためには、平時から最悪の危機時を想定した議論をタブーなく徹底的に行い、あらゆる危機に対処できる法体系を構築し、法の事態準備体制（Legal Preparedness）を向上させておく以外に方法はない。

第二項▼戦略レベル

国家的な感染症危機管理は政府が主導して行うものであるが、戦略レベルを担当するのは、名目上は省庁の担当閣僚が、実質的には感染症危機管理の経験を豊富に有する当該省庁の指揮官（事務方）である。その指揮官が感染症危機管理組織全体を指揮する。担当閣僚は、当該省庁の一員であると同時に、内閣の一員であることから、大戦略と戦略を連結する役割を担い、他省庁の担当閣僚から事態対処行動に対する側面支援を取り付ける調整を行うという重要な機能を有している。

感染症危機管理の戦略を考えるのは、指揮官と参謀の役割である。危機を早期に収束させ、危機による国益に対する衝撃を可能な限り低減させなければならない。そのためには、事態対処行動の「目標」を明確に設定する必要がある。

目標の重要性については、「合理的に戦争を始めるにあたっては、戦争によって何を達成し、戦争のうちで何を獲得するつもりなのかがはっきりしていなければならない」と述べるクラウゼヴィッツの以下の整理が参考になる。この一文が示すのは、戦争の「（政治）目的」と「（戦略）目標」の違いである。

- ●政治目的（Political purpose）：戦争という手段によって達成する政治目的のこと。すなわち、戦争によって何を達成するのか（What he intends to achieve by that war）を決めることを意味する。大戦略レベルに関する概念。
- ●戦略目標（Strategic objective）：どのように戦争という行為を行うか（いかに戦うか）ということ。すなわち、戦争という行為の中で最終的に目指すべき軍事目標のことであり、戦争においていかに戦い何を獲得するつもりなのか（How he intends to conduct it）を決定することを意味する。戦略レベルに関する概念。

戦略を一言で言えば、「Direction」（方向性を指し示すこと）である。ＮＡＴＯは、戦略レベルで決定する事項として、以下のものを列挙している。[8]

a．幅広い任務概要（Mission statement）と戦略目標を同定し、軍事行動の成功としての終結状態（End-state）を定義する。

b．軍事行動に関する政治的・財政的・法的制約を識別する。

c．軍事組織の能力と戦略予備（Strategic reserve）について定義する。

d．指揮と財政に関する概略を確定する。

e．軍事行動に伴うリスク分析を実施する。

感染症危機管理における戦略レベルで決定する事項の詳細について述べたのが、第3章第六節第四項の「感染症危機管理計画」である。感染症危機管理計画は、事態対処行動における戦略目標を規定する。また、戦略レベルは、一または複数の作戦で構成されるものであることから、感染症危機管理計画は、そこで規定する戦略目標に従い、次項で述べる作戦レベルについても記述する。

戦略は、時宜に応じて変更されることがある。近代ドイツ軍の父と呼ばれるプロイセン陸軍参謀総長ヘルムート・フォン・モルトケ将軍（いわゆる大モルトケ）は、以下のように述べている。[9]

> 戦略は臨機応変の体系である。戦略は単なる客観的科学などではない。知識を実際の生活へと適用することが戦略である。絶えざる状況の変化に応じて、元来の主題は補修が重ねられていく。戦略は苛酷な状況という重圧の下、行動をする術である。
>
> 戦略は健全な人間の常識を用兵へ適用することである。戦略は基本的な常識の枠を越えるものではない。すべて戦略の価値なるものは、現実に応用されるところに存する。各時点において新たな状況をバランスの取れた感覚で理解すること、これにしたがって最も確実で無理のないことを、動揺することなく、しかも慎重に行うことが大切である。こうして戦争は術となる。いうまでもなく、多くの学の奉仕を受ける術である。

このような軍事行動における戦略の変更と同様に、感染症危機管理においても、未知・霧・摩擦という危機の性質による不確実性が付きまとうことや、感染症危機管理組織と脅威の不断の相互作用によって状況が時々刻々と変わっていくことから、当初の想定に基づく戦略を変更せねばならなくなることは十分あり得る。

感染症危機管理における戦略は第4章第六節第五項第一目で詳述するが、例えば、当初は感染症危機の完全な封じ込めを戦略（Containment Strategy）としていたにもかかわらず、脅威の性質が時間とともに明らかになるにつれ、封じ込めが不可能であると判断し、被害を極力低減するという軽減戦略（Mitigation Strategy）に戦略を転換するという状況が考えられる。

戦略レベルに従事する者は、大戦略レベルが戦略レベルを支配するのであって、戦略レベルが大戦略レベルを支配するという逆転現象が発生してはならないことを常に肝に銘じておく必要がある。この点について、大モルトケは、その著述『戦争と政治』において以下のように述べている[10]。

> 戦争の不確実さを考えれば、ただ戦略のできることは、与えられた手段で取りあえずは達成可能な最高の目標に向かい、努力することだけである。政治目的のために、戦略は最大限の奉仕を、このようにして政治に対して行なう。ただし交戦期間中の戦略は政治から可能な限り独立していなければならない。政治は作戦に干渉すべきではない。（中略）というのは、戦争の動きを決定するのは何よりも軍事的判断だからであり、軍事的要請と衝突しない限りにおいてのみ、政治的判断は傾聴されるからである。いかなる場合であれ、指揮官が作戦に関して政治的な思惑に振り回されることは絶対に許されない。むしろ指揮官たるものが追求すべきは、軍事的勝利である。軍事的勝敗に基づき政治が何を始めるかは、指揮官の関知すべき事柄ではない。

これは、普仏戦争でのパリの砲撃をめぐる宰相ビスマルクとの対立を反映した上での見解であろうと考えられ、モルトケの大きな誤りであったと理解されている。このモルトケの考え方によれば、大戦略レベルと戦略レベルは上下の関係ではなく、戦略レベルが大戦略レベルを支配する逆転関係も存在することになる。これは、モルトケ以後のドイツ陸軍及び日本陸軍の考え方に負の影響を与えたと言われている。大戦略レベルを閑却して軍事を行った結果が、二度の世界大戦におけるドイツの敗戦であり、ヒトラーの侵略の道具となった。日本では、統帥権独立を掲げて大戦略レベルへの関与を強めた陸軍によって、泥沼の戦争に突き進んで行った。

このような教訓を踏まえ、感染症危機管理に従事する者は、感染症危機管理を行うことが国家として常に最優先事項であるわけではないということを十分に認識せねばならない。それを判断するのは、大戦略レベルの「行政府の長及び閣僚」である。国家としてそれよりも重要な事項、例えば作用としての感染症危機管理に対して副作用としての経済困窮が発生する場合、国家全体の当面の課題として経済の方が重要であると判断されるならば、多少なりとも感染症危機による被害を許容せねばならないのは当然である。

もし大戦略レベルの判断が誤っているということであれば、民主主義国家である我が国では、次の選挙で国民による審判が下される。

ケーススタディ7

日本政府における大戦略レベルと戦略レベルの区別

日本政府のＣＯＶＩＤ-19に対する事態対処行動では、本来は戦略レベル以下で分担されるべき機能が、大戦略レベルの役割を果たさねばならない閣僚レベルで分割されてしまっていることを見て取ることができる。

具体的には、日本政府における感染症危機管理を担当する国務大臣は、感染症法及び検疫法を所管して主に医療措置や渡航措置の一部（検疫）を担当する厚生労働大臣、新型インフルエンザ等特別措置法を所管して主に公衆衛生措置を担当する内閣官房新型コロナウイルス感染症対策推進室を率いる大臣、医療措置の一部であるＣＯＶＩＤ-19ワクチン接種を担当する大臣の３人が存在している。同じ内閣の一員である国務大臣に優劣はない。したがって、３人の国務大臣に跨る事態対処行動を指揮統制できるのは、内閣総理大臣のみである。一方、内閣総理大臣は多岐にわたる国政事項の全てに責任を負っており、ＣＯＶＩＤ-19の事態対処行動のみに時間を割けるわけではない。

このように大戦略レベルと戦略レベルが混合された統治構造は、日本政府としての一体的な事態対処行動が阻害されてしまう恐れがある。例えば、かつての大日本帝国において、軍事組織が陸軍と海軍という二つの異なる組織に完全に分離しており、その両者に対して指揮統制を行使する人間が天皇しかおらず、政府としての一体的な軍事行動が阻害された事態が思い起こされる。現在の自衛隊は、陸海空問わず、内閣総理大臣と防衛大臣の指揮統制を一元的に受ける統治構造になっている。

ＣＯＶＩＤ-19の事態対処行動にあたり、これら三つの異なる役割を統括する者が必要な場合は、例えば厚生労働大臣の指揮下に全事態対処行動を統括する上級指揮官を配置し、その下に異なる3人の指揮官を配置して一元的な指揮統制に服させることが可能である（無論、各法律の所管が異なる省に存するという点で、このような統治構造を採用することが厳しいという問題もある）。

現在のＣＯＶＩＤ-19の事態対処行動において戦略レベルを率いる指揮官（戦略指揮官）は、厚生労働省では医務技監（次官級）、内閣官房新型コロナウイルス感染症対策推進室では室長（次官級）である。理想的には、両者に分離している指揮命令系統を一元化することが適当だろう。

ケーススタディ8

ＷＨＯにおける大戦略レベルと戦略レベルの区別

ＷＨＯは、危機管理組織と非危機管理組織（途上国開発や薬事などの事業を所管）が明確に分割されている。前者は、ＷＨＯ危機管理局（ＷＨＥ：WHO Health Emergencies Programme）といい、副事務局長級のエグゼクティブ・ディレクター（ＥｘＤ：Executive Director）が率いている。後者は、事業テーマごとに各々事務局長補（ＡＤＧ：Assistant Director-General）が率いている。危機管理組織と非危機管理組織に対して一元的に指揮統制を行使するのは、組織のトップである事務局長（ＤＧ：Director-General）のみである。すなわち、事態対処行動を構成する政府の役職で例えれば、エグゼクティブ・ディレクターと各事務局長補は閣僚レベルに相当し、事務局長は行政府の長である（外交儀礼上は事務局長のみが行政府の長または閣僚レベル）。したがって、事務局長、エグゼクティブ・ディレクター、各事務局長補が大戦略レベルを担っていると言える。

事態対処行動の戦略レベルでは、Incident Managerと呼ばれる戦略指揮官がＷＨＯ本部で任命され、ＷＨＯ本部が行う事態対処行動を一元的に統制している。すなわち、Incident Manager以下のＷＨＯ本部職員が、戦略レベルの参謀に相当する。

第三項▼作戦レベル

感染症危機管理における作戦レベルは、都道府県・市町村が相当する。作戦レベルの任務を一言で言えば、「Plan」（個別計画を策定すること）である。この軍事行動の作戦レベルにおいては、「作戦術（Operational Art）」の重要性が説かれている。

米軍は、「作戦術とは、戦略・会戦・作戦を構築し、目的と手段の結合によって軍事組織を組成・使用する、指揮官と参謀による認知的手法である。この認知的手法は、指揮官と参謀のスキル・知識・経験・創造性・判断力によって発揮される」と定義している。[11] そして、作戦指揮官が作戦術を使用する理由は、「いつ・どこで・何のために軍事組織を使用するかを決定し、敵軍の配置に対して戦闘前に影響を与えるため」である。

また、ＮＡＴＯによれば、作戦術とは「軍事組織を巧みに操縦すること」である。その目的は、「会戦や主要作戦のデザイン、組成、統合、実施を通じて戦略目標を達成すること」である。[12] これは、「戦略目標を戦術レベルの行動に変換すること」とも言える。これにより、「作戦術は戦略レベルと戦術レベルを接続する役目」を果たす。この作戦術を実施することが、作戦指揮官の任務である。その詳細は、以下の事項が挙げられている。

a. 戦略目標（Strategic objective）を達成するために必要な作戦目標（Operational objectives）を定義する。
b. 作戦目標がどのような順序（Sequence）で達成されるべきか定義する。
c. 部下の（戦術）指揮官が各自の任務を達成できるように、必要な軍事力及び資源を配分する。
d. 必要な兵站とその優先度を決定する。

e．部下の（戦術）指揮官に権限委譲していない部隊の行動を指揮する（特に作戦予備とされた部隊）。

f．作戦について他の軍事手段と調整・統合する。

g．軍事組織と任務に対して許容可能なリスクを決定する。

要するに作戦術とは、「戦略目標達成のために作戦目標を立案した上で、作戦目標を達成するための作戦計画、即ち下位の戦術レベルにおける個別の戦術行動を順序立てて示した計画を策定し、その実施を指揮するという、一連の知的営み[13]」のことである。戦略レベルと戦術レベルを接続するこの作戦レベルは、一または複数の戦術で構成される。したがって、作戦指揮官の使命は、作戦術を駆使して作戦目標と計画を設計した上で、必要な資源を投入して複数の戦術行動を調整・統合するように指揮統制し、戦術レベルにおける戦術指揮官たちによる個別活動（軍事においては戦闘等）を有利に導くことで作戦目標を達成し、戦略目標の達成に寄与することであると言える[14]。

作戦レベルには、都道府県・市町村が相当する旨は本項の初めで述べた。したがって、都道府県知事は、都道府県という異なる戦域を担当する作戦指揮官であるとも言える。大規模な感染症危機において国家として一体的な事態対処行動を行うためには、都道府県知事は政府による指揮統制に服する必要があるだろう。

ケーススタディ9

日本における戦略レベルと作戦レベルの区別

２０２０年４月、ＣＯＶＩＤ‐19の事態対処行動における政府との関係について、東京都知事が「社長だと思っていたら、天の声がいろいろ聞こえてきて、中間管理職になったようだった」と述べたと報じられた。

感染症危機管理の三階層の考え方を踏まえ、国家として一体的な事態対処行動を行うためには、都道府県知事は作戦指揮官（いわば中間管理職）の役割に徹し、戦略レベルに位置する日本政府が設定した戦略目標を達成するように努めることが重要となるだろう。

一方で、例えば東京都知事は、感染症危機管理事案のみならず、都政に関わるその他の危機管理事案及び多くの非危機管理事案も監督している存在である。したがって、名目的な作戦指揮官は知事であるが、実質的な作戦指揮官は、感染症危機管理を担当する事務方トップが相当するとも言える。

ケーススタディ10

WHOにおける戦略レベルと作戦レベルの区別

WHOは、世界全体を六つの地域に区分けしており、各地域のトップは地域事務局長（RD：Regional Director）である。日本が所属するのは、西太平洋地域（Western Pacific Region）であり、そのトップは、日本人の葛西《かさい》健《たけし》地域事務局長が務めている。かつては尾身茂氏が地域事務局長を務めていた。

地域事務局長の役割は、都道府県知事と同じで、危機管理事案のみならず非危機管理事案も監督しているため、名目上の作戦指揮官であると言える。

六つの地域事務局には、それぞれ地域危機管理局長（RED：Regional Emergency Director）が存在し、感染症危機管理を含む各種の危機管理活動に専従している。地域危機管理局長は、自身の地域の感染症危機について、地域事務局長のみならず、WHO本部に陣取っているWHO危機管理局のトップたるエグゼクティブ・ディレクター（ExD：Executive Director）にも報告義務を負っている。すなわち、実質的な作戦指揮官であるとも言える。

第四項▼戦術レベル

感染症危機管理における戦術レベルの具体的な主体としては、医療措置では医療機関と保健所、公衆衛生措置は保健所を中心としつつも社会のあらゆる組織と国民一人一人、渡航措置では検疫所を中心としつつも税関や出入国在留管理局（いわゆるＣＩＱ（Custom, Immigration, Quarantine）機関）も関与する。戦術レベルの任務を一言で言えば、「Execution」（個別計画の遂行手法を明示すること）、すなわち「具体的にどのように対処するか」を検討し、実行することである。

クラウゼヴィッツによれば、「戦術とは、戦闘における戦闘力の使用に関する規範」である。また、米軍は、「戦術とは、軍事組織の配備と使用のことである。戦術レベルでは、各戦術部隊に課された戦術目標を達成するために、実際の戦闘と交戦が計画・実行される」と定義している[15]。

これを感染症危機管理に置き換えれば、戦術とは、医療措置・公衆衛生措置・渡航措置を実行する組織とその人員を実際に配備し、使用することである。医療措置では主に個別の医療機関が、公衆衛生措置では主に保健所が、渡航措置では主に検疫所が、最前線において日々の措置を計画・実行する。したがって、医療措置の戦術指揮官は病院長または感染症医療責任者であり、公衆衛生措置の戦術指揮官は保健所長または感染症係の長であり、渡航措置の戦術指揮官は検疫所長である。

危機管理においては、戦略を誤ればいかに戦術レベルで奮闘しようとも挽回は不可能である。

しかし、戦術レベルは、戦略以上に重要性が高いとも言える。なぜなら、右に記したクラウゼヴィッツの言説からもわかる通り、戦術の中核は脅威そのものを排除するための戦闘であることからして、戦術レベルにおける戦闘がなければ、その上位にある作戦レベルも成立せず、さらにその上位にある戦略を達成することも不可能だからである。危機管理では、自身の眼前で脅威と対峙して闘う戦術レベルの前線組織の活動が死活的に重要である。

戦術レベルの戦闘が作戦目標の達成に奉仕し、作戦目標の達成が戦略目標の達成に奉仕し、戦略目標の達成が大戦略レベルの目的に奉仕する。このように、大戦略─戦略─作戦─戦術という一連の縦の連結が存在するわけだが、上位の階層と戦術レベルを比較した際に、戦術レベルには、以下のような特徴がある。(16)

> 戦術レベルでは、国力の軍事的要素が非軍事的要素より支配的である。一方、それは、国力の非軍事的要素が全く入り込む余地がないというわけではない。戦術レベルにおいては、国力の軍事的要素が支配的ではある一方、非軍事的要素（政治・外交・経済・財政・社会・宗教等）の影響も少なからず受ける。

戦術レベルでは、目の前に迫りくる脅威を排除するための技術的要素がその空間の大半を占めるのであって、作戦・戦略・大戦略レベルと比較すると、政治等のその他の要素から影響を受ける程度は、小さくなるということである。

これは、感染症危機管理にも当てはまる。感染症危機管理の戦術レベルでは、技術的要素が非技術的要素より支配的なのである。戦術レベルを担う前線機関たる医療機関や保健所では、患者の治療のための医学的技術事項や、感染者追跡のための公衆衛生学的技術事項がその空間の大半を占め、各種判断に政治的判断が入り込む余地は相対的に少ない。すなわち、いかに目の前の患者を救命するか、いかに接触者を追跡するかといったことに大半の力が注ぎ込まれるということである。

技術的要素以外の要素が入り込む余地が少ない一方で、戦術レベルにおける戦術目標達成の成否は、明確に分かれる。軍事領域では戦闘の勝敗、感染症危機管理では、医療機関による治療行為では患者の生死、保健所による感染者追跡では追跡可否などである。この点について、『失敗の本質』は以下のように明解に述べている。

> 戦場において不断の錯誤に直面する戦闘部隊は、（中略）その作戦遂行に際して当初の企図（計画）と実際のパフォーマンスとのギャップをどこまで小さくすることができるかということによって、成否が分かれる。

戦術レベルにおける戦術目標達成の成否は、脅威に対抗する技術革新や制度によって向上することが可能だ。例えば、医療措置における成功は、対象となる生物学的脅威に対抗する危機管理医薬品の開発によって飛躍的な向上を見込むことができる。公衆衛生措置の成功は、デジタル技術を活用した効率的な感染者追跡システムの構築によって、渡航措置の成功は、検疫や出入国関連の制度を強化することによって見込むことができる。

第五節　アクターとルール

第一項▼国内アクターと国内ルール

第一目　国内アクター

感染症危機管理では、国内のアクターは大戦略・戦略・作戦・戦術レベルに分けることができる。

まずは、戦略レベルから考えるとわかりやすい。感染症危機管理の戦略レベルを司る中核となる危機管理組織は、厚生労働省である。同様に、厚労省が実施する事態対処行動が及ぼす作用によって生じる副作用を緩和するため、経済対策を行う戦略レベルの危機管理組織も存在し、それは財務省や経済産業省が相当する。

ここで注意が必要なのは、作用と副作用は、一次的と二次的という違いはあるものの、事態対処行動の作用を担う危機管理組織と、副作用対策を担う危機管理組織は、戦略レベルでは同等の地位にあるということである。時間的因果関係としては、作用が先で、副作用が後ではあるが、ある特定の時点においてどちらが戦略として優先されるかは、大戦略レベルたる「行政府の長及び閣僚」が決定する事項である。感染症危機管理のために経済を犠牲にすることもあれば、経済対策のために感染症危機管理を犠牲にすることも判断としてはあり得るということである。なぜなら、作用としての感染症危機管理も、副作用対策としての経済対策も、両方とも国益を守ることを目的としているからである。

第1章第二節第三項で述べたように、感染症危機管理は、「国民の生命」に対する直接的な侵害作用を阻止し、生物学的脅威の性質とそれによる負の衝撃の度合いによっては社会構造を変質させ「国家の政治体制」の維持・保全に影響を及ぼすほどの死者の発生を低減することが、第一義的な目的である。しかし、その阻止・低減活動の副作用として、「経済的繁栄」という国益構成要素に及ぶ影響を阻止・低減することもまた国家としての使命なのである。

戦略レベルの危機管理組織を束ねて指揮下に置く大戦略レベルは内閣が担うが、その事務は、内閣直下の内閣官房が担当するのが一般的である。感染症危機管理において大戦略レベルたる内閣が担うべき中心的事項は、事態準備行動期間においては、他の政策領域との比較の中で感染症危機管理分野に対してはいかなる資源配分を行うかについて決定することである。また、事態対処行動期間においては、一連の事態対処行動の時間軸の中で、その都度、感染症危機管理と経済対策のどちらを優先事項とするかについて決定することであり、他の政策領域の資源を感染症危機管理及び経済対策に動員することであり、感染症危機管理や経済対策よりも重要な事案が発生した場合には、究極的には感染症危機管理の事態対処行動自体を中止するような決定を行い、感染症危機による死者を許容するという政治判断を行うことである（例：外国による軍事的侵攻など）。

作戦レベルにおいて、その作戦構想を練る危機管理組織は都道府県及び市町村が基本となるだろうが、その医療・公衆衛生部門だけでは、また、都道府県及び市町村組織だけでは、作戦構想の立案も実行も成立し得ない。例えば、危険な病原体の搬送に警察の護送や先導が必要となる場合があるし、患者の搬送には消防・救急の力が必要だ。特に、大規模な感染症危機の場合には、国の機関である防衛省・自衛隊の機動力が必要になる場合もあるし、市民の混乱を抑えるために警察による治安維持が必要になる場合もあろう。公衆衛生措置では教育現場での対策に教育部門の協力が必要となり、渡航措置では国の機関である出入国在留管理庁や国土交通省が主役となる。このように、作戦レベルでは、都道府県及び市町村の医療・公衆衛生部門が中心となるものの、その他の部門や政府の危機管理組織も関与することとなる。

戦術レベルの中心は、事態対処行動を行う前線機関である。具体的には、医療措置では医療機関と保健所、公衆衛生措置は保健所を中心としつつも社会のあらゆる組織と国民一人一人、渡航措置では検疫所を中心としつつも個々の税関や出入国在留管理局（いわゆるＣＩＱ（Custom, Immigration, Quarantine）機関）も関与する。

第二目　国内ルール

感染症危機管理は、法に基づいて行われるものである。したがって、感染症危機管理に従事する者は、主に以下の国内法に関する知識と運用経験を有していなければならない（２０２１年６月時点）。

①感染症の予防及び感染症の患者に対する医療に関する法律（感染症法）
②新型インフルエンザ等対策特別措置法（新型インフル特措法）
③予防接種法
④検疫法
⑤出入国管理及び難民認定法（入管法）
⑥細菌兵器（生物兵器）及び毒素兵器の開発、生産及び貯蔵の禁止並びに廃棄に関する条約等の実施に関する法律（生物兵器禁止法）
⑦武力攻撃事態等における国民の保護のための措置に関する法律（国民保護法）

感染症危機管理における二つの攻撃手法（医療措置と公衆衛生措置）は、感染症法・新型インフル特措法・予防接種法によってルールが定められている。具体的には、感染症法は、医療措置や、公衆衛生措置の一部について規定している。一方、新型インフル特措法は、主に公衆衛生措置について、特にその中でも強度の高い公衆衛生措置について規定している。ワクチンは、感染症危機管理における医療措置の最重要手段の一つであるが、その実施方法等については新型インフル特措法と予防接種法が規定している。

感染症危機管理における防御手法たる渡航措置において利用できる具体的な武器については、検疫法と入管法がそれぞれ個別にルールを定めている。

このように、一口に医療措置・公衆衛生措置・渡航措置と言っても、その法的根拠は複数の法律に跨っており、複雑に入り組んでいるのが現実である。

人為的な感染症危機の場合には、①〜⑤に加えて、生物兵器禁止法と国民保護法が重要となる。国家主体による攻撃の場合には防衛省・自衛隊による防衛が、非国家主体による攻撃の場合には警察による捜査が必要となる。これらの場合には、医療・公衆衛生当局たる厚生労働省は、防衛省・自衛隊や警察と連携して事態対処行動に当たることになる。

これらの法律の具体的な内容については、それぞれの専門書に譲る。

第二項▼海外アクターと国際ルール（国際バイオセキュリティ・レジーム）

国内戦線と世界戦線が同期する可能性が高い感染症危機管理では、事態準備行動と事態対処行動の両期間を通じ、①情勢分析と②同盟という二つの観点から、国際社会に積極的に関与する必要がある旨を本章第三節第一項で述べた。それらを実行するためには、他国や国際機関といった海外アクターとの協力関係の構築が必須であるし、国際ルールについて熟知している必要がある。

海外アクターの相互協力関係や国際ルールは、国際社会において蜘蛛の巣状に張り巡らされており、一見すると体系的に理解することが難しい。しかし、この様相について、「国際バイオセキュリティ・レジーム」という多様な要素が相互に有機的に連結する国際統治機構（グローバルガバナンス）として理解することで、我が国の感染症危機管理のために使用することのできる有効なツールとして認識することが可能となる。

「国際バイオセキュリティ・レジーム」は、以下の構成要素で成立している。

(1)国際的合意（International agreements）

(2)国際機関（International organizations）

(3)国家間協力（Cooperation among countries）

(i)二国間協力（Bilateral cooperation）

(ii)多国間協力（Multilateral cooperation）

A　志を同じくする諸国（Like-minded countries）

図表11　国際バイオセキュリティ・レジームの概観

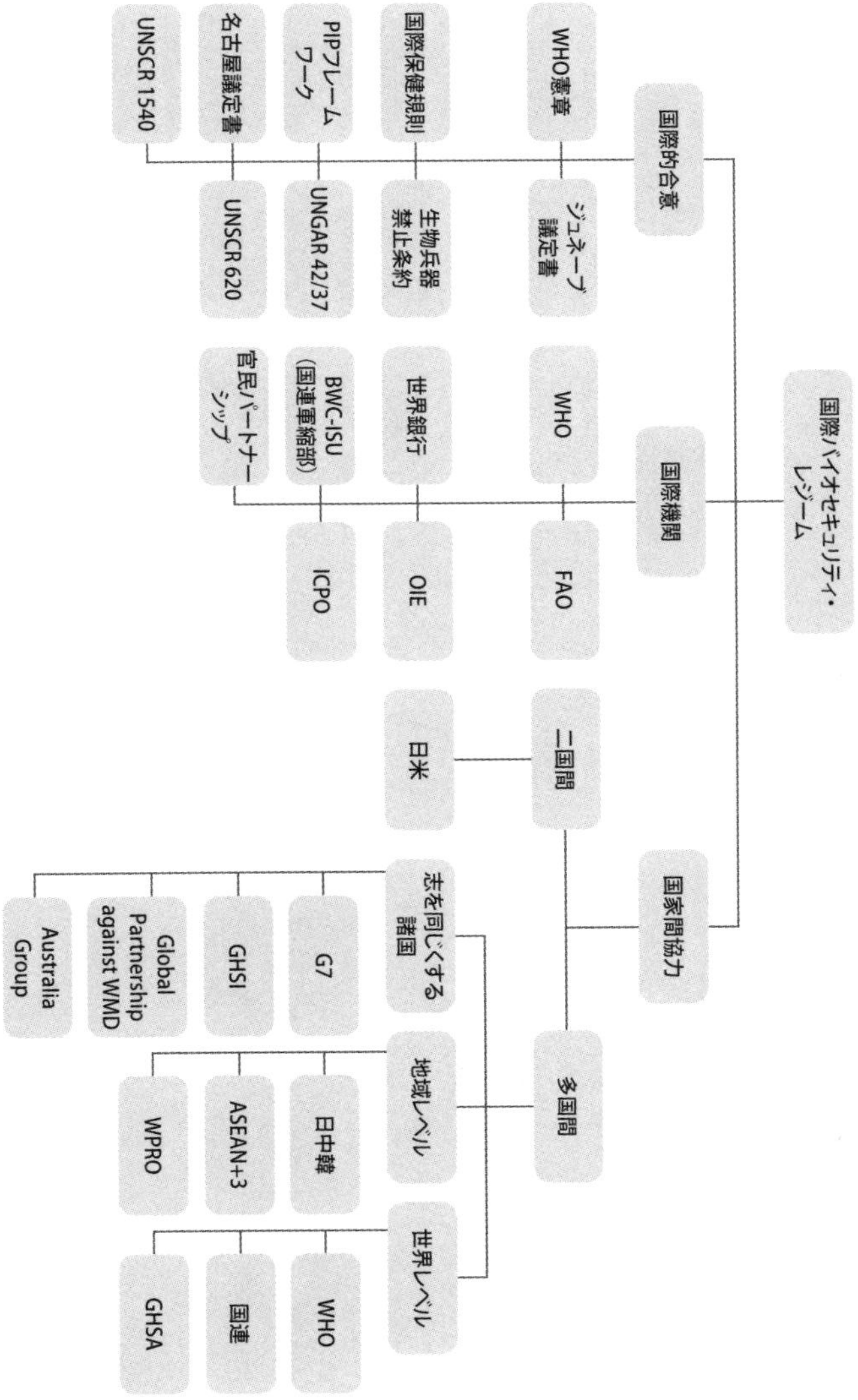

Ｂ　地域レベル（Regional arrangement）

Ｃ　世界レベル（Global arrangement）

第一目　国際的合意

感染症危機管理は、国内法が規定するルールにのみ則って行えば良いわけではない。国際法が規定するルールにも従って実施する必要がある。感染症危機管理に関する主要な国際的合意[17]は、以下の九つである（２０２１年６月時点）。

①世界保健機関（ＷＨＯ）憲章

②国際保健規則（ＩＨＲ：International Health Regulations）

③Pandemic Influenza Preparedness Framework（ＰＩＰフレームワーク）

④生物の多様性に関する条約の遺伝資源の取得の機会及びその利用から生ずる利益の公正かつ衡平な配分に関する名古屋議定書（名古屋議定書）

⑤窒息性ガス、毒性ガス又はこれらに類するガス及び細菌学的手段の戦争における使用の禁止に関する議定書（ジュネーブ議定書）

⑥細菌兵器（生物兵器）及び毒素兵器の開発、生産及び貯蔵の禁止並びに廃棄に関する条約（生物兵器禁止条約（ＢＷＣ：Biological Weapons Convention））

⑦国際連合総会決議42／37（化学及び生物兵器使用に関する国連事務総長調査メカニズム）

⑧国際連合安全保障理事会決議６２０（化学及び生物兵器使用に関する国連事務総長調査メカニズム）

⑨国際連合安全保障理事会決議１５４０（非国家主体への大量破壊兵器拡散防止）

①〜④は、自然発生的であれ人為的であれ、どのような感染症危機の文脈においても熟知していなければならない国際ルールである。ＷＨＯ憲章とＩＨＲ、ＰＩＰフレームワークは、ＷＨＯが主軸となっている国際的合意であり、ＩＨＲとＰＩＰフレームワークについては、ＷＨＯが事務局を設置し、事態準備行動及び事態対処行動の両期間にわたり、管理・運営している。生物多様性条約の補足的合意である名古屋議定書は、生物多様性条約事務局が管理・運営している。

感染症危機管理政策の外交及び内政の実務においてこれらの国際ルールを考慮する際には、いかにこれらのルールに従うかという点も重要であるが、いかにこれらの国際的合意を道具として使用して国益を確保するかを常に念頭に置かねばならない。

この中で特に重要なのが、②ＩＨＲ、③ＰＩＰフレームワーク、④名古屋議定書である。

②ＩＨＲは、感染症危機管理を含む全ての公衆衛生危機管理のルールブックである。事態準備行動から、初動の警戒態勢、事態対処行動に及ぶまでのルールが満遍なく規定されている。詳細は専門書とＩＨＲの各条文そのものに譲るが、この内容を知らずして、感染症危機管理はできない。

③ＰＩＰフレームワークと④名古屋議定書は、各国間の病原体の共有に関するルールを規定している。ＩＨＲにも病原体共有ルールは記載されているが、ＩＨＲは危機管理の観点から規定されている一方、ＰＩＰフレームワークと名古屋議定書は、病原体を各国固有の「遺伝資源」と見なし、いかにそこから派生する利益（具体的にはワクチンなどの成果物）を公平に国家間で分配するかという「利益の公正かつ衡平な配分（ＡＢＳ：Access and Benefit Sharing）」という観点に主眼が置かれている。

⑤〜⑨は人為的な感染症危機の際に、①〜④に加えて重要となる。ジュネーブ議定書は、第一次世界大戦でドイツ軍により近代的な化学兵器が使用されたことを受け、ヴェルサイユ条約で規定した化学兵器保有禁止の内容を生物兵器にまで拡張し、化学及び生物兵器の使用禁止について規定した条約である。

ＢＷＣは、使用についてのみ禁止したジュネーブ議定書を拡大し、生物兵器の開発・獲得・製造・保持・備蓄について禁止した包括的な内容の条約である。ＢＷＣの寄託者（depositary）は米英露の３カ国だが、国際連合軍縮部生物兵器禁止条約履行支援ユニット（ＢＷＣ－ＩＳＵ：United Nations Office for Disarmament Affairs, Biological Weapons Convention-Implementation Support Unit）が管理している。

ＢＷＣは条約という性格上、その適用対象は国家主体に限られる。しかし、現代においては、テロ組織等の非国家主体による生物テロ等も懸念される中、国連安保理は、国連安保理決議

１５４０を採択し、生物兵器を含む大量破壊兵器の非国家主体への拡散防止について、各国に国内法整備を要請している。

また、ＢＷＣは、化学兵器について規定した化学兵器禁止条約（ＣＷＣ：Chemical Weapons Convention）や核兵器について規定した核不拡散条約（ＮＰＴ：Treaty on the Non-Proliferation of Nuclear Weapons）と異なり、査察・検証メカニズムが規定されておらず、条約に基づく軍備管理・査察を担当する独立した国際機関も存在しない（化学兵器については化学兵器禁止機関（ＯＰＣＷ）、核兵器については国際原子力機関（ＩＡＥＡ）が存在する）。したがって、１９８０年代のイラン・イラク戦争の際には、化学・生物兵器が使用された疑惑が報告され、ジュネーブ議定書に違反した疑いが生じたため、１９８７年に国際連合総会決議42／37が、１９８８年に国際連合安全保障理事会決議６２０が採択され、化学・生物兵器使用に関する国連事務総長調査メカニズムが設置された。同メカニズムは、国連加盟国の要求により、国連事務総長が化学・生物兵器の使用可能性に関する疑惑の現場に調査団を派遣し調査する。

第二目　国際機関

自然発生的であれ、人為的であれ、感染症危機管理で中心となる国際機関は、世界保健機関（ＷＨＯ）である。ＷＨＯは、鳥インフルエンザ等の人獣共通感染症による感染症危機においては、国際獣疫事務局（ＯＩＥ）や国際連合食糧農業機関（ＦＡＯ）と適宜連携しながら対処に当たる。

ＷＨＯ事務局は、世界的な感染症危機が発生した際には、①各国間の事態対処行動調整ハブ（Emergency response coordination hub）と②科学的規範設定（Scientific information normative setting）の二つの役割を果たす。また、感染症危機が中東やアフリカに集中する脆弱国家で発生した場合には、現地政府の事態対処行動キャパシティが高くないことを踏まえ、現地政府と連携しつつ、実際のオペレーションも担う。

ＷＨＯ事務局が事態対処行動調整ハブ機能を発揮するための力の源泉は、ＷＨＯの有する（A）法的権限（Legal power）と（B）糾合力（Convening power）の二つである。

まず、ＷＨＯ事務局は、ＩＨＲに基づく「法的権限」を行使し、国際社会における感染症危機管理のターニングポイントを宣言する機能を有している。具体的には、ＷＨＯ事務局長は特定の感染症危機に関するＩＨＲ緊急委員会（IHR Emergency Committee）を招集し、当該危機が「国際的に懸念される公衆衛生上の緊急事態（ＰＨＥＩＣ：Public Health Emergency of International Concern）」に相当するか否かを判断する。ＷＨＯ事務局によりＰＨＥＩＣが宣言されると、各国における事態対処行動のギアが一気に上昇する。ＷＨＯ事務局は、ＰＨＥＩＣ宣言と同時に、各国が事態対処行動において考慮すべき項目として「暫定的勧告（Temporary Recommendations）」を発出する。暫定的勧告に法的拘束力はないが、各国の事態対処行動の目安となる。当該感染症危機に対してＰＨＥＩＣが宣言された場合には、ＷＨＯ事務局は3カ月ごとにＩＨＲ緊急委員会を開催し、その時点における国際社会の状況がＰＨＥＩＣに相当するか否かを再検討し、

ＰＨＥＩＣ宣言を更新または解除する。加えて、ＩＨＲ締約国（ＷＨＯ全加盟国＋リヒテンシュタイン＋バチカン市国）は、感染症危機の発生等に関する国内情報や、渡航措置をＷＨＯ事務局に報告する義務を負っており、ＷＨＯ事務局の世界的な事態対処行動調整ハブ機能を発揮するための力の源泉となっている。

さらに、ＷＨＯは感染症危機管理に関する中心的な国連機関であり、その分野の第一人者が結集した専門機関であるという権威的な立場を活用し、「糾合力」を発揮する。具体的には、たとえ法的権限がなくとも、感染症危機の最中に、ＷＨＯの旗の下に各国や各国際機関が結集し、危機に対応するための新たな枠組みが作られることがある。例えば、ＣＯＶＩＤ－19パンデミックの際に創造された、危機管理医薬品（診断薬・治療薬・ワクチン）の研究開発・製造・平等なアクセスを促進するための国際協調メカニズムである「ＡＣＴアクセラレーター」（Access to COVID－19 Tools（ＡＣＴ）Accelerator）や、「ＡＣＴアクセラレーター」の柱の一つとしてＣＯＶＩＤ－19ワクチンを世界各国に平等に融通する共同購入枠組み「ＣＯＶＡＸファシリティ」、治療薬に関する国際共同治験である「Solidarity Trial」などは、その典型だ。このように、ＷＨＯはその「糾合力」を活用することで世界の事態対処行動調整ハブとしての機能を発揮するのである。

ＷＨＯ事務局が科学的規範設定機能を発揮するための力の源泉は、ＷＨＯの有する糾合力（Convening power）である。いかなる感染症危機においても、危機発生当初は多くの事柄が未知である。したがって、各国の感染症危機管理組織の事態対処行動と脅威が発生させる危機との不断の相互作用によって徐々に判明する有象無象の情報を集約の上、科学的情報としての適否を判断し、規範化する必要がある。ＷＨＯ事務局は、世界的な感染症危機管理において規範設定者（Norm setter）として機能し得る世界唯一の機関である。

一方、ＷＨＯ事務局の設定する科学的規範を「正しいもの」として受け入れ、事態対処行動に取り入れるか否か、すなわち各国が規範追従者（Norm follower）になるか否かは、各主権国家の自由であり、任されている。感染症危機管理は、国内戦線と世界戦線の同期性という特徴を有しているものの、世界における危機の詳細なフェーズは地域間によって異なる。世界地図を一色でベタ塗りしたような一様なフェーズがあるわけではなく、その色合いはまだら模様であり、時間経過とともに、危機の度合いが深刻な場所や比較的落ち着いている場所などが移り変わる。したがって、必ずしもＷＨＯ事務局の発出する科学的規範が自国の事情に適合するとは限らないため、事態対処行動に従事する者は、当該感染症危機における世界の重心が今その時点でどこの地域にあるのかについて見極め、ＷＨＯ事務局の設定した科学的規範が自国にとって適切か否かを判断しなければならない。自国の危機の状況について最も理解しているのはＷＨＯ事務局ではなく、自国政府である。したがって、ＷＨＯ事務局が発出する科学的規範については、取り入れる価値のあるものは取り入れ、取り入れる価値のないものは捨象して良いのである。すなわち、ＷＨＯをいかに自国の危機管理のツールとして使うか（使えるものは使い、使えないものは使わない）という意識が重要である。

世界銀行（World Bank）は、必ずしも我が国国内の感染症危機管理にとって直接的な資金的メリットがあるわけではないものの、感染症危機管理の国内戦線と世界戦線の同期性という戦域的特徴に鑑み、資金的援助を通じて途上国の感染症危機管理を支援するという意味で、一定の役割を果たす。

特に、２０１７年に運用が開始された世銀の「パンデミック緊急ファシリティ」（ＰＥＦ：Pandemic Emergency Financing Facility）は、世銀グループの国際開発協会（ＩＤＡ）の対象国が、あらかじめ定められた病原体によるパンデミックの影響を受けた際に、被災国に対して拠出される大型の融資制度であり、国際社会の財政的なサージキャパシティとしての役割を果たすことを期待して創設された。ＰＥＦには、早期のフェーズで資金拠出を行う現金枠（７０００万米ドル相当）と、より感染拡大が深刻化したフェーズで資金拠出が行われる保険・債券枠（最大４億２５００万米ドル相当）が存在した。各々の資金確保手段は、現金枠は信託基金（Trust Fund）、保険・債券枠はパンデミック保険（再保険の一種）とパンデミック債券（大災害債券の一種）である。後者の保険・債券枠の仕組みを成立させるために初めに支払うプレミアムの3分の1は、日本の拠出によって賄われた。ＰＥＦは、２０２０年のＣＯＶＩＤ－19パンデミックにおいて初めて発動された。比較的早期のフェーズで支出されるＰＥＦ現金枠からの支出はもちろんのこと、保険及び債券を活用して各国に支出するためのトリガーとして「コロナウイルスによるパンデミック」を規定していたＰＥＦ保険・債券枠も発動され、市場から資金が動員された。一方で、金融商品であるＰＥＦの性格上、一定の条件を満たさない限りは発動されないため、２０２０年４月にＣＯＶＩＤ-19パンデミックに対して資金が動員された際には、ＷＨＯがＣＯＶＩＤ-19をパンデミックであると形容してからすでに１カ月以上経過しており、資金動員が遅かったと批判された。結果として、世界銀行は、当初２０２０年に予定していたＰＥＦの枠組みの更新（ＰＥＦ２・０）は行わないとしており、本書執筆時点（２０２１年７月）では、感染症危機管理に対する民間資金の動員手法としてのパンデミック保険やパンデミック債券という形式に関する今後の見通しは不明だ。しかし、広範な領域に対する資金動員が必要となる感染症危機管理においては、公的資金のみに依拠することは現実的ではなく、ＰＥＦのように市場メカニズムを活用して民間資金を動員する何らかの制度を構築することは必須だろう。

人為的な感染症危機が発生した場合には、国際連合軍縮部生物兵器禁止条約履行支援ユニット（ＢＷＣ-ＩＳＵ）との協働が重要である。生物兵器禁止条約は、条約の寄託者も他の条約のように国連事務総長などではなく米英露の３カ国であり、純粋に主権国家同士の関係であり、国連軍縮部ＢＷＣ-ＩＳＵにはＷＨＯのような法的権限に基づく機能はない。しかし、生物兵器禁止条約に関する事務を一貫して担っていることもあり、国連としての一定程度の糾合力はあり、良好な関係を構築しておくことが重要である。

国際刑事警察機構（ＩＣＰＯ／ＩＮＴＥＲＰＯＬ）は、平素よりＷＨＯ等の関係国際機関と協力している。例えば、２０１４年の西アフリカのエボラ出血熱アウトブレイクの際に、エボラ患者の検体輸送中に検体が窃取されるなどの事案も発生している。窃取された検体が培養され、生物兵器としてテロに使用される等の事態も想定されるため、自然発生的な感染症危機においても現地法執行機関と協力関係にあるＩＮＴＥＲＰＯＬの役割は重要であるし、人為的な感染症危機における犯罪捜査が必要となる場合は言わずもがなである。

官民パートナーシップの国際機関は、近年その役割を拡大している。Ｇａｖｉワクチンアライアンスは、主に途上国における予防接種へのアクセス拡大によって子供たちの命を救い、健康を守るために設立された機関だが、国内戦線と世界戦線の同期性という感染症危機管理の特性を踏まえれば、途上国にワクチンを分配する機構を有するＧａｖｉの存在と活用は我が国にとっても重要である。Ｇａｖｉは、ＣＯＶＩＤ-19パンデミックで設立されたＣＯＶＡＸファシリティを運営する中心的な役割も担っており、感染症危機管理におけるＧａｖｉの役割が今後拡大していくことも考えられる。また、感染症流行対策イノベーション連合（ＣＥＰＩ：Coalition for Epidemic Preparedness Innovation）は、危機管理医薬品の研究開発において重要な役割を担っている（第3章第二節第一項で詳述）。さらに、途上国における三大感染症（エイズ・結核・マラリア）

対策のために資金を提供する機関であるグローバルファンド（世界エイズ・結核・マラリア対策基金）は、我が国が脅威認識を持つべき生物学的脅威を対象として事業を実施しているというわけではないが、国内戦線と世界戦線の同期性という感染症危機管理の特性に鑑み、三大感染症の対策強化を通じて途上国の感染症危機管理能力が高まることは我が国にとっても望ましい。このような観点から、伝統的な国際機関（政府間機関）に限らず、官民パートナーシップの国際機関についても平時から積極的に活用し、良好な関係を構築しておくことが重要である。

第三目　国家間協力

1　二国間協力（Bilateral arrangement）

我が国は、日米同盟を機軸に、自然発生的及び人為的な感染症危機に対する二国間の政策協力を行っている。具体的には、２０１７年より「日米グローバルヘルス協力対話」を定期的に開催し、感染症危機管理を含む国際保健政策について、両国の主要政策担当者間で意見交換を行っている。

また、より実務的な取組みとして、厚生労働省のリエゾンを米国保健福祉省に常駐させ、感染症危機管理に関する両国の政策調整の役割を担っている。

さらに、我が国には、在日米軍基地が数多存在する。いざ国内で感染症危機が発生すれば、当然、在日米軍基地内にも拡散する可能性は高いし、国外から在日米軍基地経由で米国軍人が持ち

図表12　第3回日米グローバルヘルス協力対話の参加者（2018年）
（筆者は2列目の左から2番目）

出典：日本国際交流センター（JCIE）http://www.jcie.or.jp/japan/report/activity-report-2813/

込む病原体が日本国内で拡散するという逆のパターンも存在する。したがって、平素より、在日米軍と感染症危機管理について連携を図っておくことが重要である。在日米軍に関する日米間の取り扱いを規定した日米地位協定の運用について協議する日米合同会議には、検疫部会が設けられている。詳細は第3章第五節の「訓練」で後述するが、同部会を通じ、在日米軍と感染症危機管理に関する合同訓練を定期的に実施することが、基地内外におけるシームレスな事態対処行動を行う上で重要である。

2　多国間協力（Multilateral arrangement）

A　志を同じくする諸国（Like-minded countries）

志を同じくする諸国とは、自由主義、民主主義、人権、法の支配を普遍的価値として共有する国々のことであり、G7が好例だ。

毎年のG7では、保健大臣会合や首脳会合（サミット）において、感染症危機管理について議論が交わされる。

感染症危機管理領域における国際社会の大型ドナーであるＧ７の方針が、感染症危機管理領域をめぐる国際政治と政策の方向性を決定し、我が国国内の感染症危機管理政策に影響することも多い。したがって、Ｇ７として示す国際公益と我が国の国益との不断の擦り合わせが重要である。

　また、我が国は、Ｇ７＋メキシコ＋欧州委員会（ＥＣ）という志を同じくする諸国で「世界健康安全保障イニシアティブ（ＧＨＳＩ：Global Health Security Initiative）」という感染症危機管理を含む公衆衛生危機管理領域に特化した政策グループを形成している。ＧＨＳＩは、２００１年９月11日の米国における同時多発テロをうけ、米国・カナダ政府の呼びかけにより、世界的な感染症危機管理の向上及びテロリズムに対する準備と対応に係る各国の連携等について話し合うことを目的に、保健担当の閣僚級会合として発足した。ＷＨＯもオブザーバーとして参加している。

　閣僚級会合としてのＧＨＳＩの下には、世界健康安全保障行動グループ（ＧＨＳＡＧ：Global Health Security Action Group）という局長級会合が設置されている。ＧＨＳＡＧは、閣僚級のＧＨＳＩで策定した計画等を各国の具体的な政策行動に移すという目的を有すると同時に、危機が発生した際に迅速なコミュニケーション・ネットワークとして機能することを目的としている。そのために、世界における感染症危機管理を含む公衆衛生危機管理領域の課題について情報交換を行いつつ、ＧＨＳＩネットワークで実施すべき政策の優先事項を定期的に協議し、技術レベルでの行動の進捗状況を確認し、閣僚級会合の準備を支援する。

　局長級会合のＧＨＳＡＧの下には、専門家会合（ワーキンググループ（ＷＧ））が複数設置されている。具体的には、化学剤の脅威に関する化学イベントＷＧ、生物学的脅威に関する生物ＷＧ（パンデミックインフルエンザを除く）、世界検査ラボネットワークＷＧ、パンデミックインフルエンザＷＧ、核・放射性物質の脅威に関する核・放射線の脅威ＷＧが存在する。

ＧＨＳＩネットワークは、事態準備行動期間中には各国持ち回りで会合を開催して政策協議を進めている。一方、事態対処行動期間中には、物理的な会合に加え、頻繁に電話会議を開催し、各国で実施している医療措置・公衆衛生措置・渡航措置や被害状況に関する情報共有や、政策の擦り合わせを行う。政策担当者は年に複数回にわたり直接会ったり電話会議で話したりする機会があるため、一種の緊密な人的ネットワークが形成され、円滑なやりとりが可能となり、各国の感染症危機管理政策に役立っている。したがって、我が国もこのプラットフォームを最大限活用しつつ、我が国の感染症危機管理能力強化に繋げることが肝要だ。

グローバルパートナーシップ（The Global Partnership Against the Spread of Weapons and Materials of Mass Destruction）は、大量破壊兵器（ＣＢＲＮ）及びその関連物質等の不拡散を目的としたＧ７主導（当初はＧ８）のイニシアチブである。２００１年の米国同時多発テロ事件後のＧ８カナナスキス・サミット（２００２年）で合意されて始まった。各国は、本イニシアチブに従い各種の不拡散事業を行いつつ、本イニシアチブを構成するバイオセキュリティ・ワーキンググループやＣＢＲＮワーキンググループは、生物剤等の生物学的脅威の不拡散を強化すべく、ＢＷＣや、後述するグローバル・ヘルス・セキュリティ・アジェンダ（ＧＨＳＡ）、国連安保理決議１５４０等の関連する活動と連携している。[18]
オーストラリア・グループ（ＡＧ：The Australia Group）は、生物・化学兵器の開発・製造に使用できる関連汎用品及び技術（デュアルユース製品・技術）に対する輸出管理を通じて生物・化学兵器の拡散を防止する、国際輸出管理レジームの一つである。[19] １９８４年にイラン・イラク戦争で化学兵器が使用されたことを契機として１９８５年に発足した。法的拘束力を持つ国際約束に基づく枠組みではなく、本枠組みの下で行われた政策調整を通じて決定された事項を各国の国内輸出管理政策に反映されることで実行される。[20]

Ｂ　地域レベル（Regional arrangement）

地域レベルでは、以下の地域グループが三つの輪となって絡まり合い、我が国の感染症危機管理政策に影響を与えている。

①日中韓三国保健大臣会合

日中韓三国保健大臣会合は、日本、中国、韓国の保健大臣が、新型インフルエンザ対策などの感染症危機管理をはじめとした保健医療分野における三国の共通課題の協力について討議する場として、定期的に開催される閣僚会合である。本会合は、新型インフルエンザ対策において３カ国で共同歩調を取ることを第一の目的として、２００７年に設立されたという経緯がある。

本会合は、我が国の感染症危機管理にとって、地域レベルのレジームの核である。本会合の枠組みを通じた大臣間のコミュニケーションは、事態準備行動期間中は概ね毎年1回開催される会合を通じて行われているが、このような定期的会合を通じて3カ国の大臣及び実務担当者が個人的関係を深めることで、事態対処行動期間中にも密な連携を図ることができる。実際、2015年の韓国のMERSアウトブレイクの際には、実務者間で定期的な情報共有が行われたり、2020年のCOVID-19パンデミックの際には、大臣及び実務者間でテレビ会議や電話会議が密に行われ、各国の事態対処行動に関する情報共有と政策調整が行われた。

②ASEAN＋3保健大臣会合

現代において、東アジア地域が震源地であると考えられる感染症危機は以下の通りであり、全てが中国発だと考えられている。

- 1889年　新型インフルエンザA（H3N8）——通称ロシアかぜ
- 1957年　新型インフルエンザA（H2N2）——通称アジアかぜ
- 1968年　新型インフルエンザA（H3N2）——通称香港かぜ
- 1997年　H5N1鳥インフルエンザ
- 2002年　SARS

●２０１３年　Ｈ７Ｎ９鳥インフルエンザ
●２０１９年　ＣＯＶＩＤ-19

中国と地理的に隣接し、感染症危機が発生した際には大きな影響を受ける可能性の高いＡＳＥＡＮ＋３の各国（ＡＳＥＡＮ10カ国及び日中韓の３カ国）は、パンデミックを引き起こす可能性の大きい新型インフルエンザをはじめとする感染症危機に対して大きな脅威認識を抱き、感染症危機管理に大きな政策的関心を寄せてきた。

このような理由から、定期的にＡＳＥＡＮ＋３保健大臣会合が開催され、各国の取組みの共有が行われている。

③ＷＨＯ西太平洋地域事務局（ＷＰＲＯ：WHO Western Pacific Regional Office）とその加盟国

ＷＨＯは、世界全体を六つの地域事務局に分割して担当しており、日本はＷＨＯ西太平洋地域事務局（ＷＰＲＯ）の管轄である。ＷＰＲＯの管轄地域（37の国と地域）を概観すると、インドネシアを除く海のアジアと大洋州を包括していることがわかる。[21] すなわち、中国・モンゴル・ラオス・カンボジアを除き、ほぼ全てが海洋国家である。

感染症危機管理の文脈で海洋国家であることの意味合いは、世界の他地域と比較して渡航措置の重要性が高いことにある。図表13の地図を見ればわかる通り、ＷＰＲＯ地域は、感染症危機の震源地となる可能性が高い中国を西端とし、その他の海洋国家が東方に広がり中国を望む地理的構造となっている。したがって、感染症危機管理の初動にあたっては、渡航措置を利用していかに震源地となる可能性の高い中国から時空間的距離を取って一時的な防御にあたり、その間に国内の事態対処行動のギアを上げるかが鍵となる（中国が震源地ではない感染症危機が発生した場合には異なる）。

現に、２０２０年のＣＯＶＩＤ-19パンデミックの発生当初、ＷＰＲＯ地域の多くの国々が、一斉に渡航措置を発動して中国から時空間的距離を取り、国内の事態対処行動の体制整備を急いだ。

日本をはじめとするＷＰＲＯ地域の国々にとっては、中国を震源地とする感染症危機の脅威にさらされやすいという地政学的状況に鑑み、フィリピンのマニラに所在するＷＰＲＯ事務局の政策機能の向上を図ることが、我が国の感染症危機管理にとって死活的に重要である。

ＷＨＯの地域事務局の位置付けは、他の国連機関とは異なる。一般的な国連機関は、本部の指揮下に世界各地に散らばる地域事務局が設置されるという構造である。一方、ＷＨＯは、一般的な国連機関に見られるように、機関を統括する本部の事務局長を加盟国が選挙で選出し、選出された事務局長が自己の権限に基づき地域事務局長を任命するという形式は取っていない。ＷＨＯでは、スイスのジュネーブに所在するＷＨＯ本部の事務局長は全加盟国の選挙で選出される一方、地域事務局長も投票権を持つ地域の加盟国（30ヵ国）によって民主的に選挙で選出されるのであ

図表13　日中韓三国保健大臣会合、ASEAN＋3、WPRO加盟国（色が塗られている国）の3つの輪の重なり

出典：WPRO

る。したがって、ＷＨＯ本部の事務局長と世界６地域の地域事務局長の間に人事的優劣はなく、民主的正統性を有する地域事務局長が行使できる権限は大きい。

　このように、感染症危機管理におけるＷＰＲＯ管轄地域の地政学的重要性と、ＷＰＲＯ事務局の政治的重要性に鑑み、数多ある国際機関選挙の中で、日本政府にとってＷＰＲＯ事務局長選挙の優先度は高く、死力を尽くしてそのポストを取りに行かねばならない。

　このような観点から、１９９９年には尾身茂氏が、２０１９年には葛西健氏が、加盟国による選挙で選出され、ＷＰＲＯ事務局長に就任している。

Ｃ　世界レベル（Global arrangement）

自然発生的であれ、人為的であれ、世界レベルの国際バイオセキュリティ・レジームの中核は、ＷＨＯ加盟国が構成する枠組みである。本項第二目で述べたように、２０２１年6月時点で１９４の加盟国を擁するＷＨＯ事務局は、その法的権限（Legal power）と糾合力（Convening power）を力の源泉とし、世界的な感染症危機が発生した際には、各国間の事態対処行動調整ハブ（Emergency response coordination hub）と科学的規範設定（Scientific information normative setting）の二つの役割を果たす。また、感染症危機が中東やアフリカに集中する脆弱国家で発生した場合には、現地政府の事態対処行動キャパシティが高くないことを踏まえ、現地政府と連携しつつ、実際のオペレーションも担う。

ＷＨＯ加盟国で構成されている感染症危機管理に関する政策枠組みは数多存在する。ＩＨＲやＰＩＰフレームワークはもちろんのこと、ＷＨＯインフルエンザ協力センターネットワーク、Global Outbreak Alert Response Network（ＧＯＡＲＮ[22]）、ＣＯＶＡＸファシリティなどが挙げられる。

ＷＨＯ全体は、全加盟国によるＷＨＯ総会と、選出された15カ国による執行理事会という、二つの統治機関によるガバナンスの下、運営されている（日本が所属する西太平洋地域を含む六つの地域にも、地域委員会という地域統治機関が存在）。世界レベルの国際バイオセキュリティ・レジームの核がＷＨＯであることは、当面の間は揺るがないだろう。したがって、我が国は、積極的に

ＷＨＯのガバナンスに関与することで、感染症危機管理に関する我が国の国益と、ＷＨＯを中心として構成される感染症危機管理における国際公益の不断の擦り合わせを行わねばならない。

国連は、自然発生的であれ、人為的であれ、国際バイオセキュリティ・レジームにおける世界レベルの重要な一角を成す。特に、自然発生的であれ、人為的であれ、感染症危機は国際安全保障及び各国の国家安全保障に対する明白な脅威であると考えられていることから、安全保障理事会が果たす役割は大きい。

例えば、２０１４年の西アフリカを震源地とするエボラ出血熱アウトブレイクや、２０１８年のコンゴ民主共和国を中心とするエボラ出血アウトブレイク、２０２０年のＣＯＶＩＤ-19パンデミックのような自然発生的な感染症危機の場合も、これまでにいくつも安保理決議が採択されている。

また、人為的な感染症危機の場合には、国連本来の役割である集団安全保障を機能させる観点から、特に安全保障理事会の役割が増すことが考えられる。これは、生物兵器と同列に論じられることの多い大量破壊兵器である化学兵器（実際には、気候条件にもよるものの、化学兵器はその内容物の多寡に応じて一定の限局された範囲で死者が発生する一方で、生物兵器はヒト間の感染によって際限なく死者数が積み上がる可能性があるため、実務上は全く異なる脅威であると考える方が有用）が、イラン・イラク戦争や、２０１１年に始まったシリア内戦で使用された事案で安保理決議が採択されたことにも窺える。具体的には、イラン・イラク戦争では国連事務総長調査メカニズムが設立され、その機能は今も生きているし、シリア内戦では、国連とＯＰＣＷの合同調査メカニズムが設立され、同調査メカニズムによる捜査が進められた。したがって、国家主体または非国家主体による大規模な生物兵器使用事案でも、安保理による同様の機能が発揮されることが予想される。しかし、生物兵器禁止条約には、化学兵器禁止条約におけるＯＰＣＷのような独立した条約管理・実施機関が存在しない。したがって、人為的な感染症危機の場合には、安保理の役割に加え、生物学的脅威に関する専門的知見を有するＷＨＯの役割がなおのこと求められると同時に、国連軍縮部やＩＮＴＥＲＰＯＬ等の他の国際機関との連携が模索されることが予想される。

グローバル・ヘルス・セキュリティ・アジェンダ（ＧＨＳＡ：Global Health Security Agenda）は、自然発生的及び人為的な感染症危機の両者を対象にした感染症危機管理に関する国際的な枠組みであり、米国の主導で２０１４年に設立された。２０２１年6月時点で、約70カ国・国際機関・ＮＧＯ・民間企業で構成されている。ＧＨＳＡが対象とする具体的な政策領域は、薬剤耐性菌（ＡＭＲ：Antimicrobial Resistance）対策、バイオセキュリティとバイオセーフティ、ワクチン接種、ラボシステム、サーベイランス、持続的な財政措置、人材育成、人獣共通感染症である。

第六節　時相

第一項▼平時と危機時——事態準備行動（プリペアドネス）と事態対処行動（レスポンス）

危機管理は、脅威発現の蓋然性（Likelihood）と脅威が発現した場合の衝撃（Impact）の両者にアプローチすることが重要である。

平時のアプローチにおいては、まずは脅威の発現阻止（Prevention）、すなわち脅威発現の蓋然性（Likelihood）を極小化することが重要である。しかし、いかなる努力を行おうとも、長期的には脅威の発現を１００％阻止することは不可能である。したがって、脅威発現阻止（Prevention）の努力を行う以上に、脅威が発現した場合の衝撃（Impact）をいかに低減するかという点に焦点を置いた事態準備行動（プリペアドネス（Emergency Preparedness））を行うことが欠かせない。

事態準備行動の一環として、脅威がいつ何時発現した場合も迅速な初動を可能とするために、ヒト・モノ・カネを確保し、スタンバイ状態にしておくことも必須である。これを即応態勢（Operational Readiness）という。即応態勢は、医師の当直やオンコール体制に例えられる。いつ何時急患が来ても、即座に対処できる状態のことである。事態準備行動と即応態勢の違いは、前者が脅威発現までの一連の動的プロセスである一方、後者は平時において一貫して維持・確保されているべき静的状態であると言える。即応態勢の詳細については、第3章第六節で述べる。

ひとたび脅威が発現し、自国に対して危機を今にも発生させんとする状態（Imminent threat）または発生させた瞬間から、平時は危機時へと変わり、危機管理活動は事態準備行動から事態対処行動（レスポンス（Emergency Response））へと移行する。一旦危機が過ぎ去れば、またすぐに次なる危機に備えるために事態準備行動に移行する。このとき、一連の事態対処行動を通じ、危機発生時に有していたヒト・モノ・カネといった資源は消耗している。したがって、事態準備行動の初期には、危機発生直前のヒト・モノ・カネの資源量まで回復させるフェーズが存在する。これを特別に回復（Recovery）と呼ぶこともある。

一般的には、この事態準備行動初期に「事案総括・検証（ＡＡＲ：After Action Review）」が行われ、その報告書に基づき、ヒト・モノ・カネに関する資源のさらなる充実が図られ、戦力を増強する。これが、本章第二節第四項で述べた「事案総括・検証（After Action Review）」の目的5である。

危機が長期化する恐れのある際には、「事案中総括・検証（ＩＡＲ：Intra-Action Review）」が行われることもある。その場合は、その検証に基づき、その危機の特性に即した環境に適応するため、必要に応じて危機管理手法を転換・進化させ、危機の最中においても戦力の増強を図らねば

図表14　危機管理活動の時相と構成要素

	平時（危機発生前）	危機時（危機発生後）
危機管理活動	・脅威発現阻止（Prevention） ・事態準備行動（Emergency Preparedness） −即応態勢（Operational Readiness） −回復（Recovery）	・事態対処行動（Emergency Response）

図表15　危機管理の時間経過と資源蓄積の関係

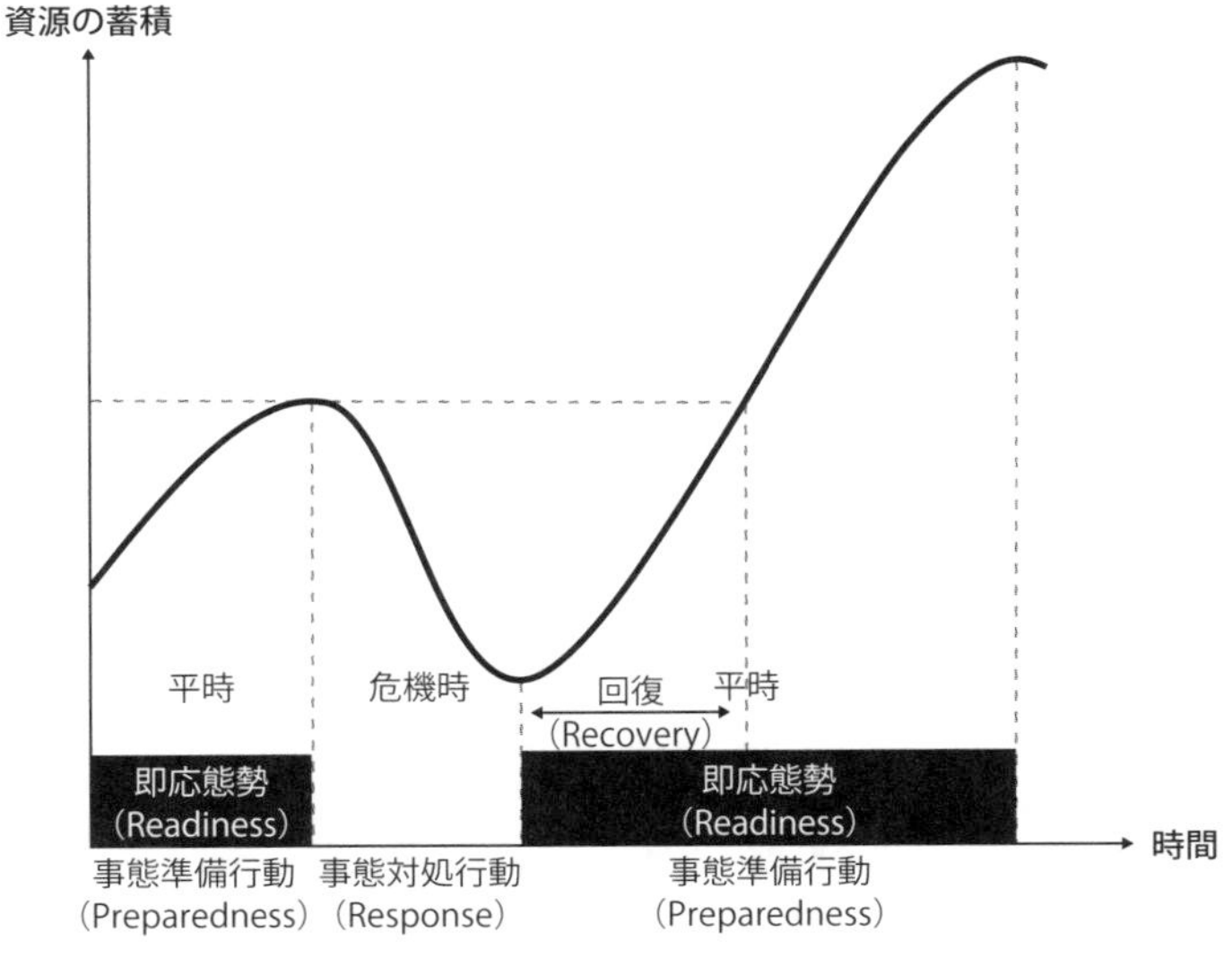

ならない。事態対処行動中に、事態準備行動も並走させるのである。

太平洋戦争中の米軍の活動がその好例として挙げられる。例えば、日本軍によるハワイ奇襲作戦における航空攻撃で敗退した経験を基に、米軍はそれまでの大型戦艦建造計画を中止し、航空母艦と航空機の生産に全力を集中、徐々に優勢な空母機動部隊を作り上げていった。

また、ガダルカナルでの実戦経験を基に、タラワ上陸作戦、硫黄島上陸作戦、沖縄戦と太平洋における合計18の上陸作戦を通じて米海兵隊が水陸両用作戦を発展・展開させるプロセスも、環境に適応するための危機管理手法の進化である。

さらに、戦時中における核兵器の研究開発とその使用は、環境変化に対応した戦略コンセプトの転換と進化の最たる事例であろう。

このように、長期の危機においては、危機管理組織と脅威との彼我の不断の相互作用を通じ、「演繹・帰納の反復」を愚直に繰り返すという科学的思考によって戦力を増強するのである。[23]

これまで述べたように、事態準備行動（即応態勢）→事態対処行動→事態準備行動（即応態勢）→事態対処行動…という危機管理活動のサイクルは、危機管理の「セントラルドグマ」[24]、すなわちどのような分野の危機管理においても普遍的に適用できる基本原理であり、感染症危機管理においても当然適用される。

図表16　国際社会における感染症危機時の時相

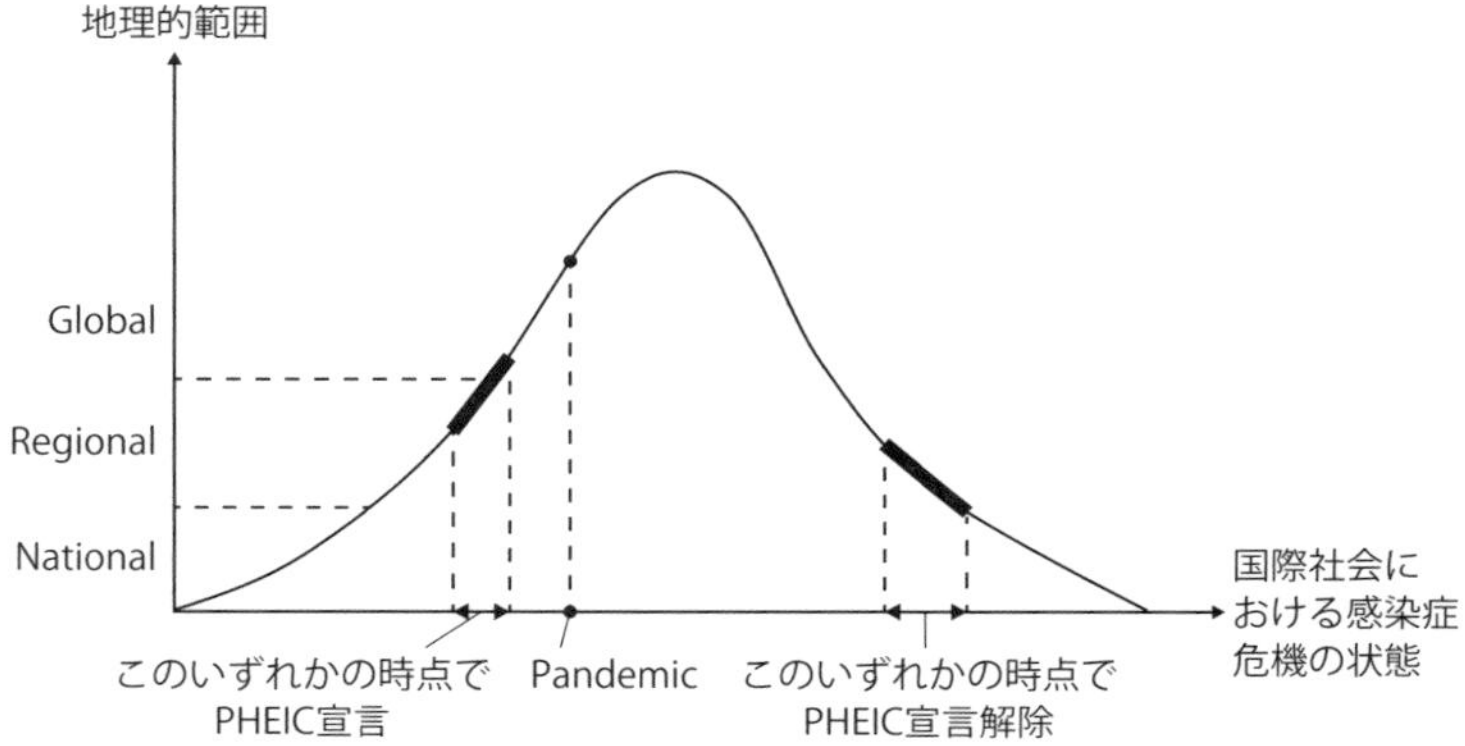

第二項▼国際社会における感染症危機時の時相——ＰＨＥＩＣとパンデミック

国内戦線と世界戦線の同期性という戦域的特性を有する感染症危機管理においては、国内戦線のみならず、世界戦線についても常に監視する必要があると同時に、世界戦線から受ける影響を考慮しながら国内戦線に対処せねばならない。したがって、国内の危機に対処しながらも、常に世界の危機の情勢を認識しておく必要がある。

世界戦線における感染症危機の時相は、以下の3段階に分類される。

①限定された地理的範囲における感染症アウトブレイク

②国際的に懸念される公衆衛生上の緊急事態（ＰＨＥＩＣ：Public Health Emergency of International Concern）

③パンデミック

第一目　国際的に懸念される公衆衛生上の緊急事態（ＰＨＥＩＣ）

世界戦線の時相の決定にあたり、①から②への移行については、ＷＨＯ事務局長がＩＨＲ緊急委員会（Emergency Committee）の答申に基づき決定し、世界全体にＰＨＥＩＣを宣言することで行われる。

ＰＨＥＩＣは、以下のようにＩＨＲ第1条で法的に定義されている。

〈国際保健規則（ＩＨＲ）日本語（仮訳）第1条〉

「国際的に懸念される公衆衛生上の緊急事態」とは、本規則において次のとおり規定する異常事態をいう。

（i）疾病の国際的拡大により他国に公衆衛生リスクをもたらすと認められる事態。

（ii）潜在的に国際的対策の調整が必要な事態。

「公衆衛生リスク」とは、人の集団的健康に負の影響を及ぼすおそれのある事態をいい、とくに国際的に拡大するおそれのあるものまたは重大かつ直接の危難をもたらすおそれのあるものをいう。

〈国際保健規則（ＩＨＲ）英語（原文）第1条〉

“public health emergency of international concern” means an extraordinary event which is determined, as provided in these Regulations:

(i) to constitute a public health risk to other States through the international spread of disease and

(ii) to potentially require a coordinated international response

“public health risk” means a likelihood of an event that may affect adversely the health of human populations, with an emphasis on one which may spread internationally or may present a serious and direct danger

このように、法的にはこの2点を満たす状態をＰＨＥＩＣと呼ぶ。

ＷＨＯ事務局長は、何らかの感染症危機が発生し、それがＰＨＥＩＣに相当するか否か検討する場合には、ＩＨＲに基づき、ＩＨＲ緊急委員会を招集し、当該感染症危機がＰＨＥＩＣに相当するか否か諮問する。ＩＨＲ緊急委員会は、感染症危機に関する世界戦線の時相がＰＨＥＩＣに相当する状態か否かについて議論を行い、その結果をＷＨＯ事務局長に答申する。

ＰＨＥＩＣに相当する状態か否かについて議論を行うにあたっては、感染症危機の震源地国スメントを中心に、多様な要因によって総合的に決定される。

IHR緊急委員会による世界戦線の時相決定の中心軸となるWHOのリスクアセスメントでは、まずは次の4項目について、National、Regional、Globalごとに各々分析される。

●ヒトの健康へのリスク
・病原性：罹患率、死亡率、致死率
・感染性：感染ルート、伝播性
・暴露の特性：頻度
・暴露した場合の人口集団への影響：人口集団の暴露可能性、暴露した人口集団への衝撃

●拡散リスク
・発生場所：都市部、地方、人口密集地帯、衛生状況等
・伝播様式：空気感染、飛沫感染、水系感染、ヒト－ヒト感染、媒介物等
・基本再生産数が判明しているか否か
・人口集団の脆弱性の程度
・人口移動の程度
・その他

図表17　WHOのリスクアセスメントにおける組み合わせ

	Overall Risk			
	Low	Moderate	High	Very High
National				
Regional				
Global				

●感染症危機管理能力
・被災国政府が既存の資源量で発揮することのできる感染症危機管理能力の程度
●その他

その上で、National、Regional、Globalごとに、それぞれの総合リスク（Overall Risk）を低い（Low）、中程度（Moderate）、高い（High）、非常に高い（Very High）の4段階で評価する。本評価は、特に厳密なカットオフ値によって決定されるのではなく、総合評価である。

ＩＨＲ緊急委員会による世界戦線の時相がＷＨＯのリスクアセスメントを中心に、多様な要因によって総合的に決定されると述べたのは、必ずしもＷＨＯのリスクアセスメントのみに依拠してＰＨＥＩＣが判断されるわけではないからである。

例えば、２０１９年7月17日に、コンゴ民主共和国を震源地とするエボラ出血熱アウトブレイクについてＰＨＥＩＣが宣言された際には、National／Regional／Globalのリスクアセスメントは、

Very High／Very High／Lowであった。この時点では、隣国のウガンダでたった1例の輸入例が確認されただけであった。しかし、それにもかかわらずＰＨＥＩＣが宣言された背景には、アウトブレイクのホットスポットであるコンゴ民主共和国東部が長年続く紛争地帯で、多くの武装組織が跋扈しており、医療措置・公衆衛生措置を行う政府やＷＨＯ、ＮＧＯ等が襲撃されて死者が出たり、物資の盗難が頻発したりするなど、そもそもの事態対処行動自体が困難であるという政治・安全保障上の問題が第一に挙げられる。また、西ヨーロッパ全域に及ぶほどの広大な国土面積を持ち、至るところで紛争が頻発するコンゴ民主共和国では国境管理が困難であり、そこに居住する住民も国境を容易に行き来して生活を営んでいることや、国際空港があるゴマ市においても症例が確認されたことなども、考慮された要因である。

一方、２０２０年1月30日に、中国を震源地とするＣＯＶＩＤ-19アウトブレイク（この時点ではパンデミックではない）についてＰＨＥＩＣが宣言された際には、National／Regional／Globalのリスクアセスメントは、Very High／High／Highであった（その後、同年2月28日に、Very High／Very High／Very Highに引き上げられた）。

このように、リスクアセスメントの結果が異なっていても、ＩＨＲ緊急委員会は、多様な要因を考慮して総合的に世界戦線の時相を決定し、それに基づきＷＨＯ事務局長はＰＨＥＩＣを宣言するのである。すなわち、ＰＨＥＩＣが宣言される時点での国際社会における感染症危機の状態には、一定の幅があるということである。

また、ＷＨＯ事務局長は、基本的にＩＨＲ緊急委員会の答申を尊重することが多いが、それ以外の要素を考慮していないというわけではない。国際政治上の情勢など、多様な要因を考慮し、ＰＨＥＩＣ宣言を行うか否かの政治的判断を行っている。

実際の実務では、以下の三つの質問への答えが全てＹＥＳ（３ Yes）であるか否かが、ＰＨＥＩＣ宣言を発布するか否かの判断に使用されると言われている。

①危機は拡大しているか？（Is the situation growing?）
②危機は深刻か？（Is the situation serious and severe?）
③ＰＨＥＩＣ宣言が状況を改善し得るか？（Is PHEIC going to help the situation?）

一度ＰＨＥＩＣ宣言がなされれば、３カ月ごとにＩＨＲ緊急委員会が開催されるが、ＰＨＥＩＣ宣言の解除についても、ＩＨＲ緊急委員会が世界戦線の情勢を見つつＷＨＯ事務局長に答申し、ＷＨＯ事務局長が決定する。

これまでＰＨＥＩＣ宣言がなされた感染症危機は、以下の6事案である（２０２１年6月時点）。

①２００９年　新型インフルエンザＡ（Ｈ１Ｎ１）パンデミック
②２０１４年　ポリオアウトブレイク
③２０１４年　西アフリカを震源地とするエボラ出血熱アウトブレイク
④２０１６年　ジカ熱アウトブレイク

⑤２０１８年　コンゴ民主共和国を震源地とするエボラ出血熱アウトブレイク（※ＰＨＥＩＣ宣言は２０１９年７月）

⑥２０１９年　ＣＯＶＩＤ-19パンデミック（※ＰＨＥＩＣ宣言は２０２０年１月）

ＰＨＥＩＣ宣言の解除については、明確な基準がない。ＰＨＥＩＣの法的な定義がもはや存在しなくなった状態がＰＨＥＩＣ宣言解除の基準とも言えなくもないが、実際の実務では、異なる様式が用いられている。

例えば、２０１４年の西アフリカを震源地とするエボラ出血熱アウトブレイクに対するＰＨＥＩＣ宣言は、２０１６年３月29日に開催されたＩＨＲ緊急委員会の答申を受け、同日、ＷＨＯ事務局長が解除した。その理由として、震源地となったギニア・リベリア・シエラレオネの３カ国において、エボラ出血熱の潜伏期間（21日）の２倍にあたる42日間の観察期間に加え、追加的な90日間のサーベイランス強化期間を経て大規模な感染の連鎖が認められなかったこと、国際的な拡散のリスクが低減したこと、震源地である３カ国の感染症危機管理能力が向上したことを挙げている。

また、２０１８年８月に始まったコンゴ民主共和国におけるエボラ出血熱アウトブレイクは、２０１９年７月17日のＩＨＲ緊急委員会の答申を受け、同日ＷＨＯ事務局長がＰＨＥＩＣ宣言を発出した。その後、２０２０年６月25日時点で42日間にわたり新規患者が発生しなかった事実を受け、同日に同国保健大臣がアウトブレイク終結宣言を行った。翌日、ＷＨＯ事務局長はＩＨＲ緊急委員会を招集。同委員会はＰＨＥＩＣ宣言の解除を答申し、同日ＷＨＯ事務局長がＰＨＥＩＣ宣言を解除した。

このように、ＰＨＥＩＣの解除要件が法的に定められていない中においては、その解除の様式はその都度微妙に異なり、その時々の政策判断によって行われているのが現状である。

第二目　パンデミック

「ＰＨＥＩＣ」は国際法的に厳密に定義された用語であるが、「パンデミック」という用語については、法的に標準化された定義は国際的にも国内的にも存在しない（２０２１年6月時点）。しかし、技術的には、ある感染症が地理的範囲として世界規模で拡散し、非常に多くの数の感染者を生じさせる状態を指すとＷＨＯは述べている。感染症の流行に関する地理的範囲を指す用語としては、「パンデミック」のほかに、「エピデミック」や「エンデミック」がある。

「パンデミック」という用語は、法的な定義が存在しない状況においては、単なる「口語表現（colloquial term）」とも言える。実際、ＷＨＯは、２０２０年3月11日、ＣＯＶＩＤ-19に関する世界戦線の時相がパンデミック状態にあると言及した際、「口語表現（colloquial term）」と述べている。したがって、「パンデミック」という用語を使用して特定の感染症危機を形容したとしても、それは単に当該感染症危機について一定の印象を大衆に与える効果を持つにすぎず、それ以上でも以下でもない。パンデミックを宣言することで、何らかの政策機構がトリガーされるわけでもない。

したがって、国際社会における感染症危機の状態が「パンデミック」であると形容された場合には、法的にはＰＨＥＩＣが継続している状態と何ら変わりはない。

技術的には、「疫学的に『いわゆるパンデミックという状態』になった。すなわち、『ある感染症が地理的範囲として世界規模で拡散し、非常に多くの数の感染者を生じさせる状態』になったと考えられる」ということ以上に特段の意味はない。特に、事態対処行動の医療措置には何らの影響も及ぼさない。

一方、公衆衛生措置や渡航措置の実施判断を行う各国政府の主観的脅威認識を増大させ、その判断に一定の影響を及ぼすことは十分に考えられる。

政治的には、国民及びメディアは「パンデミック」という用語が連想されるイメージに反応することが予想されるため、パニック対策という面で大きな影響が想定される。

このように、「パンデミック」という用語は、国際社会の感染症危機の状態を形容するという意味では便利であるが、それを宣言することによる事態対処行動への実質的利益はないと言える。しかし、政治的には大きな意味合いがあるため、事態対処行動に従事する指揮官や参謀は、無視することはできないだろう。

歴史上、「パンデミック」が国際社会において公式に宣言されたのは、以下の2回である。

①２００９年：新型インフルエンザＡ（Ｈ１Ｎ１）パンデミック

②２０２０年：ＣＯＶＩＤ-19パンデミック

いずれもＷＨＯがパンデミックを宣言しているが、その宣言の背景となる政策的根拠は全く異なっている。

２００９年のパンデミック宣言の際には、新型インフルエンザの拡散の度合いに応じ、一定規模に拡散した場合にパンデミック宣言を行う「WHO Pandemic Phase」という政策フレームワークが存在した。具体的には、図表18のように八つのフェーズに分類され、フェーズ6がパンデミック状態であるとされた。

２００９年に使用された「WHO Pandemic Phase」は、その後、引き続き新型インフルエンザのみに特化した指標として、以下の四つの分類に改定された[25]。しかし、この四つのフェーズの違いは明確に線引きできるものではなく、互いに重なり合う連続体（Continuum）としての概念とされている（世界の地域ごとに危機のフェーズは異なるが、この連続体は「感染者数の世界平均（global average of cases）」を反映することで世界全体としてどのようなフェーズにあるのかを示すことを想定している）。したがって、この分類においては、明確なパンデミック宣言はできないものと認識されている（そもそも、パンデミックを宣言したとしても何らかの政策機構がトリガーされるわけではなく、

図表18　WHO Pandemic Phase（2009年の新型インフルエンザA（H1N1）パンデミックで使用）

フェーズ	定義
1	動物界で蔓延しているインフルエンザウイルスで、人間に感染しているものがない状態
2	家畜または野生動物において蔓延しているインフルエンザウイルスが、人間に感染し、潜在的なパンデミックの脅威となり得る状態（Spillover event）
3	動物またはヒト－動物再集合体インフルエンザウイルスが、人間集団の中で散発的な孤発感染や小さな集団感染（クラスター）を引き起こしているが、持続的な市中感染を引き起こすほどのヒト－ヒト感染が発生していない状態
4	動物またはヒト－動物再集合体インフルエンザウイルスによるヒト－ヒト感染が、持続的な市中感染を引き起こしている状態
5	フェーズ4と同じウイルスによる持続的な市中感染が、1つのWHO地域事務局の管轄範囲の2カ国以上で発生している状態
6：パンデミック	フェーズ5で定義した状態に加え、同じウイルスによる持続的な市中感染が、さらに1つ以上のWHO地域事務局の管轄範囲の1カ国以上で発生している状態
ピーク後期間	十分なサーベイランス能力を有する大半の国々で、感染のピークが過ぎ去った状態。依然としてパンデミック状態
パンデミック後期間	十分なサーベイランス能力を有する大半の国々で、当該インフルエンザの動向が季節性インフルエンザに見られる動向と同じレベルとなった状態

事態対処行動の実務上は意味がない）。

歴史上2度目のパンデミック宣言は、2020年3月11日、WHOがCOVID-19に対して行った。しかし、前述の通り、WHOの有するパンデミックに関する概念は新型インフルエンザに特化したものであり、COVID-19に代表されるDisease Xについては政策フレームワーク自体が存在していなかった。

したがって、WHOは、法的にも、技術的にも、COVID-19に対してパンデミックを宣言する正統性を有してはいなかった。しかし、3月11日時点で、震源地である中国を含め、114の国と地

図表19　The Continuum of Pandemic Phasesにおける各フェーズの定義

フェーズ	定義
パンデミック間期	パンデミックが起こる合間の時期
警戒期	新型インフルエンザウイルスが人間界で同定される時期
パンデミック期	新型インフルエンザが世界的に拡散する時期
移行期	世界的なリスクが減少し、各国の事態対処行動の強度が低減する時期

図表20　The Continuum of Pandemic Phases

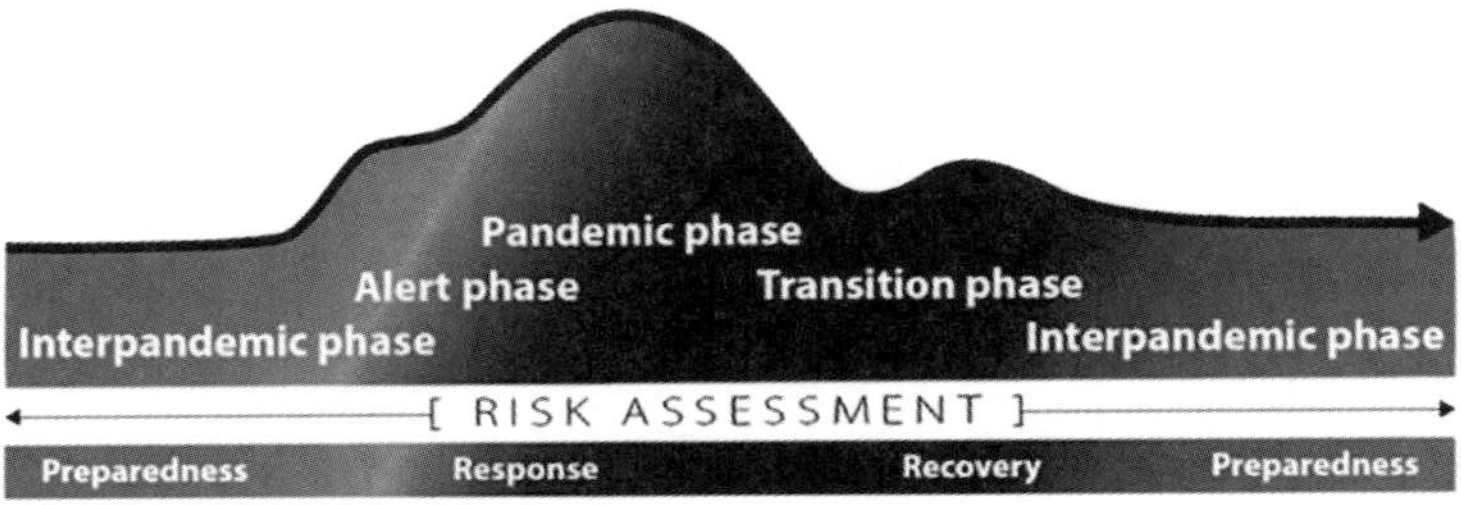

域で約11万８０００人の感染者と、約４３００人の死者を出しており、さらなる世界的拡大が予想されていたことから、印象論としても、政治的にも、いわゆる「パンデミック」と表現しても良い状態であった。

　このような点に鑑み、同日ＷＨＯは「ＣＯＶＩＤ−19による感染症危機は、パンデミックと見なされると評価した（We have therefore made the assessment that COVID-19 can be characterized as a pandemic.）」と述べ、事実上のいわゆるパンデミックと表現される状態にあるとした。同時に、事態をパンデミックと表現することによって、何らの政策機構が発動されるわけではないことも強調した（it's not a change in what we do, this is not a trigger for anything other than more aggressive, more intensive action so in that sense it is not and would never be declared as such.）。

第三項▼クロノロジーの重要性

事態対処行動においては、その初動を起動した時点から終了まで、主要な一挙手一投足を全て記録せねばならない。これを、「クロノロジー（またはタイムライン）」と呼ぶ。事態対処行動の全期間にわたり、いつ（Ｗｈｅｎ）、誰が（Ｗｈｏ）、何（Ｗｈａｔ）を行ったかという出来事の記録は、「事案総括・検証（ＡＡＲ）」の実施に必須であり、絶対に欠かしてはならない作業である。

理想的には、クロノロジーを記録する専従の担当者を設け、細大漏らさず一貫性のある記録を付けることが望ましい。感染症危機管理組織が実施する事態対処行動の個別事項の全てがクロノロジー担当者に報告されることが望ましいが、一瞬一瞬に追われる事態対処行動の最中にあっては、そうならないことの方が多い。

したがって、感染症危機管理組織の全スタッフが可能な限りクロノロジー担当者に出来事を報告することを意識するように努めるのみならず、クロノロジー担当者は自ら他のスタッフの元に赴き、積極的に日々の出来事の記録に努めることも求められる。

平時に行われる事態準備活動においては、クロノロジーは不要である。

福島原発事故に対する自衛隊の事態対処行動に従事した磯部晃一元陸将は、福島原発事故に対する事態対処行動とその教訓について記した著書『トモダチ作戦の最前線――福島原発事故に見る日米同盟連携の教訓』の中で、「危機に際して、どのような考えで臨み、具体的にどのような行動を取ったのか、そして、関係部署とどのような調整をしたのか、といった記録を残すことは、次なる危機に際しての貴重な参考や戒めになる。記録に残すことの習性化を継続すべきである」と述べ、「記録に残すことの習性化」の重要性を説いている。

注

（1）郷田豊、李鍾學、杉之尾宜生、川村康之『「戦争論」の読み方――クラウゼヴィッツの現代的意義』芙蓉書房出版、２００１年

（2）Public Health and Social Measures（ＰＨＳＭ）とも呼称される。

（3）いわゆる「水際対策」と呼ばれるものは、具体的にどのような措置を指しているのか曖昧であることに加え、それに相当する用語は国際社会には存在しない。したがって、本書では、国際的に使用される「Travel measures」に則り、「渡航措置」という用語を使用することとし、その個別具体的な内容を紹介している。

（4）NATO AJP-01(D) – Allied Joint Doctrine (December 2010).

（5）US Joint Publication 1, Doctrine for the Armed Forces of the United States (25 March 2013, incorporating change 1, 12 July 2017).

(6)「指揮官」とは職名ではない。軍事組織では、司令・司令官・総司令官等は職名である一方、指揮官は組織に対して指令を与え、実際に兵を動かす立場のことであり、あらゆる階層に存在する。例えば、我が国では、総理大臣が「最高指揮官」であると自衛隊法で規定されているが、戦略レベル・作戦レベル・戦術レベルの各階層にも指揮官がいるのである。一般的に、指揮官には参謀組織が付属する。自衛隊では、「幕僚」と呼称している。詳細は、第４章第三節第一項で述べる。

(7) NATO AJP–01(D)–Allied Joint Doctrine (December 2010).

(8) NATO AJP–01(D)–Allied Joint Doctrine (December 2010).

(9) 片岡徹也編著、戦略研究学会編『戦略論大系 ③モルトケ』芙蓉書房出版、２００２年

(10) 片岡徹也編著、戦略研究学会編『戦略論大系 ③モルトケ』芙蓉書房出版、２００２年

(11) US Joint Publication 1, Doctrine for the Armed Forces of the United States (25 March 2013, incorporating change 1, 12 July 2017).

(12) NATO AJP–01(D)–Allied Joint Doctrine (December 2010).

(13) 中村好寿『「作戦」とは何か——戦略・戦術を活かす技術』中央公論新社、２０１９年

(14) 中村好寿『「作戦」とは何か——戦略・戦術を活かす技術』中央公論新社、２０１９年

(15) US Joint Publication 1, Doctrine for the Armed Forces of the United States (25 March 2013, incorporating change 1, 12 July 2017).

(16) 中村好寿『「作戦」とは何か——戦略・戦術を活かす技術』中央公論新社、２０１９年

(17) ＷＨＯ憲章21条に基づき採択されたＩＨＲや、ＷＨＯ総会決議に基づき採択されたＰＩＰフレームワーク、

各国連安保理決議は、加盟国を拘束する力を有する国際機関の対外的決議（一般的には法的拘束力を欠く）として位置付けられると考えられるが、ここでは、「法的拘束力を有する国際的合意」という意味で使用される「国際約束」ではなく、「法的拘束力のない国際的合意」も包括するものとして「国際的合意（international agreements）」という文言を使用する。

(18) Global Partnership Against the Spread of Weapons and Materials of Mass Destruction website
https://www.gpwmd.com/（原稿執筆時点）

(19) The Australia Group website
https://www.dfat.gov.au/publications/minisite/theaustraliagroupnet/site/en/index.html（原稿執筆時点）

(20) 外務省『オーストラリア・グループ（AG：Australia Group）の概要』、２０２０年11月、https://www.mofa.go.jp/mofaj/gaiko/bwc/ag/gaiyo.html（原稿執筆時点）

(21) 加盟国（27カ国）：日本、中華人民共和国、大韓民国、モンゴル、ブルネイ、カンボジア、ラオス、マレーシア、シンガポール、フィリピン、ベトナム、オーストラリア、ニュージーランド、クック諸島、フィジー、キリバス、マーシャル諸島、ミクロネシア、ナウル、ニウエ、パラオ、パプアニューギニア、サモア、ソロモン、トンガ、ツバル、バヌアツ、準加盟地域（1カ国）：トケラウ、地域（9地域）：アメリカ（グアム、アメリカ領サモア、北マリアナ諸島）、イギリス（ピトケアン諸島）、フランス（フランス領ポリネシア、ニューカレドニア、ウォリス・フツナ）、中国（香港、マカオ）

(22) 「ゴアン」と読む。ＷＨＯや各国の医療・公衆衛生に関するパートナー機関（病院、研究所、ＮＧＯ等）で構成された国際的なネットワーク。国際的な感染症危機の際に、ネットワークに所属する専門家を招集し、危機の震源地へ派遣して対応を行う。

(23) 戸部良一、寺本義也、鎌田伸一、杉之尾孝生、村井友秀、野中郁次郎『失敗の本質――日本軍の組織論的研

究』ダイヤモンド社、１９８４年

（24）セントラルドグマ（central dogma）とは、「遺伝情報は『ＤＮＡ↓（転写）↓ｍＲＮＡ↓（翻訳）↓タンパク質』の順に伝達される」という、分子生物学の概念である。フランシス・クリックが１９５８年に提唱した。この概念は細菌からヒトまで、原核生物・真核生物の両方に共通する普遍的な基本原理だとされた。

（25）WHO.（2017, May）. Pandemic influenza risk management.

第3章

平時の準備：事態準備行動（プリペアドネス）

——感染症危機管理のドクトリン③

「百年兵を養うは一日これを用いんが為なり」という軍事上の格言があるが、それは感染症危機管理にも当てはまる。

実際の危機への対処は、脅威の予防、脅威発生時の検知と即応、危機管理計画を応用した脅威への対処など、実際に脅威が発生する前の事態準備行動によって事態対処行動の方向性が8割方決まり、危機が生起してから初めて一から考えて泥縄で対処したのでは、その時点で8割方失敗している。

感染症危機管理の事態準備行動では、国内アクターの継続的な能力構築と危機管理組織間の連携促進に加え、国際バイオセキュリティレジームへの積極的関与を行い、危機が発生した場合の事態対処行動の基礎づくりに勤しまなければならない。

事態準備行動期間中には、国民も政治家も官僚もメディアも、感染症危機管理の国家的重要性を忘却し、感染症危機管理のための資源獲得には困難があるだろう。しかし、どのような分野であれ、危機管理とは概してそういうものである。平時には周囲の協力を得られにくく資源獲得に困難が生じるが、いざ有事になると、「なぜ平時の事態準備行動期間中に十分な体制を整備していなかったのか」との批判が、重要性を忘却していた者たちから無責任にも発せられるのが常である。

第一節　ヒトのプリペアドネス
——人材育成と人的サージキャパシティ整備

第一項▼人材育成

感染症危機管理を実行するのは、人である。感染症危機管理を担う人材に求められる能力は、戦略レベル、作戦レベル、戦術レベルにおける機能ごとに異なるため、各々の機能に応じた能力を有する必要十分な数の人材を養成し、危機に備えなければならない。

また、感染症危機管理の専門能力の涵養は、一朝一夕には達成し得ない。特に、指揮官や参謀に関係する能力や経験は、多方面にわたるため、必要十分な分野を一通り経験するまでに単純に年数がかかる。

国家全体の感染症危機管理活動を率いる危機管理組織の指揮官及び参謀に必要な能力については、第4章第六節で詳述する。

第二項▼人的サージキャパシティ（予備役）動員体制の整備

平時と異なり、危機時に事態対処行動を行う際には大規模の人員を必要とするため、平時から危機管理活動に従事している者だけでは、人員に不足が生じる。そのため、ひとたび事態対処行動が始まれば、平時から危機管理活動に従事している者以外の人員を動員する必要が生じる。

危機管理に関する何らかの経験や専門能力を有するものの、平時は危機管理組織に属しているわけではなく、それ以外の一般社会で生活を営んでいる者がいる。サージキャパシティとは、危機時に事態対処行動に従事させるためにそれらの者を動員できる能力のことを指す。これは、軍事組織でいうところの「予備役（Reserve）」と同義である。

危機の特性ごとに、どのような人材がサージキャパシティとして機能するかは異なるものの、国家的規模の危機が発生した場合には、危機管理組織に本業として従事するものだけでは必要人員に不足が生じることは明らかであり、迅速にサージキャパシティを起動する必要に迫られることが常である。

したがって、どのような危機管理分野においてもサージキャパシティとして動員できる人材を平時から捕捉し、ロスター登録した上で、危機時に動員できる仕組みを平時の段階で整備しておくことが重要である。

具体的には、危機管理組織での職務経験があり現在は退職している者や、危機管理組織での職務経験がなくとも、事態対処行動の必要機能を専門能力として有している民間機関や学術機関に属する者などが対象となる。これらの者は、指揮官や参謀組織の部門長ではなく、部門スタッフとして動員されるべきである。

サージキャパシティ以外にも、自らの危機管理組織の中で危機時に指揮官や参謀となることのできる人材を特定の上、ロスター登録しておき、それらの人物に本章第五節で詳述する訓練を施すことで、危機管理組織全体としての練度を高めておく活動を平時の事態準備行動の中で実施することが重要である。

感染症危機管理のいかなる機能であっても、その専門性を有する者がサージキャパシティとして事態対処行動に動員されるからには、各危機管理組織の指揮官の指揮統制に服さねばならないことは当然である。したがって、例えばアカデミアの人材など、仮に事態対処行動の必要機能に関する専門能力を有していたとしても、危機管理組織での職務経験がなく、危機管理や指揮統制という概念そのものについて理解がない者を事態対処行動に組み込むことは、危機管理組織の指揮統制を混乱させ、かえって有害になる可能性が高い。いかなる専門性であれ、サージキャパシティとして、そのような者を事態対処行動に用いてはならない。

しかし、事態対処行動に従事する人材の不足の観点から、そのような者でも用いなければならない場合が必ず生じる。その際に、前述した混乱を避けるためには、サージキャパシティの対象となる者に平時から定期的に訓練を提供し、危機管理組織における基本動作や指揮統制についての知識を涵養し、高い練度を維持しておく必要がある。平時の訓練を通じ、危機時にサージキャパシティとして事態対処行動に組み込まれた場合の基本動作や指揮統制について理解を深め、貢献することが可能となる。

さらに、危機時にサージキャパシティとして動員する際には、指揮統制服従義務及び守秘義務を課しつつ、それに違反した際には明確な処罰が下されるという契約を危機管理組織及び動員される個人の間で締結することが必要である。これは、軍事組織で言えば、上官からの命令服従義務と、命令違反の際に軍法会議で処罰されるのと同様の仕組みだと考えるのがわかりやすい。

自衛隊には、予備自衛官制度というサージキャパシティの仕組みがあり、これを例に考えるとわかりやすい。予備自衛官制度において任用される者は、経験別に「即応予備自衛官」と「予備自衛官」に分かれている。また、予備自衛官に任用される前の教育訓練生として「予備自衛官補」があるが、「予備自衛官補」は、「一般」という種別と、特殊な専門能力（技能資格）を持つ者を対象とする「技能」という種別に分かれている。

「即応予備自衛官」は、元自衛官（1年以上勤務者で退職後1年未満の者）または予備自衛官（元自衛官（1年以上勤務者）のみ）から任用され[1]、前線任務に従事する。すなわち、自衛隊組織での職務経験がある者を対象としている。練度を保つ観点から、1年を通じて30日の訓練に従事せねばならない。これを感染症危機管理に適用すると、感染症危機管理組織における職務経験があり、事態対処行動の基本動作や指揮統制についての知識や経験がある者と同じ部類の人間を指すことになる。

一方、「予備自衛官」は、元自衛官（1年以上勤務者）または予備自衛官補（教育訓練修了者）から任用され、後方支援任務等に従事する。すなわち、自衛隊組織での職務経験があるが自衛隊を退職して長期間経過する者や、自衛隊組織での職務経験がない者を対象としている。1年を通じて5日間の訓練に従事するなど、即応自衛官並みの練度は要求されていない。

予備自衛官補の「一般」は、18歳以上34歳未満の日本国民一般を対象としているが、「技能」は18歳以上53～55歳未満で、専門能力別に細分化されている。具体的には、衛生、語学、整備、情報処理、通信、電気、建設、放射線管理、法務、航海関係などである。この専門能力の違いによって、任用される部隊が異なる。これを感染症危機管理に適用すると、臨床、疫学、検疫など、保有する専門能力に応じ、感染症危機管理組織における機能別部門に任用されるかが異なってくるということである。

第二節　モノのプリペアドネス——兵站物資の充実化と医療提供・ラボキャパシティ拡大

第一項▼危機管理医薬品（MCM：Medical Countermeasures）の研究開発

新型インフルエンザやDisease Xなど、現時点において人類に知られていない病原体であって、国際的に蔓延する恐れのある感染症が発生した場合には、それに特化した診断薬・治療薬・ワクチンの開発が必須となる。この感染症危機管理の事態対処行動における医療措置で使用される武器であるワクチンと治療薬に、診断薬を加えた三つを合わせて、危機管理医薬品（MCM：Medical Countermeasures）と呼ぶ。治療薬には、危機を発生させている感染症から回復した者の回復者血清（当該感染症に対する抗体を含有している）も含む。

新型インフルエンザやDisease Xなど、現時点で未知の病原体に対しては、それらがいざ発生してから研究開発を行っていたのでは、完成までに時間がかかり、間に合わない恐れがある。したがって、事態準備行動中においては、どのような病原体が発生しても対応可能な基盤技術の研究開発に対して継続的に投資する必要があろう。この方策を具体的に模索しているのが、官民パートナーシップで設立された国際機関である、感染症流行対策イノベーション連合（CEPI：Coalition for Epidemic Preparedness Innovation）だ。

また、現時点で世の中に存在していない脅威を対象にする危機管理医薬品には、世界のどこにも市場が存在しない。また、エボラ出血熱のように、既存の病原体であっても、大規模な需要が常に存在しているわけではなく、市場性がないものもある。このように市場性のない医薬品の研究開発に私企業が投資することは合理的ではないため、自由市場に任せていたのでは、危機管理医薬品の研究開発が行われることはない。したがって、危機管理医薬品の研究開発は、政府が主導せねばならない。また、感染症危機管理で使用される危機管理医薬品に限らず、そもそもの問題として、衛生レベルが高い日本国内では、感染症自体が減少しているため、感染症領域の医薬品開発そのものが収益性に乏しい分野だと考えられている。したがって、危機管理医薬品を含む感染症領域の医薬品開発を促進するためには、政府による何らかの介入が必要なのである。

具体的には、政府によるプッシュ型インセンティブとプル型インセンティブの付与が必要だ。

プッシュ型インセンティブとは、危機管理医薬品のシーズを有する学術機関や民間機関に対して研究開発資金を投下し、研究開発を後押しするといった入口論に立った方策のことである。要するに、研究開発に対する財政的支援である。

プル型インセンティブとは、危機管理医薬品を含む感染症領域の医薬品に内在する障壁を越えてでも参入したいと思えるほどの旨味を企業に与えるという、出口論に立った企業誘導策のことである。例えば、最終的に開発に成功し製造された危機管理医薬品を政府が備蓄という形で買い取ることを確約したり、政府が国内外に感染症領域の医薬品マーケットを創出したり、感染症領域の医薬品に対して薬事規制上の優遇措置を与えたり、企業による感染症領域への参入がその企業が持つその他の領域の医薬品に対する優遇措置を誘発するような制度を整備したり、危機管理医薬品及び感染症領域の医薬品のための臨床試験を支援したりといったものが挙げられる。要するに、国内外の官製市場の形成や薬事規制優遇措置、研究開発への制度的支援である。

●プッシュ型インセンティブの例

(1)伝統的手法（補助金）：危機管理医薬品となり得る技術シーズを持つ民間企業や学術機関の研究開発に対して補助金を拠出する。

(2)非伝統的手法（投資）：危機管理医薬品そのものや、危機時の危機管理医薬品の開発のために汎用的に活用できるプラットフォームテクノロジーとなり得る技術シーズを持つバイオベンチャー等の民間企業に投資し、株式を取得する。バイオ分野のアクセラレーターとも連携。投資先企業の成功（株式公開（ＩＰＯ）等）により最終的に投資が回収できれば、公的資金に依存せず再投資を行う資金を得ることができ、危機管理医薬品の研究開発のために持続的な投資サイクルを形成することが可能。この政策を実際に実行している代表例は、米国保健福祉省生物医学先端研究開発局（ＢＡＲＤＡ：Biomedical Advanced Research and Development Authority）の研究・イノベーション・ベンチャー部（ＤＲＩＶｅ：Division of Research, Innovation, and Ventures）である。また、危機管理医薬品は、国家安全保障の観点から死活的に重要であるという考えに基づき、米国国防総省の国防高等研究計画局（ＤＡＲＰＡ：Defense Advanced Research Projects Agency）も研究開発資金を投下している。

●プル型インセンティブの例

(1)国内の官製市場の創出（制度的支援）

・危機管理医薬品の国家による買取りと国家備蓄制度（詳細は次項）

・危機管理医薬品及び感染症領域の非危機管理医薬品のための臨床試験支援。国内の危機管理医薬品に関する臨床試験の事務作業や調整を一手に引き受け、企業の負担を軽減し、参入障壁を低減させる。

・感染症領域の医薬品に対する国内薬事規制の優遇措置

例１　感染症領域の医薬品のみに薬事審査のファストトラックを設置

例２　感染症領域の医薬品の市場独占期間の延長

例３　ＦＤＡの「優先審査バウチャー（ＰＲＶ）」制度の創設（製薬企業が、対象となる希少疾患（感染症を含む）の新薬承認を取得することで、自社の他領域の新薬の承認申請時に優先審査権（６カ月間）を付与する仕組み）

⑵国外の官製市場の創出（制度的支援・ロビイング支援）

・感染症領域の医薬品を開発する日本企業のために日本政府が海外市場（特に途上国市場）の開拓を支援

例1　日本の製薬企業によるＷＨＯの医薬品承認「ＰＱ（Prequalification）」の取得支援を行い、感染症領域の医薬品市場が大きなアジア・アフリカの途上国市場への参入を後押し（薬事制度が未発達の途上国では、ＷＨＯのＰＱを指標として医薬品を調達する傾向にある）

例2　アジア各国との薬事に関する規制調和を行い、アジア市場への参入障壁を低減

例3　感染症領域の医薬品を扱う国際機関（Ｇａｖｉワクチンアライアンスやユニットエイド（ＵＮＩＴＡＩＤ）等）に官民で売り込み、国際機関を通じて途上国市場の獲得を後押し

例4　欧州医薬品庁（ＥＭＡ）がＷＨＯと連携して実施する「EU-M4all（EU-Medicines for all／旧称：Article 58）」制度（ＥＵ域内ではなく域外での使用を想定した医薬品に「科学的審査に基づいた推奨（scientific opinion）」を与え、ＷＨＯのＰＱ取得審査を促進させる仕組み）を創設

このように、危機管理医薬品の研究開発は、政府機関・学術機関・民間機関の三者が連携することで初めて実行可能となる。

ケーススタディ11

エボラワクチンの開発と活用

エボラ出血熱は、致命率が50％（過去のアウトブレイクでは25〜90％）にも及ぶ感染症であり、非常に恐ろしい。しかし、もともとはアフリカ奥地の風土病であり、普段から広く流行している病気でもないため、ワクチン開発を行うための市場原理が働かない。

しかし、２０１４年の西アフリカを震源地とする世界的なアウトブレイクと脅威認識の高まりを契機に、危機管理医薬品としてのエボラワクチンの研究開発が進んだ。

２０１９年11日、欧州医薬品庁（ＥＭＡ）は、メルク社（米）が開発したエボラワクチン「rVSV-ZEBOV（商品名：Ervebo）」を承認した。当時、コンゴ民主共和国でのエボラ出血熱アウトブレイクが深刻だったこともあり、ＥＭＡの承認から48時間以内に、ＷＨＯは同ワクチンに対してＰＱを与えた。また、翌12月、米国食品医薬品局（ＦＤＡ）も承認した。

２０２０年5月には、ＥＭＡは二つ目のエボラワクチンとして、ジョンソン・エンド・ジョンソン社（米）の医薬品部門であるヤンセンファーマ社が開発した「Ad26. ZEBOV/MVA-BN-Filo（商品名：Zabdeno/Mvabea）」を承認した。

元来、エボラワクチンには市場性がないものの、危機管理医薬品としては非常に重要な位置付けであったことから、かねてよりＢＡＲＤＡが両方のエボラワクチンの研究開発に対して投資していた。

エボラワクチンは、２０１８〜２０２０年のコンゴ民主共和国におけるエボラ出血熱アウトブレイクで活用された。そのワクチンの使用方法は「輪状接種（ring vaccination）」と呼ばれる。輪状接種は、エボラ感染者の「接触者（contacts）」と「接触者の接触者（contacts of contacts）」に対してワクチンを接種させ、感染の拡大を先回りして抑えるという手法である。これは、感染者を中心に据えた場合に、接触者の広がりが一つの輪（リング）のように見えることから名付けられている。ＷＨＯによれば、一つのリングは平均で１５０名程度だという。この輪状接種が一つのゲームチェンジャーとなり、２０２０年６月にアウトブレイクは終息した。

第二項▼兵站物資の備蓄（Stockpiling）・増産体制整備・輸入先多様化

事態準備行動においては、危機管理医薬品のほかに、事態対処行動に必要となる装備品（マスク、消毒薬、個人防護具、人工呼吸器等）の備蓄も必要だ。危機管理医薬品及び装備品を合わせて「兵站物資」と呼ぶ。

危機管理医薬品については、天然痘等の既存の病原体に対するワクチン等の危機管理医薬品は既に開発されており、事態準備行動期間中の備蓄が可能であるため、危機発生時においてはその備蓄を国民に放出すれば良い。

しかし、新型インフルエンザやDisease Xなど、現時点で未知の病原体に対する危機管理医薬品については、そもそも製品が存在せず備蓄ができないため、実際に危機が発生して研究開発が達成された後に、増産体制を構築せざるを得ない。

危機が発生した際には、事態対処行動に必要となる装備品の消費量は、平時の需要と比較して爆発的に増大するため、国内生産や輸入が追いつかなくなる恐れが高い。また、各国の渡航措置及び貿易制限によって、そもそも製品やその原材料の輸入そのものが停止する危険性もある。

感染症危機発生後、国内の超過需要や海外からの過少供給に伴う装備品の不足を見越し、政府が国内の産業界に依頼して緊急の増産体制を組むことも可能である。しかし、増産体制を確立した上で実際に生産・分配するまでには一定の時間を要する。備蓄（Stockpile）は、その間の超過需要と過少供給に対応するための方策として必須である。

政府が国内の産業界に依頼して緊急の増産体制を組むことも可能であると述べたが、国益のかかった国家的危機時に、市場原理に関係なく企業に対してそれを強制的に実現させる方策も必要だ。米国は、兵站物資の製造業者等の民間機関を直接的に統制できる権限を政府に付与する「国防生産法」（Defense Production Act）を有する。１９５０年の朝鮮戦争への対応策として制定された本法は、２０２０年のＣＯＶＩＤ-19パンデミックに対する米国の事態対処行動を支えるべく、実際に発動された。具体的には、民間機関に対して人工呼吸器の増産を指示し、米国国内での生産体制が強化されたことに加え、畜産業界に対してパンデミックの最中においても食糧生産を維持することを指示した。

また、平時から、装備品の輸入先の多様化を行うことが重要である。感染症危機時に、輸入先のうち特定の国が貿易制限を発動することによって輸入量が減少したとしても、他の輸入先の国が貿易制限を発動しなければ、一気に過少供給に苦しむことはないはずである。

第三項▼医療提供キャパシティの整備

感染症危機管理組織は、感染症危機発生時に医療提供キャパシティを確保・拡大するための医療システムを平時より造成することに努めなければならない。平時の事態準備期間中にそのような体制が構築されていなければ、危機時に医療提供キャパシティを短期間で柔軟に拡大することは不可能である。具体的には、事態対処行動における医療措置に従事する医療機関の選定や、それら医療機関における感染症病床の整備、危機時における医療資源の中央統制機能の整備、医療従事者に対する訓練の提供などが考えられる。

また、事態対処行動の期間中は、医療措置を実践する場となる医療機関の人的及び物的資源の消費量が激しく、事態対処行動を実施すればするほど個別の医療機関の経営が赤字に陥り、危機の前に財政的に破綻することも想定される。したがって、事態対処行動の医療措置に積極的に参戦し、医療提供キャパシティを提供する医療機関ほど売り上げが増大するような財政的インセンティブを構築することも、医療提供キャパシティの整備の重要な一角を占める。

第四項▼ラボキャパシティの整備

感染症危機が発生したか否かを判断するためには、病原体を取り扱う実験施設（ラボ）で、病原体の性状を調べる必要がある。したがって、平時の事態準備行動期間中には、全国のラボキャパシティの拡充を図ることが重要だ。

医療提供キャパシティと同様、国全体のラボキャパシティも、概念的に以下のように分解できる。

ラボキャパシティ　＝　量　×　質

ラボキャパシティの「量」とは、単純なラボの数のことを指す。一方、ラボキャパシティの「質」とは、ラボの格付けのことを指し、「バイオセーフティレベル（ＢＳＬ）」と呼ばれる。

ここで、ラボに関係する計画に従事するために、実験施設の「バイオセーフティ（Biosafety）」と「バイオセキュリティ（Biosecurity）」という概念を知っておく必要がある。

バイオセーフティとは、実験施設において研究者が意図せず病原体に暴露したり、誤って病原体を実験室外へ漏出させたりしてしまうことを防ぐための、病原体の封じ込めに関する原則・技術・手続きのことである。バイオセーフティレベル（ＢＳＬ）とは、実験室を設計上の特徴・建設方式・封じ込め設備・機器・作業方式の組合せで分類したものであり、ＢＳＬ１、ＢＳＬ２、ＢＳＬ３、ＢＳＬ４の４類型が存在する。最高の封じ込めレベルを誇る実験施設は、ＢＳＬ４である[2]。

バイオセキュリティとは、実験施設の病原体や設備、技術、データに対する外部からの違法なアクセス、紛失、窃取、悪用、人為的な散布などを防ぐための原則・技術・手続きのことである。そのために、各研究者にセキュリティクリアランス（機密情報を扱うスタッフの適格性・信用性に関する資格）が要求される場合がある。

この二つの概念で、ラボで働くスタッフと周辺コミュニティを病原体から守っているのである。

病原体を取り扱うというラボの機能は、感染症危機の存否そのものを明らかにする営みであるという点に鑑み、第４章第六節第三項第四目で述べるように、事態対処行動における医療措置に分類されるものの、感染症インテリジェンス、公衆衛生措置、渡航措置といった多くの機能の基礎となる存在である。

したがって、危機時に備えてラボキャパシティの整備・拡大を図ることは、感染症危機管理活動において死活的に重要である。

第三節　カネのプリペアドネス――感染症リスクファイナンス

感染症危機が発生した際に、危機管理組織が事態対処行動を実行するためには、それを支える財源が必要である。その財源を獲得するための方策としては、以下の四つが挙げられる。

①平時における危機時に備えるための資金調達策（平時の資金調達スキーム）
②危機時における平時の財源確保スキームを活用した資金調達策（平時の資金調達スキーム）
③危機時における公的資金を活用した資金調達策（危機時の資金調達スキームA）
④危機時における市場を活用した資金調達策（危機時の資金調達スキームB）

平時の事態準備行動中における資金調達スキームは、感染症危機管理の領域に特化したものということではなく、世の中に存在する他の政策領域における財源確保スキームと同様のものである。感染症危機管理に従事するものは、事態準備行動期間中においては、財務当局に働きかけ、理解を得つつ、粛々と危機管理組織の感染症危機管理能力の増大に励まねばならない。

同時に、平時の事態準備行動期間中には、平時の資金調達スキームと並行して、危機時の資金調達スキームＡ及びＢの確立に努める必要がある。危機時の事態対処行動にあたっては、緊急的に財源が必要となることも多く、予算要求の内容についてじっくりと時間を詰めて審査していく平時の資金調達スキームでは、時間的に間に合わず、役に立たないことも想定される。したがって、事態準備行動期間中に、感染症危機管理の事態対処行動のための基金を設立し、そこに一定の資金をプールしておきつつ、いざ危機が発生した場合には、予算要求の審査プロセスを大幅に短縮した機動的な資金拠出ができるスキームが必要であろう（危機時の資金調達スキームＡ）。例えば、ＷＨＯ事務局は、２０１４年の西アフリカを震源地とするエボラ出血熱アウトブレイクで、その対応の遅さが批判され、その一因として事態対処行動のための資金動員の遅れがあった反省を踏まえ、自らの事態対処行動に機動的に資金を動員するため、ＷＨＯ危機対応基金（ＣＦＥ：Contingency Fund for Emergencies）を創設し、近年発生した様々な公衆衛生危機に使用している。

また、第2章第五節第二項第二目で述べた世界銀行のパンデミック緊急ファシリティ（ＰＥＦ）のように、公的資金ではなく、市場から国家の感染症危機管理に資金を動員するという手法も、有事の資金調達スキームとして有用である。例えば、感染症危機保険（再保険の一種）や感染症危機債券（大災害債券の一種）などが、国の財政能力以上に財源を確保することのできる手段として活用できるかもしれない。こういった金融スキームを整備するためには、我が国の感染症危機管理の戦略レベルを司る厚生労働省と、財政を司る財務省、金融を司る金融庁が連携し、事態準備行動期間中にスキームを構築して金融商品として発行する必要がある（危機時の資金調達スキームB）。

第四節　法のプリペアドネス——感染症危機管理法制

法の支配を徹底した法治国家における感染症危機管理の事態準備行動及び事態対処行動は、常に法的根拠を基に実行されねばならない。したがって、国際法及び国内法が、感染症危機管理というゲームのルールとなり、全てはそのルールの範囲内で実行される。具体的には、第2章第五節で述べたように、自然発生的または人為的な感染症危機について、多くの国際ルールや国内ルールが存在する。

しかし、危機管理の目的は、法を守ることではなく、国益を守ることにある。法は、国益を守るという目的に従属する手段である。したがって、国益を守るという目的に手段たる国際ルールまたは国内ルールが合わないまたは使い勝手が悪いのであれば、それらは事態準備行動期間中に改正せねばならないし、必要となれば事態対処行動期間中にも柔軟に改正して眼前の危機に適応していかねばならない。

危機の特性に即した環境に適応するため、事態対処行動期間中に危機管理手法を転換・進化させる必要性については、第2章第二節第四項で述べた「事案中総括・検証（ＩＡＲ：Intra-Action Review）」を参照していただきたい。

第五節　訓練

武道と同じく、危機管理の事態対処行動には、「形」と「実戦」がある。形を習得せず、何も定まらない状態で実戦を行ったとしても、事態対処行動は機能しない。平時より、定期的に訓練を繰り返して形を習得し、危機時の頭と体の動かし方を叩き込んで実戦に備えることが必須である。

感染症危機管理も同様である。感染症危機管理に従事する者は、実際の危機が発生した際の事態対処行動を想定した訓練を平時に定期的に行い、常に一定以上の練度を維持しなければならない。それによって、いつ何時新たな脅威が発現し、危機が発生しても対応できる即応態勢が保たれる。

一口に訓練といっても、それには様々な種類があり、以下の三つに大別される。

①研修（Training）

②机上訓練（TTX：Tabletop exercise）

③実動訓練（Functional exercise / Full-scale exercise）

研修は、感染症危機管理に関する個人レベルの知識と技能を向上させるために行われる。

机上訓練は、特定のシナリオに基づき感染症危機管理組織の感染症危機管理計画を机上で試行し、その内容に組織として習熟しつつ、検証し、現時点で有する能力と必要とされる能力のギャップを同定し、改善するためのプロセスである。

実動訓練は、机上訓練と比較して大規模なものである。実際の事態対処行動において必要となる人員や機材、施設を動員しつつ、特定のシナリオに基づき感染症危機管理組織の感染症危機管理計画を試行してその内容に組織として習熟しつつ、検証し、現時点で有する能力と必要とされる能力のギャップを同定し、改善するためのプロセスである。机上訓練とは異なり、実際の人間や機材、施設を動かしてみることで、初めて発見される危機管理計画の不備等が往々にして存在するため、机上訓練と同様、定期的に実施することが重要である。

机上訓練及び実動訓練で最も重要な要素は、シナリオである。最悪の事態を想定したリアリティのあるシナリオが存在しない訓練は、何の役にも立たず、やるだけ時間と労力の無駄である。感染症危機における脅威となる病原体の種類は、「感染性×病原性」の組み合わせによって規定される。したがって、麻疹並みの高い感染性とエボラ出血熱並みの高い病原性を有する新型インフルエンザやDisease Xの出現に加え、合成生物学を活用してそのような病原体を人工的に作成したテロ組織による生物兵器攻撃といった最悪の事態をも含め、あらゆる事態を想定したシナリオを作成し、訓練を行うことが重要である。

感染症危機管理の事態対処行動に必要となる機能ごとに、研修・机上訓練・実動訓練の対象となる人間や内容は異なる。

例えば、第4章で述べる指揮統制やインシデント・コマンド・システムについては、感染症危機管理に少しでも関与する可能性のある者なら、大戦略レベル、戦略レベル、作戦レベル、戦術レベルを問わず誰でも知っておかねばならない最低限の知識であり、研修を通じて知識をつけることが要求される。

また、我が国の感染症危機管理の戦略レベルを統べる厚生労働省の指揮官や参謀を担う人間は、感染症危機管理に関するありとあらゆる国内外の知識と経験を身に付けなければならない。それによって初めて、感染症危機管理の戦域の広がりと深さを俯瞰的に推し量ることが可能となり、我が国の感染症危機管理の頭脳として機能し得る（指揮官と参謀に必要な能力は、第4章第三節において詳述する）。

具体的には、戦略レベルの訓練であれば、実動訓練では閣僚や多くの省庁を巻き込んで実施することで、政府内の危機管理組織間での連携の不備を確認したり、国際法と国内法の整合性を実際のオペレーションに落とし込んで検証したりといった作業を通じ、国家全体の感染症危機管理計画の実用性を分析・更新することが求められる。

国家全体の感染症危機管理の指揮官や参謀を担う者は、このような訓練及び実戦を通じ、国家の感染症危機管理体系の不備を常に認識しつつ、感染症危機管理ドクトリンというソフト面の理解の深化に加え、それらを現実社会で実装したハード面の運用手法を不断に磨き続けねばならない。

また、例えば、戦術レベルで医療措置を構成する臨床医療については、医療機関における医療従事者及び事務職員に対してその機能を最大限発揮することが可能となるような訓練を提供する。すなわち、必然的に前述の厚生労働省の指揮官や参謀に提供されるものとは内容が異なる。具体的には、実際の患者の搬送から治療または死亡に至るまでの医療機関内のオペレーションのプロセスを実際に行って不備を検証したり、遺体搬送及び焼却を担当する機関との連携を確認したりすることで、当該医療機関の感染症危機管理計画の実用性を分析することが必要となる。

人為的な感染症危機への対処については、医療・公衆衛生分野の危機管理組織と、防衛及び法執行分野の危機管理組織の双方を巻き込んだ定期的訓練が必要である。例えば、何らかのテロ組織による生物兵器攻撃の場合には、医療・公衆衛生上の事態対処行動のほか、法執行機関の捜査が重要となる。このとき、事件現場での対応にあたり、公衆衛生上の除染と捜査上の証拠保全のどちらを優先するのかなど、検討を重ねなければならない事項が山積する。このような個別の検討課題について訓練で洗い出し、感染症危機管理計画において一つ一つ決定していかなければならない。

また、医療・公衆衛生分野の危機管理組織と防衛・法執行分野の危機管理組織の人間が、双方の事態対処行動を理解するために、相互に人員を交換して訓練を行うことも重要である。例えば、医療・公衆衛生分野の人間にＣＢＲＮ対策の軍事訓練を提供したり、防衛・法執行分野の人間に保健所の訓練を提供したりすることなどである。特に、国家全体の感染症危機管理の戦略レベルを担う者は、このような相互訓練を活発に行うことで、上位に位置する大戦略レベルの視野を得るべく努めるべきだろう。

我が国においては、日本国内の感染症危機管理組織と在日米軍との訓練は重要である。第2章第五節第二項第三目の「国家間協力」で述べた通り、平素より日米地位協定に基づき、在日米軍と感染症危機管理について連携を図っておくことが重要である。日本政府と在日米軍司令部の戦略レベルの合同訓練や、地域の医療機関や保健所と当該地域にある在日米軍基地との戦術レベルの合同訓練、戦略レベルから戦術レベルに至る全ての階層を包括した合同訓練など、多層的に合同訓練を実施し、基地内外におけるシームレスな事態対処行動を確実にしておくことが理想的である。

一番の実動訓練は、海外で発生した感染症危機に人材を派遣することである。第1章第三節第二項で述べた通り、世界のどこかで2～3年に一度の割合で何らかの感染症危機が発生している。したがって、そこに我が国の人材を派遣することは、それらの人材に実戦経験を積ませることができると同時に、我が国の国際社会への責務を果たすことができ、一石二鳥である。２０１４年の西アフリカを震源地とするエボラ出血熱アウトブレイクでは、日本政府は約20人を現地に派遣している。

第六節　即応態勢（Operational Readiness）

事態準備行動の一環として、脅威がいつ何時発現した場合も迅速な初動を可能とするために、ヒト・モノ・カネを確保し、スタンバイ状態にしておくことが必須である。これを即応態勢（Operational Readiness）という。即応態勢は、医師の当直やオンコール体制に例えられる。いつ何時急患が来ても、即座に対処できる状態のことである。事態準備行動と即応態勢の違いは、前者が脅威発現までの一連の動的プロセスである一方、後者は平時において維持・一貫して確保されているべき静的状態であると言える。

感染症危機管理組織の即応態勢については、以下の6項目が整備されていなければならない。また、各項目の整備に責任を有する個別の担当者が任命されていなければならない。

(1)感染症危機管理担当官（Emergency Focal Point）
(2)感染症リスクアセスメント（Risk Assessment）
(3)感染症早期警戒システム（Early Warning System）
(4)感染症危機管理計画（CP：Contingency Plan）
(5)標準作業手続書（SOP：Standard Operating Procedure）

⑹業務継続計画（ＢＣＰ：Business Continuity Plan）

第一項▼感染症危機管理担当官（Emergency Focal Point）

感染症危機管理担当官は、事態対処行動の初動の立ち上げに責任を負う。また、後述する感染症リスクアセスメント及び感染症早期警戒システムの担当者と連携しつつ、世界に存在する既存の脅威及び将来発現し得る個々の脅威について、リスクのレベルを常にウォッチしていなければならない。すなわち、24時間三六五日、スタンバイしている状態でなければならない。

ひとたび脅威が発現し、自国に対して危機を今にも発生させんとする状態（Imminent threat）または発生させた瞬間、危機管理組織内の関係各所に働きかけ、事態対処行動の初動に必要な人員を招集し、後述するインシデント・コマンド・システム（ＩＣＳ：Incident Command System）を立ち上げる。立ち上げの際にまず真っ先に行わなければならない感染症危機管理担当官の仕事は、当該危機の責任者として任命された指揮官（Incident Commander）の命令に従い、インシデント・コマンド・システムの組織図を描画することである。また、その初動に責任を有する感染症危機管理担当官は、後述する危機管理センター（ＥＯＣ：Emergency Operations Center）にデスクを持ち、平時から常駐することが求められる。

ひとたび事態対処行動が起動し、インシデント・コマンド・システムが立ち上がったら、中央指揮所たる危機管理センター（ＥＯＣ）を中心として事態対処行動が行われる。当該感染症危機管理担当官は、引き続き参謀として指揮官を補佐することになる。

第二項▼感染症リスクアセスメント（Risk Assessment）

リスクアセスメントの目的は、世界に存在する既存の脅威及び将来発現し得る脅威に関するリスクを同定してその程度を評価し、優先順位を付け、感染症危機管理活動、特に事態準備行動の効率性を向上させることである。危機管理活動に投入できるヒト・モノ・カネといった資源は有限であるため、リスクアセスメントに基づく優先順位により、効率的に資源を配分する必要があるからである。

優先順位付けは、第1章第三節第一項で述べたリスクに関する次の計算式に基づき、定量的に行われる。それらリスクは、緑～黄～赤に色分けされたリスクマトリックスにマッピングされる（図表21。左下から右上に向かうにしたがい、緑→黄→赤と色が変わる）。しかし、第1章第三節第一項で述べた通り、感染症危機管理においては、リスクに基づき対処するのではなく、脅威が発生した場合の衝撃（Impact）が大きいものに対して優先的に対処すべきである。すなわち、国家規模の感染症危機管理においては、Likelihoodのいかんにかかわらず、Impactの高い脅威に対処することが肝要である。なぜなら、Likelihoodが高くてもImpactが低ければ、社会に特筆すべき被害を及ぼさないからである。

図表21　リスクマトリックス

致命的 (Catastrophic)					
重度 (Major)					
中程度 (Moderate)					
軽度 (Minor)					
無視可能 (Negligible)					
	非常に低い (Very unlikely)	低い (Unlikely)	起こり得る (Possible)	高い (Likely)	ほぼ確実 (Almost certain)

リスク　＝　蓋然性　×　衝撃
(Risk ＝ Likelihood × Impact)

衝撃　＝　暴露範囲　×　衝撃強度　×　潜在脆弱性
(Impact　＝ Exposure　× Intensity　× Underlying Vulnerability)

潜在脆弱性　＝　脆弱性／対処能力
(Underlying Vulnerability　＝ Vulnerability / Coping capacity)

衝撃　＝　暴露範囲　×　衝撃強度　×　脆弱性／対処能力
(Impact ＝ Exposure × Intensity × Vulnerability / Coping capacity)

個別の脅威に関するリスクアセスメントは、地政学的状況や自然環境といった多くの要因に影響され、その程度が時とともに変化する。したがって、最低でも年に1回は、あらゆる生物学的脅威に関するリスクアセスメントを実施するというサイクルを確立する必要がある。

感染症リスクアセスメントで最も重要なのは、新型インフルエンザやDisease Xなど、現時点で未知の病原体が脅威として発現した場合である。

感染症リスクアセスメントは、特定の脅威が発現し自国に対して今にも危機を発生させんとしている状態（Imminent threat）または発生させた瞬間に、事態対処行動の初動を立ち上げる際にも必要である。その場合は、同じリスクアセスメントと言っても、前述した事態準備行動におけるリスクアセスメントの内容とは異なる。

事態対処行動の初動の立ち上げのために行われるリスクアセスメントは、早期警戒システムを通じてその時点で得られた脅威に関する情報から、脅威発現によってどの程度の負の衝撃があるのかについてより詳細に評価することが求められる。その評価に基づき、No Regrets Policyの原則の下にどの程度の規模の初動体制を立ち上げるか、すなわちどの程度の規模のインシデント・コマンド・システムを組織するかが決まる。

第三項▼感染症早期警戒システム（Early Warning System）

感染症早期警戒システムとは、世界に存在する既存の脅威及び将来発現し得る脅威に関するシグナルについて常時監視（モニタリング）を行い、脅威が発現し自国に対して危機を今にも発生させんとするシグナルまたは発生させた瞬間のシグナルをタイムリーに検知（Detect）し、それに関する意味のある情報を獲得し警告を発するインテリジェンス機能のことである。また、このインテリジェンス機能を行使する営み全体を、感染症インテリジェンス（Epidemic Intelligence）と呼ぶ。特に、事態準備行動中の感染症インテリジェンス活動は、世界各国の既存の感染症危機や新たな脅威の発現について満遍なく情報収集・監視活動を行うため、感染症危機スキャニング（Emergency scanning）とも呼ばれることがある。感染症インテリジェンスは、事態準備行動期間中に留まらず、事態対処行動中にも継続して行われる営みであり、その詳細は第4章第六節第二項で述べる。

感染症早期警戒システムは、感染症危機管理活動、特に事態対処行動の初動の立ち上げを適時適切に行うという目的のために存在する。すなわち、早期警戒システムを通じて獲得した情報を基にリスクアセスメントが行われ、事態対処行動の必要性の有無や、必要と判断された場合の初動体制の規模が決定されるのである。

感染症早期警戒システムを運用する感染症インテリジェンス部門は、リスクに関する知識を持つ担当官による24時間のモニタリングと警戒体制を敷く必要がある。そして、獲得された情報については、感染症リスクアセスメント担当官や感染症危機管理担当官といった関係各所へ迅速に伝達することが求められる。そのために、感染症早期警戒システムを運用するチームは、事態対処行動の中央指揮所として機能する危機管理センター（ＥＯＣ）に平時から常駐していなければならない。

第四項▼感染症危機管理計画（ＣＰ：Contingency Plan）

個別の脅威に対して適切かつ十分に対処するためには、病原体の種類ごと（Hazard-specific）に、当該脅威が発現させる危機のシナリオに基づいて（Scenario-based）対応方法や手順を記した計画が必要である。これを感染症危機管理計画と呼ぶ。

我が国の感染症危機管理計画の代表例として、以下のものが挙げられる。

- ●天然痘対応指針（厚生労働省健康局結核感染症課）
- ●一類感染症への行政対応の手引き（厚生労働省健康局結核感染症課）
- ●新型インフルエンザ等対策政府行動計画
- ●厚生労働省国民保護計画

感染症危機管理計画の目的は、感染症危機管理組織が組織全体として統率された危機管理活動を行うことにある。感染症危機管理活動の全体、すなわち事態準備行動と事態対処行動は、基本的にはこの感染症危機管理計画に基づいて行われる。

もちろん、感染症危機、特に現時点で未知の病原体による感染症危機は、「未知との遭遇」という特性が際立つ事象である。そのような場合の感染症危機管理には、「前例」など存在せず、発生してみないとどういう状態になるかわからない。感染症危機管理計画通りに事態対処行動が推移しないことも多い。いざ危機が発生すれば、感染症危機管理組織は脅威がもたらす危機との不断の相互作用を行うことで、その危機に対応する。

さらに、感染症危機管理組織と脅威の不断の相互作用により、多くの不確実性の霧や摩擦が眼前に発生し、なおのこと感染症危機管理計画が規定した通りに事態対処行動が推移しないことが常である。しかし、そのような霧や摩擦にさらされ、手探り状態の事態対処行動においても、感染症危機管理計画の存在は、濃霧の中を進む船にとっての灯台の一筋の光のように、行動の指針となる。感染症危機管理組織は、感染症危機管理計画に記載されたルールに則して統率された事態対処行動を行うことができ、まとまりのない場当たり的な事態対処行動を避けることができる。

このように、感染症危機管理組織は、病原体が生起する危機に対して、まずは感染症危機管理計画の内容や、過去の経験に基づく事態対処行動を試みつつ、その効力が低いまたは無効であるなど、当該計画に基づく事態対処行動や過去の経験が、直面する病原体の及ぼす危機の性質にそぐわないことが判明した場合には、病原体そのものと、それが生起する危機に関する情報を収集・分析し、その危機の性状に適応するように事態対処行動の方向性や手段をその都度修正し、新たな事態対処行動を試みるという、不断の作用・反作用を繰り返さねばならない。こうすることで、発生時はゼロであった未知の感染症危機に関する情報を徐々に収集しつつ、それに合わせて事態対処行動を幾度も軌道修正しながら対応し、なるべく早期に危機を収束させるように努めるのである。

感染症危機管理計画は、軍の活動に置き換えてみるとわかりやすい。軍は、具体的な仮想敵国を脅威として設定し、その仮想敵国が自国に対してどのように侵攻してくるかというシナリオに基づき、軍備を整備し、訓練を行う。感染症危機管理計画も、これと同様の概念である。

感染症危機管理組織は、定期的な訓練を通じて感染症危機管理計画の運用に自ら習熟するのみならず、訓練を通じて感染症危機管理計画の実用性を検証し、課題が見出されるたびに改訂を行い、実用性を向上させて行かなければならない。

感染症危機管理計画は、病原体の種類ごとに存在するべきであり（Hazard-specific approach）、各々以下の４項目が最低限明確に記載されている必要がある。

①当該病原体が発現し、自国に対して感染症危機を発生させるリスク（被害想定及び危機終息までに要する期間の想定を含む）

②事態準備行動において使用する手段（人的・物的・財政的・法的資源）
③事態対処行動において使用する手段（人的・物的・財政的・法的資源）
④事態準備行動及び事態対処行動における感染症危機管理組織の各部門の責任

第五項▼標準作業手続書（ＳＯＰ：Standard Operating Procedure）

感染症危機管理組織は、感染症危機管理計画に加え、感染症危機発生時の初動を起動する際の実務手続きや、サージキャパシティを動員する際の実務手続き、危機時の資金調達に関する実務手続き等に関するステップ・バイ・ステップの手順を記載した「標準作業手続書」（ＳＯＰ：Standard Operating Procedure）を策定していなければならない。ＳＯＰの中で、特に事態対処行動の初動についてのみ規定したものを「初動対処要領」と呼ぶこともある。

ＳＯＰを作成する目的は、事態対処行動に動員されたスタッフが、一分一秒を争う事態対処行動の最中において、一から様々な検討や調整を行うことなく、誰でも瞬時に実行できるような状態を作り出すことにある。ＳＯＰの存在により、余計な作業が省略され、効率的な事態対処行動が可能となる。

ＳＯＰには、例えば以下の内容について具体的に記載されている必要がある。

●危機が発生した際の感染症危機管理組織内の緊急連絡網
●感染症早期警戒システムを通じて脅威を検知し、感染症リスクアセスメントを行った感染症

インテリジェンス部門から感染症危機管理担当官への報告体制と手続き
- 感染症危機管理組織の長による特定の感染症危機に対する指揮官の任命手続き
- 指揮官と感染症危機管理担当官によるインシデント・コマンド・システム起動手続き
- 指揮官による各参謀部門長の任命手続き
- 各参謀部門長によるその他参謀の任命手続き
- サージキャパシティの動員手続き
- 危機時の資金調達スキームに対する資金要求・承認・使用手続き
- 報道発表資料（プレスリリース）の発出手続きとテンプレート

我が国の感染症危機管理の戦略レベルを司る厚生労働省のＳＯＰとしては、公衆衛生危機管理に関するＳＯＰとして「健康危機管理基本指針」が存在し、その下位に位置付けられる感染症危機管理に特化したＳＯＰとして、「感染症健康危機管理実施要領」が存在し、公開されている。実務上は、これら公開されているＳＯＰの粒度ではまだ粗いため、さらに細かな内容を記載したＳＯＰが必須である。

ケーススタディ12

ＳＯＰへの習熟

筆者が初めて感染症危機管理担当官の仕事をした際に真っ先に命じられたことは、ＳＯＰへの習熟である。24時間にわたって即応態勢にある感染症危機管理担当官は、いつ何時、どのような危機が発生したとしても、事態対処行動を速やかに起動せねばならない。したがって、危機が発生した場合には、ＳＯＰに記載されている事態対処行動を起動するためのＴｏｄｏリストを瞬時に頭に浮かべながら、自主的に動けることが重要なのである（例：誰から連絡を受けて、誰に連絡を入れて、何を書き、何を判断するかなど）。

ＳＯＰの内容は、文章で書いていくことも重要だが、フローチャートを使いながら視覚的に表すことが有用である。

訓練や危機が発生した際に実際にＳＯＰを使ってみると、どうも不明瞭な点や、現在は規定されていないものの事前に決めておいた方が良さそうな事項があることに気付くことがある。そのような点を発見したら、その都度ＳＯＰをアップデートして、感染症危機管理組織内の関係者と共有することが重要である。

第六項▼業務継続計画（ＢＣＰ：Business Continuity Plan）

第一目　感染症危機管理の三階層のＢＣＰ

脅威が発現し、感染症危機が発生することで、感染症危機管理組織は平時の事態準備行動から危機時の事態対処行動へと移行する。いざ事態対処行動が始まると、事態対処行動が組織の第一優先事項となり、そこに十分な資源を割くため、平時の事態準備行動で行っていた一定の業務は一旦停止して脇に置くなど、平時の業務に優先順位付けの上、取捨選択せねばならない。

また、感染症危機が、事態対処行動を実行している感染症危機管理組織自体にも波及する場合には、事態対処行動の機能が低下または停止してしまうこともあり得る。したがって、そのような場合においても組織を維持するためのコアの業務を継続するために、スタッフの身の安全を確保する方策が図られていなければならない。

業務継続計画（ＢＣＰ）とは、危機時においてもクリティカルで停止することが許されない業務がどれで、クリティカルではなく一時停止することが比較的許される業務はどれかという区分けや優先順位付けを規定した計画であると同時に、感染症危機管理組織のスタッフの安全確保策も規定した計画のことである。この計画に基づく業務の取捨選択とスタッフの安全確保により、危機時における感染症危機管理組織の「抗堪性（レジリエンス）」が担保される。

業務継続計画と危機管理計画は混同されることがよくあるが、両者の違いは、具体的には図表22の通りである。

図表22　感染症危機管理計画と業務継続計画の違い

	感染症危機管理計画（Contingency Plan）	業務継続計画（Business Continuity Plan）
目的	特定の脅威に対処するための手法等を規定し、感染症危機管理組織が組織全体として統率された事態対処行動を行うこと	業務の取捨選択とスタッフの安全確保を行い、危機時における感染症危機管理組織の抗堪性（レジリエンス）を高めること
受益者	国民（国民のための計画）	感染症危機管理組織（自らの組織のための計画）
性質	脅威の種類ごとに複数作成される（Hazard-specific approach）	脅威の種類に関係なく１つ作成される（All-hazard approach）

感染症危機に対する業務継続計画では、以下の11項目について最低限明記されている必要がある。

①感染症危機管理組織が有する業務に関する優先順位付け

②感染症危機管理組織が有する業務のうち、危機時においても確保せねばならない平時の業務

③事態対処行動を統括する指揮官の役職を果たし得るスタッフのリスト（現在任命されている指揮官が何らかの理由により機能不全となった場合の代替人物の確保）

④施設とスタッフの安全管理責任者（Security Warden）

⑤感染症危機管理組織のスタッフが利用可能な医療施設とサービス

⑥組織内にある医療キット（体調不良者に応急的に使用できる医療品等）の内容と管理場所

⑦感染症危機管理組織のスタッフ向けの感染症危機情報の提供体制

⑧スタッフに感染症危機が及んだ際の緊急連絡先

⑨感染症危機管理組織のスタッフが感染した場合の組織内手続き

⑩感染症危機管理組織に感染症危機が波及し、スタッフが危機管理センター等の事態対処行動を実施中の施設を退去せねばならない場合の手順と手段

⑪感染症危機管理組織に感染症危機が波及しても事態対処行動を維持するために施設内で業務を実施せねばならない主要スタッフ（critical staff）と非主要スタッフ（non-critical staff）の位置付け

以上のように、業務継続計画には組織及びスタッフを守るための様々な事項が記載される。しかし、事態対処行動時には、実際にこの業務継続計画の実行に対して一元的に責任を有する者（Security Warden）が任命され、その責任者による組織に対する監視機能が十分に働かなければ、絵に描いた餅となるので、注意が必要である。

我が国の感染症危機管理の戦略レベルを司る厚生労働省のＢＣＰとしては、「厚生労働省業務継続計画～新型インフルエンザ等対策編～」が存在する。

第二目　国政術の四階層のＢＣＰ

以上で述べたＢＣＰは、感染症危機において、感染症危機管理の三階層の構造をいかに維持し、機能させるかに焦点をあてたものである。

一方、感染症は、ヒトである限り誰にでも感染し、死亡する危険性がある。したがって、感染症危機の程度によっては、国政を統括する政治／大戦略レベルに位置する閣僚にも多く感染し、国政術の四階層が機能しなくなる危険性がある。そのような事態が発生したとしても、感染症危機管理の三階層を包括する国政術の四階層を維持・機能させるためのＢＣＰが、「政府存続計画（ＣＯＧ：Continuity of Government）」である。

ＣＯＧは、核戦争の危険性が高かった米ソ冷戦時代に、米国において作られた計画である。ＣＯＧは、現職の大統領が執務不能・死亡・辞職・免職の状態となった場合に、米国合衆国憲法及び１９４７年大統領継承法が規定する「米国合衆国大統領権限の継承順位（United States presidential line of succession）」に基づき、誰が代わりに大統領に就任して大統領としての執務を継続し、政府の存続を図るのかについて定めている。

日本では、「内閣総理大臣臨時代理」の制度が相当する。内閣法第９条は「内閣総理大臣に事故のあるとき、又は内閣総理大臣が欠けたときは、その予め指定する国務大臣が、臨時に、内閣総理大臣の職務を行う」と規定しており、慣例として組閣時に内閣総理大臣臨時代理の就任予定者5名（第1位～第5位）をあらかじめ指定している（官報掲載）。しかし、万が一、あらかじめ内閣総理大臣臨時代理に指定されている5名全員が感染症危機で欠けるような事態が生じた場合には、残りの閣僚が「協議」（内閣総理大臣がいないので「閣議」にはならない）した上で新たに内閣総理大臣臨時代理を決定することが条理上許されるとされている。[3]

このようにして、感染症危機によって閣僚全員が欠けるという事態にならない限りは、国政術の四階層は維持されると想定される。

注

（1）平成31年４月より、自衛官としての職務経験がなくとも予備自衛官補の「一般」から任用された予備自衛官が所定の教育訓練を修了することにより「即応予備自衛官」として任用することが可能となったが、これも、自衛隊組織に対する一定以上の知識と経験を有することが要求されているという点では同じだろう。
https://www.gov-online.go.jp/useful/article/201405/2.html#section3（原稿執筆時点）

（2）ＷＨＯは、２０２０年12月に発表した最新のLaboratory biosafety manual（4th edition）において、ＢＳＬ１～４という概念を使用していない。理由としては、本来は病原体そのものが生起するリスクとＢＳＬの概念は一対一ではないにもかかわらずそのような誤解を生んでしまっていることや、実験施設における実際のリスクは病原体そのものだけでなく、それを扱うプロセスや研究者の能力不足にも起因していることを挙げている。

（3）第１４７回国会衆議院法務委員会第13号（平成12年４月18日）、阪田雅裕内閣法制局第一部長の答弁。
https://kokkai.ndl.go.jp/simple/txt/114705206X01320000418/65（原稿執筆時点）

第4章

危機時の対応：事態対処行動（レスポンス）

――感染症危機管理のドクトリン④

第一節　指揮統制（C2：Command and Control）

危機時に指揮官や参謀として事態対処行動に参画する感染症危機管理組織のスタッフに加え、平時は民間機関や学術機関に所属し危機時にサージキャパシティとして事態対処行動に参画するスタッフも、指揮統制という概念を理解しない者は、感染症危機管理に関連するどのような専門性を有していたとしても、事態対処行動に参画する資格がないと言える。

指揮統制とは、危機管理組織の使命を全うするために、指揮官がその権限と責任を行使し、危機管理組織の事態対処行動の全体を統合して一体的に率いるために必要な機能のことである。指揮統制は、指揮官の適時適切な決心と、その実行を支援すると同時に、事態対処行動を構成する全機能の横の連結性を高め、危機管理組織の全序列にわたる縦の連結性を高める。いわば、指揮統制は危機管理組織の神経系統である。

加えて、「不確実性の霧」が渦巻く事態対処行動に対して確実性を付与するための行いが、指揮統制であると言える。[1]

指揮（Command）とは、危機を収束させるという危機管理組織の使命を達成するために、危機管理組織の全階層のスタッフを動機付けて導くというアートである。統制（Control）とは、本質的に指揮（Command）に備わっているものである。これは、危機管理組織の機能と行動を指揮官の権限と指揮に沿うように管理することであると同時に、事態対処行動に必要な資源投入量を計算した上で個別機能に関する事態対処行動を統合し、危機管理組織の一体的な運用を可能にする。

指揮は、危機管理組織がその使命を遂行する上で、最も重要な機能であり、指揮一元化（Unity of Command）と統合指揮（Unified Command）の2種類の概念が存在する。[2]

指揮一元化とは、指揮の垂直統合のことである。すなわち、危機管理組織における指揮命令系統（Chain of Command）の徹底のことである。具体的には、危機管理組織のどのスタッフも「命令を受けるのも報告するのも一人の上司」であることを意味し、命令・実行・報告体制を明確化することで、管理体制の曖昧さを排除し、混乱を避けることを目的としている。危機時には、ヒエラルキー型の統一された指揮命令系統（Chain of Command）の下で効率的なオペレーションを行うことが重要なのである。

指揮命令系統を厳格に遵守することの重要性について、磯部晃一元陸将は自衛隊を例に挙げて以下のように述べる。[3]

> 自衛隊において、指揮関係を律することは、作戦を遂行する上において、最も重要なことである。指揮関係が乱れると、命令指示の示達があいまいになり、作戦の遂行が混乱する恐れがある。したがって、どこの軍隊においても、指揮命令系統を厳格に律し、その関係に基づいて、命令指示を行うのが基本である。（中略）厳格な指揮命令系統の確立という課題は、軍隊のみならず行政組織、民間企業など組織にあまねく適用されるべきものである。平素、ルーティーンで物事が進んでいるときは、この問題は表に出てくることはなく潜んでいる。しかし、いざ緊急な状況に陥った場合に、この種の亡霊が組織の中で頭をもたげてくるので注意が必要である。

統合指揮とは、指揮の水平統合のことである。すなわち、主要な危機管理組織全ての指揮官（Incident Commander）を一堂に集め、全体として一体的な事態対処行動を行うための調整機構のことである。特に、複数の危機管理組織が関係し、事態の進展に伴い複数の地域が危機に直面して同時並行的に複数の現場での対応が必要になると、各地域を統括する広域指揮（Area Command）が必要になるときもある。[4]

指揮統制を効果的に実現するためには、それを可能とする組織的要素（組織形態・運用概念）と個人的要素（指揮官・幕僚・部門スタッフの素養）の両者が必要になる。組織的要素については本章第二節で述べ、個人的要素については第三節で述べる。

ケーススタディ13

感染症危機管理における統合指揮（Unified Command）の事例

ＣＯＶＩＤ-19パンデミックの事態対処行動にあたり、２０２０年1月23日の武漢でのロックダウン直後の26日から、首相官邸において毎日のように「総理連絡会議」が開催されたという。ここでは、各省からの情報が伝達・共有された。総理連絡会議のメンバーは、安倍首相、総理室スタッフ（今井政務秘書官兼首相補佐官、新川首相補佐官、佐伯首相秘書官ら）、菅官房長官、杉田官房副長官、加藤厚生労働大臣、西村新型コロナ対策担当大臣、北村国家安全保障局長、厚生労働省の鈴木事務次官、同省の鈴木医務技監、外務省の秋葉事務次官、防衛省の高橋事務次官などであったという。

この総理連絡会議は、国内戦線の指揮官たる鈴木医務技監と、武漢戦線の指揮官たる秋葉事務次官が入ることで、一種の統合指揮を形成する場として機能していたことが窺える。

出典：『新型コロナ対応・民間臨時調査会 調査・検証報告書』

第二節　指揮統制を可能ならしめる組織的要素（組織形態と運用概念）

第一項▼組織形態

本章第一節で、危機時には、ヒエラルキー型の統一された指揮命令系統（Chain of Command）の下で効率的なオペレーションを行うことが重要である旨を述べた。すなわち、指揮一元化の概念の下、指揮命令系統と責任序列の一元化を行わなければならない。これを可能ならしめる組織形態として、以下の4要素を確保する必要がある。[5]

(1)単純性（Simplicity）
(2)統制範囲（Span of Control）
(3)チームの一体性保持の尊重（Unit Integrity）
(4)相互運用性（Interoperability）

(1)単純性（Simplicity）

指揮一元化は、曖昧性が排除された明確な指揮命令系統に加え、権限と責任に関する明確な序列を通じて維持される。例えば、あるスタッフが、その直下の部下を飛び越してさらにその下の部下に直接命令を与えてはならず、その部下もその命令を聞く必要はない。危機管理組織における責任序列のどの階層においても、各スタッフは、「命令を受けるのも報告するのも一人の上司」という単純性を保持することが重要である。

一般的に、上司が複数人いる状況は、部下の立場からすると誰に何を報告せねばならないのかという点で困るし、一人の上司から見て部下が持つ業務量の全体が可視化されないためいつの間にか部下の業務量が溢れてオーバーワークになってしまうなど、弊害がある。平時であればまだ丁寧に調整すれば何とかなるかもしれないが、これが全く調整する時間などない危機時に発生すると、組織が停滞する元になる。したがって、危機時には、感染症危機管理組織構造の単純性を担保することが重要である。

(2)統制範囲（Span of Control）

統制（Control）とは、危機管理組織の機能と行動を指揮官の権限と指揮に沿うように管理することであると同時に、事態対処行動に必要な資源投入量を計算した上で個別機能に関する事態対処行動を統合し、危機管理組織の一体的な運用を可能にすることである。しかし、部下の数が増えれば増えるほど、それらの行動を上司が監督し、その指揮に従うように管理することは不可能となり、上司の意図の下に一体的に運用できる可能性は減少してしまう。

統制範囲とは、「一人の人間が効果的に監督できる部下の数は限られている」という事実を前提として、監督する部下の人数を常に最適に保つための概念である。最適な比率は上司：部下＝１：３〜１：７とされ、指揮官はいかなる時も８人以上を直接の指揮下に置かないように心がける必要がある。したがって、危機管理組織全体のヒエラルキー構造は、１：３〜１：７の構造を保ちながら上位階層から下位階層までフラクタルに広がることになる。

ケーススタディ14　統制範囲の組み替え

ＷＨＯは、ＣＯＶＩＤ-19パンデミックの事態対処行動にあたり、戦線の拡大に応じてインシデント・コマンド・システムにおける統制範囲の組み替えを行ってきた。

例えば、２０２０年2月初旬、世界全体の感染者が約４万３０００人（死者約１０００人）で、その99%を中国が占めていた段階と、その3カ月後の5月初旬、世界全体の感染者が約４３０万人（死者約30万人）と１００倍まで膨れ上がった時点では、戦線も桁違いで、インシデント・コマンド・システムにおける業務量も必要機能も増大していた。

その場合、当初と同じインシデント・コマンド・システムの部門配置では対応が不可能であるのは当然である。当初は、インシデント・コマンド・システム全体を統括する指揮官の

図表23　2020年2月初旬のWHO本部におけるインシデント・コマンド・システムの概略

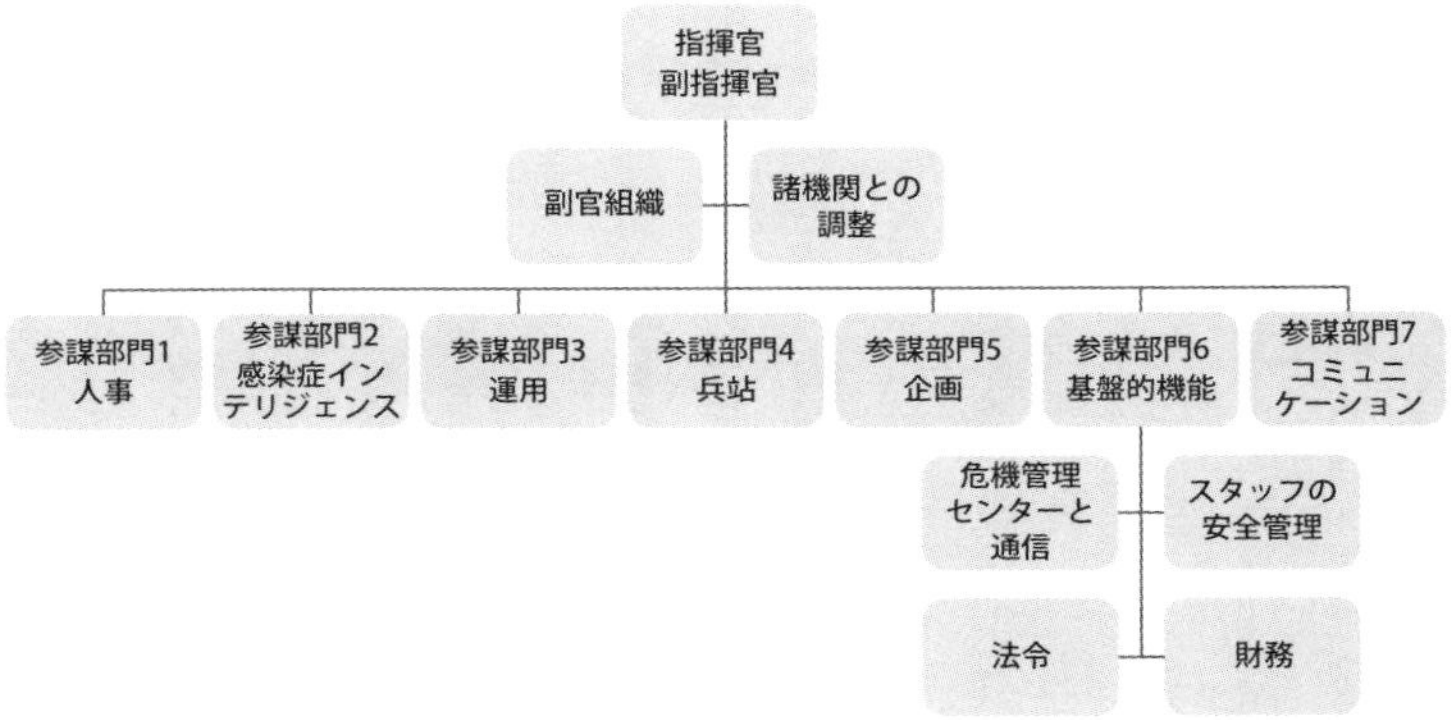

図表24　2020年5月初旬のWHO本部におけるインシデント・コマンド・システムの概略

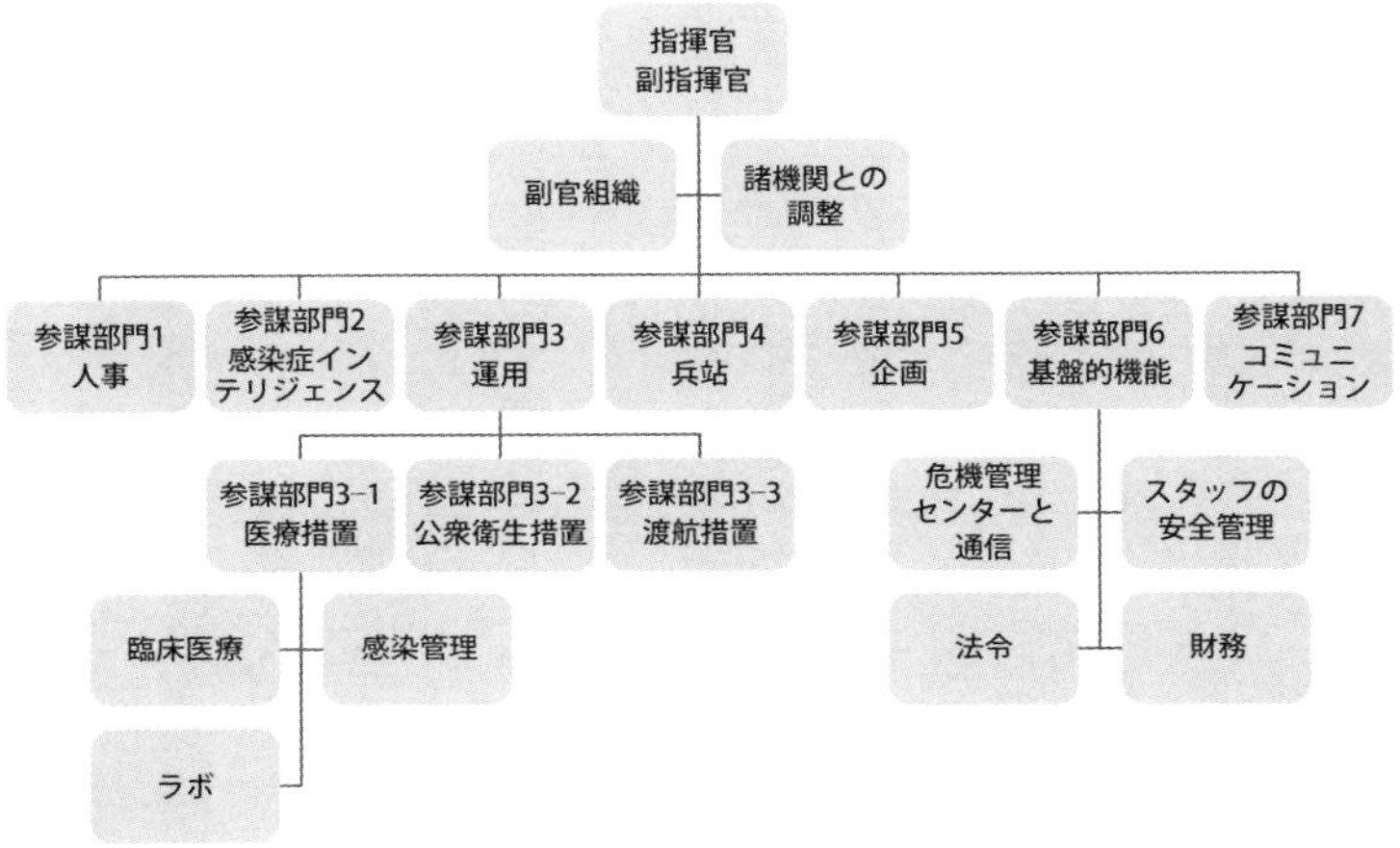

下に、異なる機能部門が並列してぶら下がる組織形態であった（図表23）。しかし、その後、業務領域が拡大した運用部門をより細かい機能ごとに分割し、それぞれを各下位部門長（医療措置部門・公衆衛生措置部門・渡航措置部門）が統括しつつ、運用部門長は下位部門長を統括する組織形態になっている（図表24）。これによって、インシデント・コマンド・システム全体を統括する指揮官の統制範囲の上限を保持すると同時に、運用部門長の統制範囲も上限以内に収められている。

(3)チームの一体性保持の尊重（Unit Integrity）

危機管理組織の事態対処行動において個別の機能を司る各技術部門は、部門を構成するチーム内の個々のスタッフの個人的相互信頼による一体性と専門性が最大限発揮される形で組織が機能するように、組織を組成する必要がある。もし指揮官がチームの改組を要求する場合は、それら機能を司る部門長と入念に協議した上で行わなければならない。

(4)相互運用性（Interoperability）

指揮官が自身の意図に基づき危機管理組織を一体的に運用する上で、危機管理組織の事態対処行動における個別の機能を司る各部門の相互運用性は死活的に重要である。

感染症危機管理においては、一つの機能だけで問題が解決することはなく、異なる機能が協力し、統合的にアプローチすることにより、初めて問題を解決に導くことができる。

第二項▼運用概念

前項で述べた組織形態を持つ危機管理組織を指揮統制し、事態対処行動において実際に機能させるためには、以下の10の要素を意識した運用を行う必要がある。[6] これらの運用概念は軍事組織やＷＨＯ危機管理局などでも実際に用いられている。

(1)権限委譲（Delegation of Authority）
(2)集権的統制と分散型実行（ミッションコマンド：Mission Command）
(3)知識共有と情報管理（Knowledge Sharing and Information Management）
(4)コミュニケーション（Communication）
(5)適時の決心（Timely Decision）と共通作戦状況図（Common Operational Picture）
(6)調整機構（Coordination Mechanism）
(7)オペレーションリズム（Operational Rhythm）
(8)指揮統制支援システムの信頼性・機動性・相互運用性（Responsive, Dependable, and Interoperable Support Systems）
(9)状況認識（Situational Awareness）

⑽相互信頼（Mutual Trust）

⑴権限委譲（ＤＯＡ：Delegation of Authority）

事態対処行動を効果的に行うための指揮統制は、指揮一元化の下、明確な責任序列に裏打ちされた指揮命令系統を使用することで初めて発揮される。したがって、事態対処行動に従事する全てのスタッフが、各々の任務と持ち場を明確に認識して対応にあたらなければならない。

事態対処行動の際に遂行すべき業務は膨大である。したがって、指揮官が一人でこれを処理することは物理的に不可能であると同時に、指揮官が有する専門知識やスキルを超える類の業務も多数発生する。したがって、十分な事態対処行動を実行するためには、指揮官は他者に権限を委譲しつつ、感染症危機管理組織の全スタッフの専門知識やスキル、労働力を動員しなければならない。

指揮官による部下への任務付与と権限委譲（ＤＯＡ：Delegation of Authority）は、個々のスタッフの自発性を増加し、意思決定スピードを向上させる。指揮官は、事態対処行動において一度意思決定を行えば、部下に任務を付与し、権限を委譲し、指揮官の意図の範囲内で適切に意思決定できる環境を与えねばならない。ただし、部下に任務を与え、権限を委譲したとしても、事態対処行動の最終的な権限と責任は依然として指揮官が有する点に留意せねばならない。

(2)集権的統制と分散型実行（ミッションコマンド：Mission Command）

感染症危機への事態対処行動では、ヒエラルキー型の統一された指揮命令系統（Chain of Command）と責任序列の一元化を図り、指揮統制を徹底することが重要である。同時に、国家的規模の事態対処行動においては、国土全体にわたる組織的に統一された活動が必要であり、そのためには、事態対処行動における手法の「標準化」が不可欠である。

しかし、「標準化」は、ときに思いもよらぬ情勢変化に迅速に適応できない原因になり得る。したがって、未知・霧・摩擦という感染症危機の特性を考慮した場合、「標準化」と同時に「柔軟性」も担保せねばならない。一見すると、「標準化」と「柔軟性」は対極に位置する概念に思える。この相互に矛盾する概念を同時に達成するためには、事態対処行動の「集権的統制と分散型実行」（Centralized Planning and Direction, Decentralized Execution）が必要となる。この「集権的統制と分散型実行」を可能とするのが、契約型指揮法（ミッションコマンド）である。[7][8][9]

指揮を発揮する手段、すなわち指揮法には、以下の3種類が存在すると言われている。[10]

- 詳細型指揮法（Detailed Command）
- 指導型指揮法（Directive Command）
- 契約型指揮法（Mission Command）

詳細型指揮法は、指揮官が事態対処行動全体の目的や目標のみならず、部下たる個々のスタッフが達成すべき目標、その目標を達成するための手段や要領についても示す。すなわち、部下の目標達成方法まで細かにコントロールする方法だ。詳細型指揮法の前提は、ＩＴ技術を用いることにより、感染症危機管理組織のあらゆるスタッフと後述する共通作戦状況図（ＣＯＰ：Common Operational Picture）を完全に共有できるため、指揮官はタイムリーに状況を把握して末端構成員の手段まで指揮することができるという前提に立っている。しかし、実際の感染症危機は未知・霧・摩擦により不確定性に溢れており、完全な共通作戦状況図（ＣＯＰ）を共有することなどは不可能である。

指導型指揮法は、指揮官が自身の「意図（intent）」として事態対処行動の目的や目標を明示するのみならず、部下たる個々のスタッフが達成すべき目標も明示する。一方で、スタッフは、明示された目標を達成するための手段を自らの自由意思で決定する。スタッフは、指揮官の「意図」の範囲内であれば自由意思を発揮できる。すなわち、スタッフ自身がイニシアチブを取り、積極的に自分の頭で考えて行動する裁量があるのである。

契約型指揮法（ミッションコマンド）は、部下たるスタッフ自身がイニシアチブを取る余地が指導型指揮法よりさらに大きい。ミッションコマンドでは、指揮官が自身の「意図」として事態対処行動の目的や目標を明示する。しかし、部下たるスタッフが達成すべき目標の設定には指揮官と部下たるスタッフの合意が必要であり、合意された目標を達成するための手段をスタッフ自らの自由意思で決定する。すなわち、指揮官が示す部下が達成すべき目標が、部下が直面している現状にはそぐわないと部下が考えれば、また、それを達成する手段を与えられていないと部下が考えれば、指揮官に提示された目標を拒否することも可能であると言える。

　この指揮法の下では、感染症危機管理組織のスタッフは、自身が達成すべき目標と手段を自身で決定することができるため、盲目的に服従することを防止し、より責任感を持って能動的に自身の任務達成にコミットしやすいという効果が得られ、「分散型実行」を可能とする。

　また、ミッションコマンドは、任務の細かな達成方法（ＨＯＷ）ではなく、任務の目的（ＷＨＡＴ）に焦点を当てている。したがって、ミッションコマンドを最大限機能させるためには、責任序列のどの階層においても「指揮官の意図（Commander's intent）」を正確に理解することが求められるのであり、これにより「集権的統制」を確保する。

　ミッションコマンドとは要するに、マイクロマネジメントをしないことの徹底とも言い換えることができるだろう。

　感染症危機時には、事態対処行動に従事する全てのスタッフが各々の任務と持ち場を明確に認識して対応にあたらなければ、組織の統率は崩壊し、事態対処行動は失敗する。したがって、感染症危機管理組織の事態対処行動には、指揮官の意図を正確に理解しつつ、それに沿って各人が能動的に任務達成にコミットすることのできるミッションコマンドが適していると言え、それによって「集権的統制と分散型実行」を確保することができる。

(3)知識共有と情報管理（Knowledge Sharing and Information Management）

感染症危機管理組織の各スタッフが、危機の状況について常に共通理解を持ちながら個々の事態に対処することは、指揮統制を効果的に機能させる基盤となる。そのために必要なのが、知識共有（ＫＳ：Knowledge Sharing）と情報管理（ＩＭ：Information Management）である。

事態対処行動では、感染症危機管理組織と脅威との不断の相互作用を通じ、当該脅威に特徴的な危機の特性や、有効または無効な手段について知見や教訓が貯まってくる。これらを整理し、事態対処活動に従事するスタッフがいつでも利用できる形で蓄積しておくことが欠かせない。このような知識の蓄積と共有が、時間とともに事態対処行動の効果を高めていく。

特に、情報管理は、後述するオペレーションリズム（Operational Rhythm）を適切に保つ役割がある。

また、感染症危機の最中には、膨大な情報が交錯する。感染症危機管理組織は、獲得した一次情報や二次情報を細大漏らさず管理し、知識共有を通じて効果的な事態対処行動に繋げることが必要である。特に、危機時には、多くの機密情報が扱われる。これら機密情報を厳密に管理することも当然求められる。

(4)コミュニケーション（Communication）

コミュニケーションを行うことそれ自体が、事態対処行動に従事するスタッフ相互の理解や信頼を促進してチームワークを強化し、一体的な運用を可能とする。また、指揮官の意図を伝達することは、事態対処行動に従事する全スタッフのコミュニケーションや任務へ理解を促し、「集権的統制と分散型実行」の指揮統制を可能にする。

ミッションコマンドに基づき、責任序列の上位の者は、下位の者の自由裁量を尊重して任務遂行の方策を委ねるためにも、任務の目的について下位の者に対して明確かつ具体的に伝達しなければならない。

(5)適時の決心（Timely Decision）と共通作戦状況図（ＣＯＰ：Common Operational Picture）

指揮官の適時の決心は、ミッションコマンドと同様、指揮統制を効果的に機能させる。そのためには、共通作戦状況図（ＣＯＰ）を通じた適切な状況認識（ＳＡ：Situational Awareness）が必要である。ＣＯＰとは、危機に関する現時点の各種情勢を共有するツールである。指揮官は、事態対処行動に必要な各機能を司る部門による情報提供を通じ、事態対処行動全体の共通作戦状況図（ＣＯＰ）を得、状況認識（ＳＡ）を行う。

共通作戦状況図（ＣＯＰ）を通じた適切な状況認識（ＳＡ）は、感染症危機の真の状況に関する認識をタイムリーに得て、危機と事態対処行動の全体像を常に把握し、それを踏まえて次の打ち手に関する決心（意思決定）を適時（タイムリー）に行うという事態対処行動のサイクルを繰返す上で必須である。

事態対処行動中の共通作戦状況図を作り出す上で必要な機能は、本章第六節第二項第四目の感染症インテリジェンスの「地理情報システム（ＧＩＳ）」の項目で詳述する。

⑹調整機構（Coordination Mechanism）

指揮は感染症危機管理組織がその使命を遂行する上で最も重要な機能ではあるが、時にそれよりも重要であると言われるのが、調整である。

大規模な危機時には、単一の感染症危機管理組織のみで収束させることは困難であり、その他の多くの危機管理組織が関与することになるのが常である。したがって、危機の収束という同一の目標に向け、異なる強みや管轄を有する複数の危機管理組織が全体として統一された事態対処行動を実施するにあたり、危機管理組織間または同一危機管理組織内の異なる部門間の調整が必然的に生じる。

調整とは、危機に対して異なる危機管理組織または同一危機管理組織内の異なる部門が事態対処行動を行う際に、それらが効率的かつ効果的に共同作業を行うことができるようにすることを言う。例えば、統合指揮（Unified Command）の下では、各危機管理組織の指揮官が集まり、指揮官が複数いる状態である。調整機構は、それら指揮官を協働させる機能を果たす。

統合指揮の設置が可能な状況であれ、不可能な状況であれ、調整機構の具体例としては、合意、覚書、相互のリエゾン派遣、合同組織化、相互のコミュニケーションシステムの確立、情報共有、合同訓練、合同計画の策定などが挙げられる。

(7)オペレーションリズム（Operational Rhythm）

オペレーションリズムとは、ブリーフィングや会議、報告といった日々の主要な活動のタイムテーブルのことである。１日や１週間の中でこれら個別の活動が行われるタイミング等の活動サイクルを危機管理組織内で共有することは、事態対処行動に従事するスタッフが日々の成果や進捗を適切なタイミングで報告することを可能にする。

オペレーションリズムは、指揮官が関連部門に情報要求を行い、獲得した情報を基に共通作戦状況図（ＣＯＰ）を得、状況認識（ＳＡ）を行い、目標を設定し、目標達成のための方策を立案し、資源を投入して実行し、結果を評価し、再度情報要求を行い、共通作戦状況図（ＣＯＰ）を新たに得て変化を確認し、新たな状況認識に至るといった事態対処行動の一連のサイクルに則って構築される。

オペレーションリズムは、軍事分野では「バトルリズム（Battle Rhythm）」と呼ばれる。堂下哲郎元海将は、その著書『作戦司令部の意思決定』において以下のように解説している。

> 作戦が始まると、作戦レベルの司令部は、24時間休むことない作戦現場（戦術レベル）と、一般の社会生活の中で動く政治・外交との接点を持つ戦略レベルの司令部との間で、緊密な連携をとらなければなりません。このため、関係する組織の間で連絡調整を円滑化し、互いの活動を同期化するために活動のサイクルを決めることになります。これを「バトルリズム」といいます。

また、堂下氏は、このバトルリズムの概念について、フォークランド紛争におけるサッチャー首相率いる英国戦時内閣を中心としたバトルリズムを事例として挙げ、以下のように紹介している。

> 主に政治と軍事の調整は、交戦規定（ＲＯＥ）に関する軍の要請と戦時内閣による承認というプロセスで行われました。そのため、各軍の参謀長は、毎朝、ＲＯＥに関する要請を決めるために集まり、ノット国防相も参加して情報ブリーフィングおよび報道状況に関する検討なども行われました。

この各軍参謀長委員会での提言を受け、ノット国防相とルウィン議長の間で合意された事項が戦時内閣に提出されました。

戦時内閣の会議は、戦争期間中ほぼ毎朝10時に始まるため、各軍参謀長委員会や任務部隊、各軍からのインプットは、そのタイミングに合わせて行われました。このようにして、戦時内閣を中心とした「バトルリズム」が作られ、統合部隊内の各階層の「バトルリズム」もそれに合わせて規定されました。

ケーススタディ15

ＷＨＯのオペレーションリズム

ＷＨＯ危機管理局では、平時には、毎朝9時に必ず世界中の危機スキャニングを実施している。

また、危機時、例えばＣＯＶＩＤ-19パンデミックでは、毎朝8時にスタッフが集まり、直近半日の危機状況のアップデートとその日に実施される事柄の共有を行っていた。また、夕方17時に、その日に行われた事柄の結果と今後の展望について全体に共有する会議を開催していた。さらに、毎日定時にＷＨＯ事務局長が記者会見を開催し、その直前の時間はインシデント・コマンド・システムの各部門からＷＨＯ事務局長へのブリーフィング時間に充てるなどしていた。このように、事態対処行動の活動サイクルを固定化することで一定のオペレーションリズムを形成し、効率の良い事態対処行動を構築しているのである。

(8)指揮統制支援システムの信頼性・機動性・相互運用性（Responsive, Dependable, and Interoperable Support Systems）

指揮統制の遂行を支援するシステムは、信頼に足る情報をリアルタイムで機動的に収集できるものである必要がある。

また、感染症危機管理組織の外部のシステムと可能な限り共通性・互換性を持ち、標準化されているものであることが望ましい。それにより、部門間や組織間の相互運用を柔軟に行うことができる。例えば、軍事組織における指揮統制支援システムとは、信頼に足る情報をリアルタイムで機動的に収集する情報収集・警戒監視・偵察活動（ＩＳＲ：Intelligence, Surveillance and Reconnaissance）システムや、標準化されている通信システムなどのことを指す。[11][12]

指揮統制支援システムを実装した設備としては、事態対処行動の中央指揮所として機能する「危機管理センター（ＥＯＣ：Emergency Operations Center）」がある。ＥＯＣの具体的内容については、本節第四項で述べる。

(9)状況認識（ＳＡ：Situational Awareness）

指揮官を補佐する参謀が、指揮官のために第一に追求すべき事項は、真の状況認識（ＳＡ）を構築することである。真の状況認識は、事態対処行動における全ての意思決定の基盤となるからだ。

状況認識（ＳＡ）は、指揮官が事態対処行動を指揮するにあたり、危機を収束させるための機会や課題を見出すための前提条件となる。具体的には、自身が指揮する感染症危機管理組織の人的・物的・財政的キャパシティについての情報や、脅威の性質やそれが引き起こしている感染症危機の性質についての情報は、事態対処行動における意思決定をするために必須である。それ以外にも、国内の政治状況や、他の危機管理組織の能力や活動状況、世論の動向、他国の情勢といった情報も、包括的な状況認識を行うために必要である。

指揮官がより良い意思決定を行うために、状況認識（ＳＡ）は可能な限り広い範囲にわたる情報をカバーする必要があるのだ。

(10)相互信頼（Mutual Trust）

指揮官が部下に対して任務付与と権限委譲（ＤＯＡ：Delegation of Authority）を行うためには、そもそも部下を信頼しなければ成立し得ない。同様に、感染症危機管理組織の各部門は、指揮官が自分たちの能力を適切かつ最大限に活用してくれると信頼できなければ、任務にコミットすることが難しい。指揮官とそれ以外のスタッフの相互信頼が必要なのである。

　ミッションコマンドを最大限機能させるためには、感染症危機管理組織におけるどの責任序列においても「指揮官の意図（Commander's intent）」を正確に理解することが求められる。責任序列の上位の者は、下位の者に対して任務の目的について明確かつ具体的に伝達し、下位の者の自由裁量を尊重し任務遂行の方策を委ねなければならない。そのためには、指揮官とそれ以下のスタッフの間に、高度の相互信頼関係が築かれている必要がある。それによって初めて「集権的統制と分散型実行」が実行できるのである。

第三項▼指揮統制の組織的要素の具現化――インシデント・コマンド・システム（ＩＣＳ）

　指揮統制を可能ならしめる組織的要素（組織形態と運用概念）を具現化するために、文官（軍人ではないという意味）が行う危機管理の世界では「インシデント・コマンド・システム（ＩＣＳ：Incident Command System）」（事態対処指揮システム）という組織管理ツールが存在する。

　ＩＣＳは、高度に標準化された上意下達の意思決定システムであり、危機時に使用できるよう、軍事組織の参謀組織構造をモデルとして作られている。米国等の諸外国政府や国際機関では、感染症危機管理における組織管理ツールとしてＩＣＳを使用することは標準的になっている。

　日本政府では、未だに旧来の「本部制」を慣例として使用していることから、強固な指揮統制が効かず、必ずしも指揮命令系統がはっきりしないということもしばしば生じる。したがって、

ＩＣＳを導入し、感染症危機管理組織への訓練を通じてこれらの手法を組織的に学習することは有用である。

ＩＣＳの具体的内容についての解説は専門書に譲るが、状況に応じた指揮の種類についてはここで解説する。指揮は、感染症危機管理組織がその使命を遂行する上で最も重要な機能であり、指揮一元化（Unity of Command）と統合指揮（Unified Command）の２種類の概念が存在することは既に述べた。

ＩＣＳでは、指揮統制を機能させるための組織の作り方、特に、指揮一元化と統合指揮を実際に機能させるために、指揮官の配置の仕方について規定している。

戦略レベルの感染症危機管理組織の指揮官が一人で良い場合（Single Incident Commander）には、その上位に位置する大戦略レベルの政治指導者に直接報告できるレベルの人間を据えなければならない。

一方、同一の感染症危機管理組織による戦線が複数にわたり、指揮官が複数必要になる場合（Multiple Incident Commander）には、複数の指揮官を統括する上位の指揮官を置き、その上位の指揮官にも同様に、大戦略レベルの政治指導者に直接報告できるレベルの人間を据えなければならない。

さらに、国家的な危機において複数の危機管理組織による事態対処行動が必要になる場合には、統合指揮を設置し、主要な危機管理組織全ての指揮官（Incident Commander）を一堂に集め、全体として一体的な事態対処行動を行うための調整・協議を行う。協議による決定が難しい場合には、その上の政治指導者（閣僚級）同士または最高指導者（内閣総理大臣）が決定する。

ケーススタディ16

大型客船ダイヤモンド・プリンセス号事案によって生じた複数の指揮官

ＣＯＶＩＤ-19パンデミックにおいて、２０２０年1月～8月まで厚生労働省の事態対処行動の指揮官を担ったのは、厚生労働省の鈴木康裕医務技監（次官級）である。

鈴木医務技監は、戦略レベルの指揮官として国家的な事態対処行動を統括する一方、大戦略レベルの安倍総理大臣以下の内閣の主要閣僚に対して日々報告を行う役割を担っていた。

同年2月、ダイヤモンド・プリンセス号という大型客船が横浜港に着岸し、船内で大規模なＣＯＶＩＤ-19の感染拡大が認められたことで、国内の事態対処行動という一つ目の戦線に加え、大型客船における事態対処行動という二つ目の戦線が発生した。

鈴木医務技監は、豊富な感染症危機管理経験を有する正林督章審議官（当時厚生労働省から環境省に出向中）を厚生労働省に呼び戻し、ダイヤモンド・プリンセス号における事態対処行動の指揮官に任命した。これによって、「Multiple Incident Commander」の状態が発生したのである。
この場合は、鈴木医務技監がそのまま国内の事態対処行動の指揮官を担いつつ、正林審議官の上位の指揮官の役割も担ったことになる。

出典：『新型コロナ対応・民間臨時調査会 調査・検証報告書』

ＩＣＳでは、一般的に図表25のような定型的な組織構造が推奨されている。[13][14] 指揮官（Incident Commander）の下に、その意思決定を補佐するための指揮官専属参謀（Command Staff）と呼ばれるスタッフを配置する。また、指揮官の指示に従い事態対処行動を行うにあたり必要となる機能として、一般参謀（General Staff）を配置する。

しかし、このような配置の仕方が必ずしも全ての種類の危機管理に適しているわけではない。特に、脅威の種類とそれが引き起こす危機の特性により、実行部門（Operations Section）に必要とされる機能は大きく異なる。

したがって、一般的なインシデント・コマンド・システムの考え方を踏襲しつつも、感染症危機管理組織が採用するべき組織構造については異なるため、本章第五節第三項で詳述する。そこでは、一般的に用いられている定型的なインシデント・コマンド・システムの組織構造ではなく、筆者の日本政府及びＷＨＯにおける感染症危機管理の経験に加え、一般的なインシデント・コマ

図表25　一般的なICSの構造

ンド・システムや、軍事組織における組織構造（軍政組織・軍令組織など）の研究を踏まえ、感染症危機管理に最も適した詳細な組織構造（図表29）を提唱する。

第四項▼中央指揮所——Emergency Operations Center（ＥＯＣ）

事態対処行動において指揮官が陣取り、感染症危機管理組織を指揮する中央指揮所を「危機管理センター（ＥＯＣ）」という。ＥＯＣは、感染症危機を含むあらゆる種類の危機（All Hazard Approach）に24時間３６５日対応することが求められ、事態対処行動を実行するための情報収集・整理・統合のハブとして機能すると同時に、指揮官の感染症危機管理組織全体に対する指揮統制を機能させ、機動的に事態対処行動を行う際の技術的対応のハブとしての機能を果たす。すなわち、ＥＯＣは、本章第二項で述べた「指揮統制支援システム」を実装した設備である。

また、危機が発生した際に迅速にＥＯＣを通じた対応を行うことができるよう、平時からＥＯＣにスタッフを常駐させ、積極的にＥＯＣを活用することが必須である。平時にＥＯＣを使わず、遊休設備としてしまう愚を犯してはならない。

さらに、平時はＥＯＣではなく他部署で業務を行うものの、危機時にはＥＯＣにおいて事態対処行動に従事する職員に対しても定期的に訓練を行い、いついかなる時も事態対処行動に従事することができるための練度を維持することが肝要である。

また、ＥＯＣには、ＥＯＣ同士が連結したネットワークの構築が不可欠である。ＥＯＣは、大戦略レベル・戦略レベル・作戦レベル・戦術レベルの各階層に存在することが必要であり、それらがネットワークとして連結されていることで、国家的な事態対処行動の効率が飛躍的に上昇する。もしＥＯＣネットワークが欠けていれば、ＥＯＣの価値は相当程度薄れてしまう。

よく、ＥＯＣは平時には不要であるとか、国政術の四階層の中でどこか一カ所にあれば十分であるといった誤解があるが、それではＥＯＣ本来の機能は発揮し得ないので、注意が必要である。

これらを踏まえ、ＥＯＣを機能させるためには以下の「３Ｓ」が必要である。

(1) Staff（人員）

●指揮統制という概念を十分に理解したスタッフ。
●多岐の専門分野にわたる十分な数のスタッフ。
●危機の特性や程度に応じて危機管理組織内外の人員を動員するための柔軟な増員減員体制

図表26　米国CDCのEOC

（サージキャパシティ）。

●事態対処行動の初動の立ち上げを担当し、EOCを危機モードに移行させる複数の「感染症危機管理担当官（Emergency Focal Point）」の常駐。

●平時から世界のあらゆる脅威情報を監視し、早期警戒システム（Early Warning System）を管理する複数の「警戒監視担当官（Watch Officer）」の常駐。

(2) Stuff（設備）

●事態対処行動にあたるスタッフが、統一された意思の下に日々対応するために、物理的に一カ所に集まり事態対処行動を遂行できるスペース（数百人規模）。

●リスクアセスメントを行うための感染症早期警戒システム（Early Warning System）。

●国内外の脅威に関する情報を迅速に収集・

分析・整理・統合・共有・発信ができるＩＴインフラ及びそれらを支える病原体等の研究設備。

(3) System（指揮統制支援システム）

- 指揮官（Incident Commander）の存在。
- 指揮官による意思決定と指揮統制を可能とする指揮統制支援システム。
- 他の危機管理組織のＥＯＣと連結されたＥＯＣネットワーク。

公衆衛生分野の危機管理に対応する組織であれば、感染症危機に限らず、化学テロ、原発事故、自然災害など、あらゆる種類の危機（All Hazard Approach）に対処できるようにＥＯＣが設計されている必要がある。このような各種概念に基づいた公衆衛生分野のＥＯＣは、米国ＣＤＣやＷＨＯに限らず、世界の多くの国々で実際に採用され、稼働している。

第三節　指揮統制を可能ならしめる個人的要素（指揮官・参謀・副官）

事態対処行動を行う感染症危機管理組織には、それを指揮する指揮官（Incident Commander）と、指揮官の意思決定を補佐する参謀（Command Staff）、指揮官による組織運営を補佐する副官（Aide）の三つの役割が必要である。戦術レベルの前線機関では、指揮官と参謀組織に加え、実際に目の前の脅威と相対する（戦闘する）実動部隊が存在する。

また、感染症危機に対する事態対処行動の内容は、戦略レベル・作戦レベル・戦術レベルという感染症危機管理の三階層に整理・区別し、その違いを意識して国家的なオペレーションを行うことが必要である。三階層の区別が明確に行われている代表例は軍事組織だが、同時に、軍事組織における指揮官・参謀・副官の三つの役割も、感染症危機管理組織に共通している。

第一項▼指揮官（Incident Commander）〜備えるべき五つの素養〜

感染症危機事案発生時の指揮官は、インシデント・コマンド・システムを起動し、事態対処行動に必要な各参謀部門を率いる部門長たちを招集し、任命した上で、その下に適材適所の人材を配置させる。

指揮官は、自身が率いる感染症危機管理組織と脅威の不断の相互作用を通じて、リアリズムに基づき事態対処行動を指揮すると同時に、事態対処行動に従事するスタッフを鼓舞し士気を喚起し続けることが要求される。言い換えると、指揮官は、西洋的合理精神と封建的敢闘精神、すなわち、合理主義と精神主義の相反する二面性をアウフヘーベンした先にある資質を有していなければならない。『常に諸子の先頭に在り——陸軍中將栗林忠道と硫黄島戰』（留守晴夫著、慧文社）は、硫黄島の戦いを指揮した栗林忠道中将を「西洋的合理精神と封建的忠誠心とをあはせ持つ『異形』の日本人」と評しているが、指揮官に求められるのは正にその像ではなかろうか。

初代内閣安全保障室長で危機管理の専門家である佐々淳行氏は、「危機に強い指導者の共通の特徴は、首尾一貫性（consistency）と頑固さ（stubbornness）である」とし、「一つの主義、心情（cause）、一つの目標を堅持し、長期的展望に立ってある戦略目標をみつめつづけ、頑固に首尾一貫してその目標達成に邁進する姿勢は、非常時型指導者の必須の素質である。いきおい、非常時型指導者はワンマン的な存在であり、強烈な個性と教祖性（charismatic）をもつ傾向を避けることはできない」と述べている。[15] 調和型の指導者は、迅速性が要求される危機時には役に立たない。

唐の時代に「貞観の治」と呼ばれる善政を為し、太平の世を築いた太宗皇帝の言行を記した

『貞観政要』には、以下の言葉がある。

太宗謂侍臣曰、帝王之業、草創与守成孰難。

書き下し文：太宗、侍臣に謂いて曰く、帝王の業、草創と守成と孰れか難き。

現代語訳：太宗が側近の者にたずねた。「帝王の事業のなかで、創業と守成といずれが困難であろうか。」

太宗の答えは、創業も守成も難しいというものだ。言い換えれば、戦時も平時も両方難しい。しかし、それぞれ求められる能力が異なり、それぞれに適した人物がいる。危機時と平時に求められる指揮官の資質は異なるのである。

「指揮官」とは、職名ではない。軍事組織では、司令・司令官・総司令官等は職名である一方、指揮官は組織に対して指令を与え、実際に兵を動かす立場のことを表している。すなわち、「指揮官とその人物が統率する一定規模の軍事組織」というフラクタル構造が組織全体にわたり存在する。例えば、自衛隊では、内閣総理大臣も指揮官である（自衛隊法は「最高指揮官」と規定する）し、自衛艦隊司令官も第2護衛艦隊群司令も指揮官であり、各々の指揮官の下にその指揮に服する一定規模の自衛隊組織が存在している。

同様に、感染症危機管理組織における指揮官とは、必ずしも感染症危機管理組織のトップ（例えば中央省庁の場合は大臣）という意味ではない。指揮官は、同じ感染症危機管理組織の上司（閣僚）や、上位に位置する大戦略レベル（内閣）から指示を受け、それらに報告する義務がある。

このように、「指揮官」と言っても、例えば日本政府で言えば、閣僚級なのか、特定の危機管理組織（省庁）全体の事態対処行動を指揮している人物なのか、実際に事案が発生している地方の現場にリエゾンとして赴いて少人数のチームを指揮している人間なのかによって、その「決心」の内容は自ずと異なる。これを規定するのが、戦略レベル（Strategy）・作戦レベル（Operation）・戦術レベル（Tactics）という三つの階層に関する概念である。同じ「指揮官」と言っても、この三階層ごとに求められる術は異なる。

- 戦略指揮官：前述の通り、戦略は「Direction」（方向性を指し示すこと）である。デザイン・計画策定に関する技能がほとんどを占め、計画実行のための技能が占める余地は少ない。戦略家とは、「デザイン・計画策定」の技能に長けた人々のことをいう。
- 作戦指揮官：前述の通り、作戦は「Plan」（個別計画を策定すること）である。同時に起こる複数の戦闘等を包括的に視野に入れて、各戦闘等を有利に導かなくてはならない。要するに、個々の戦術的なイベントを結合するための接着剤のような役割を持っている。作戦レベルのデザイン、計画の策定、計画の実行のための技能が必要とされる。

- 戦術指揮官：前述の通り、戦術は「Execution」（個別計画の遂行手法を明示すること）である。戦場等のみに焦点を当てる。戦術家とは、デザイン計画策定よりも、戦闘等の「計画実行」に長けた人々を指す。

戦略・作戦・戦術のどの階層にも共通するのが、「用兵」、すなわち危機を収束させるために組織内のスタッフを動かして事態対処行動を行うということである。「用兵は一の術にして、科学を基礎とする自由にして且つ創造的なる行為なり」（田村尚也『各国陸軍の教範を読む』イカロス出版）とある通り、用兵はサイエンスにしてアートである。眼前の感染症危機の事実に基づき冷静に行動する西洋的合理精神と、時には感情にも訴えかけつつ事態対処行動に従事するスタッフを鼓舞し士気を喚起し巧みに操縦する封建的敢闘精神の、相反する二面性をアウフヘーベンした先にある資質が、用兵には求められる。特に、感染症危機が長期化すればするほど、スタッフの間に士気がなければ、長期間にわたる事態対処行動そのものに耐えられなくなるため、士気の重要性は増す。

軍隊では、指揮官が一人で決心するのであって、合議するわけではないと言われる。指揮官の仕事は「決心」であり、指揮官を支える参謀の仕事は決心を支えるための戦略策定や選択肢の絞り込みである。

指揮官と、その部下である参謀の地位・役割は明確に分けられている。軍事組織における指揮命令系統は単一であるために、参謀には、組織の各部門に対する一切の指揮権がない。参謀は、無私の精神によって指揮官に仕え、その決心を「補佐」することだけが使命である。

指揮官は、参謀の補佐を得ながら独自に決心する。そのためには、畢竟、参謀の指揮官に対する忠誠心（Loyalty）が極めて重要である。指揮官に仕える参謀達、特に部門長は、指揮官に代わってトップになろうという野心のない忠誠心を持った人物であり、かつ、感染症危機管理に関する専門能力を有している実務家であることが重要である。

本章第六節第一項第二目で詳述するが、感染症危機管理組織を平時の体制から危機時の体制へと移行し、事態対処行動を起動する際に、人事の常道や平時の年功序列制（Seniority system）を脇に置いて実力本位制（Merit system）を徹底し、指揮官が個人的に信頼できる危機時に有能な部下を躊躇なく強引にでも引き抜き、個人的信頼関係に基づいた強固かつ有機的に団結したチームを編成しなければならない。指揮官を補佐する参謀の任命にあたっては、特にこのことを肝に銘じる必要があろう。

「指揮官」とは職名ではないということは、既に述べた。感染症危機管理組織でも、指揮官は組織に対して指令を与え、実際にスタッフを動かす立場のことである。「指揮官とその人物が統率する一定規模の感染症危機管理組織」というフラクタル構造が組織全体にわたり存在する。指揮官は、本人が所属する感染症危機管理組織における上司や、さらにその上の階層から指示を受け、それらに報告する義務がある。

本項では、国家全体の感染症危機管理活動を統括する政府の戦略指揮官について述べる。政府の戦略指揮官は、「感染症危機管理」の専門家でなければならない。感染症危機に対する事態対処行動は、組織としての国家と病原体が、それぞれの能力をぶつけ合い、生存をめぐって繰り広げる闘争である。それは、戦略→作戦→戦術へと細分化されていくが、その最小単位である各前線機関が医療措置・公衆衛生措置・渡航措置について行う日々の闘争（戦闘）は、国家規模の感染症危機管理組織の主体的意思である目標（戦略目標）と、その遂行（実行プロセス）の競合となる。したがって、戦略指揮官は、国家の戦略レベルの意思決定機構に加え、戦術レベルで行われる日々の闘争にまで理解が及ぶ人物である必要がある。

「感染症危機管理」を専門とする者とは、感染症危機管理に関する戦略・作戦・戦術の計画と遂行そのものを専門とする人間のことである。したがって、政府の感染症危機管理の戦略指揮官は、科学的知識（医学・公衆衛生学的知識）・法律知識・国際的能力・統治機構の知識・軍事的思考の5要素を素養として備えていることに加え、その職業人生において、戦略・作戦・戦術の複数のレベルにわたり広く感染症危機管理経験を積んでいることが必須である。要するに、「感染症危機管理」の専門家とは、この5要素を自己に内在し、感染症危機管理の事態対処行動に関す

図表27　指揮官が備えるべき5つの素養

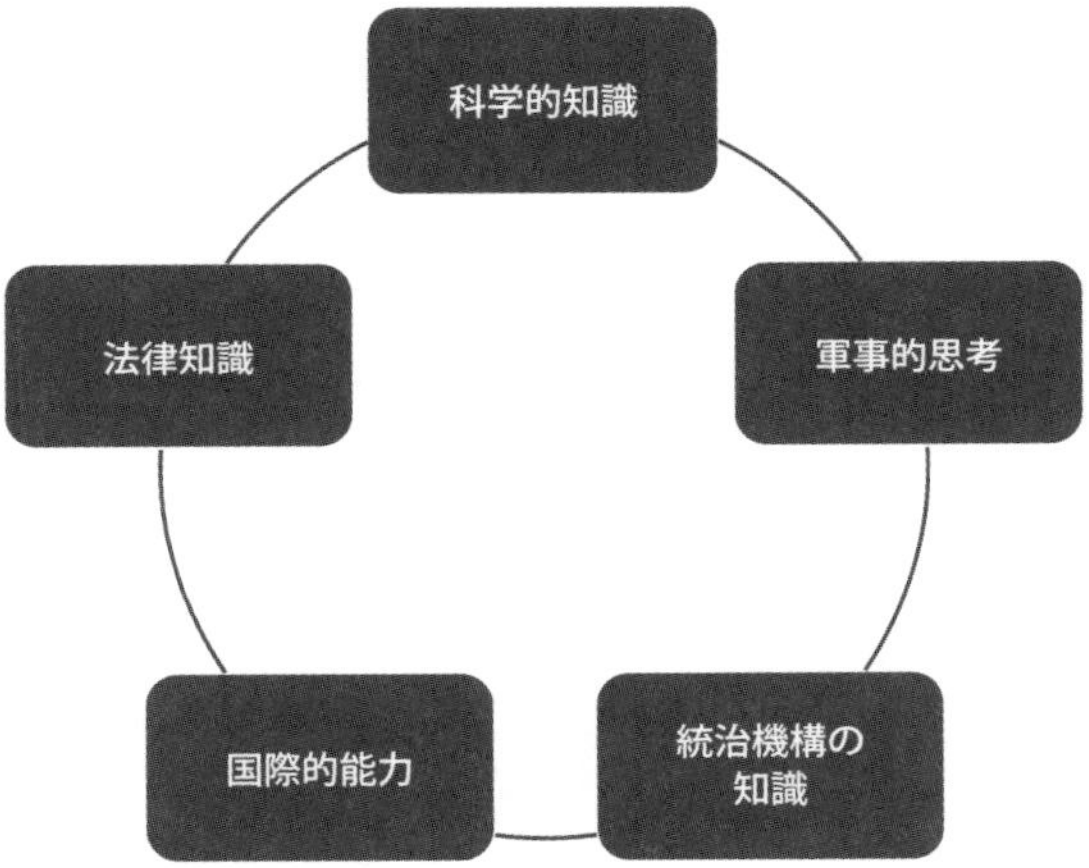

る経験を有する者のことである。

科学的知識は、敵である病原体の能力を把握し、適切な事態対処行動を選択するために必須である。加えて、事態対処行動中における二つの攻撃と一つの防御や、武器たる危機管理医薬品の開発を理解するためには、科学的知識、特に医学及び公衆衛生学の知識が必須である。すなわち、病原体の動態に関する医学・公衆衛生学的特質を把握し、医療措置・公衆衛生措置・渡航措置を適切に実行し、病原体の特質に合致した危機管理医薬品の研究開発を促進するために、医学及び公衆衛生学的知識が求められるのである。医学及び公衆衛生学の知識がない感染症危機管理の指揮官は、武器の使い方を知らない軍人と同じであり、論外である。そのような人物に、感染症危機管理の事態対処行動の指揮をとらせるのは、自殺行為であると言えよう。

医学及び公衆衛生学の中では、細菌学・ウイルス学・免疫学・疫学については一定程度以上の知識を有している必要がある。

法律知識は、事態対処行動への法的制約を理解するために必須である。我が国は法治国家である。したがって、感染症危機管理の事態準備行動及び事態対処行動は、常に法的根拠を基に実行される。感染症危機管理に関する国際法及び国内法というルールに関して理解の浅い指揮官は、そもそもスタートラインにすら立てていないと言えよう。それは、軍事分野において、憲法や武力攻撃事態対処法、自衛隊法といった国内法的制約や、武力紛争法といった国際法的制約など、国内外の法的制約について理解していない指揮官は事態対処行動が取れないのと同じである。感染症危機管理の指揮官は、国内アクターと国内ルールに精通し、自身が指揮する感染症危機管理組織の事態対処行動では、医療措置・公衆衛生措置・渡航措置のうち、何が可能で、何が不可能なのかを理解していなければならない。また、海外アクターと国際ルールについても精通することで、自身の指揮する事態対処行動が国際ルールを逸脱してしまい、国際社会からの批難の的になってしまうといった事態にならぬように、細心の注意を払わねばならない。

国際的能力は、国内戦線と世界戦線の同期性という感染症危機管理の特性に照らし、必須の能力である。感染症危機管理では、事態準備行動と事態対処行動の両期間を通じ、国内対策と同時に、①情勢分析と②同盟という二つの観点から、国際社会に積極的に関与する必要があることは、第2章第三節第一項で述べた。国際的能力が欠如し、外国語を解さず、外国政府や国際機関との個人的ネットワークもなく、危機時に各国や国際機関との水面下でのハイレベルの調整の前面に立つことのできない指揮官は、指揮官としての資格に欠ける。我が国では以前より、「平家・海軍・国際派」は主流になれないということが言われる。源氏は親族間で土着の権力争いをする一方、平家は日宋貿易という国際化施策を推進。陸軍が国内及び周辺地域で影響力を行使する一方、七つの海を航海し世界を広く見聞きする海軍。国内派官僚が脈々と日本の屋台骨を増強しつつも国内的な事情で世界観を構築する一方、合理的に世界のパワーバランスを見渡す国際派官僚。着々と権力を拡張していった地方武士の源氏に負けて平家は滅亡し、陸軍の始めた満州事変に結果的には引っ張られる形で海軍は太平洋での対米戦争の正面に立って敗北し、国際派財務官僚の頂点は財務官という財務省の二番手に留まり事務次官というトップにはなれない。しかし、このような我が国の性質にあっても、感染症危機管理においては別だ。指揮官に国際的能力が欠如していては、世界戦線に関する視野が欠如し、各国や国際機関との事態対処協力がままならず、国際的な資源獲得競争に負けるというように、結果として国益を大きく毀損する事態になりかねない。

統治機構の知識は、感染症危機管理組織の事態対処行動における機動を理解するために必須である。すなわち、国家全体の感染症危機管理活動を統括する政府の戦略指揮官は、日本政府の統治機構について深く理解していなければならない。具体的には、各中央省庁の構造や特徴、政治力学である。また、戦術レベルの前線機関（医療機関、保健所、検疫所など）の組織構造や政治力学についても理解している必要があろう。自身の指揮する軍隊の組織構造や政治力学を全く知らない者に、当該軍隊の指揮を任せられるわけがないのと同様である。また、前節第二項で述べたように、指揮は感染症危機管理組織がその使命を遂行する上で最も重要な機能ではあるが、時にそれよりも重要であると言われるのが、調整である。大規模な感染症危機時には、単一の感染症危機管理組織のみで収束させることは不可能であり、多くの危機管理組織が関与することになる。したがって、感染症危機の収束という同一の目標に向け、異なる強みや管轄を有する複数の中央省庁が全体として統一された事態対処行動を実施するにあたり、中央省庁間または同一危機管理組織内の異なる部門間の調整が必然的に生じる。この調整を円滑に実施するにあたり、各中央省庁の構造や特徴、政治力学を深く理解していることが必要なことは論をまたない。政府での感染症危機管理経験のない人物に、国家全体の感染症危機管理活動を統括する政府の戦略指揮官の任は務まらない。

　軍事的思考は、感染症危機管理の事態対処行動の遂行に不可欠である。感染症危機管理における事態対処行動は、「科学的活動」ではなく、「危機管理活動」である。感染症危機管理は、「感染症対処の問題」と捉えられるきらいがあるが、それは問題設定が誤っている。感染症危機管理は、あくまで「危機管理」という概念が先にあり、その中で、「感染症」というタイプの脅威に対していかに対処するかという問題なのである。

　そして、危機管理活動の事態対処行動を機能させるためには、軍事的思考が必要となるのである。具体的には、事態対処行動の指揮統制に関する深い理解が必須である。指揮統制は、危機管理組織の神経系統である。それがなければ、感染症危機管理組織による事態対処行動は麻痺してしまう。指揮統制は、指揮官の適時適切な決断と、その実行を支援すると同時に、事態対処行動を構成する全機能の横の連結性を高め、危機管理組織の全序列にわたる縦の連結性を高めるのである。また、指揮官は、事態対処行動における戦略・作戦・戦術レベルという感染症危機管理の三階層や、政治／大戦略レベルまで含む国政術の四階層を意識しつつ、各階層の違いを整理・区別しながら国家的な事態対処行動を行うことが必要である。すなわち、国家全体の感染症危機管理活動を統括する政府の戦略指揮官は、上位の政治／大戦略レベルの動向を常に意識しつつ、自身の決定した戦略に基づき、作戦レベルにおけるプランニングに計略を巡らせ、前線機関での戦術を構想し、個別戦闘を行うという事態対処行動の全体像を常に意識していなければならない。指揮統制や、事態対処行動の階層といった、軍事分野に端を発する概念についての認識がない人物が指揮にあたってしまうと、感染症危機管理組織に混乱を招き、全体としての統率を失うおそれがある。

このように、政府の感染症危機管理の戦略指揮官は、科学的知識・法律知識・国際的能力・統治機構の知識・軍事的思考の5要素を最低限の素養として自己に内在していなければならない。

佐々淳行氏は、『決断力』とは、その人のそれまでの人生航路で蓄積された学識、体験から得た経験則、磨き上げられた世界観や人生観などを集大成した人間的総合力を、危機的情況やここ一発の勝負時に、限られた時間的制約のプレッシャーに耐えながら一点に凝集させる、精神の瞬発力にほかならない」と述べている。[16] このことからもわかる通り、指揮官は、科学的知識・法律知識・国際的能力・統治機構の知識・軍事的思考の5要素を素養として備えていることに加え、その職業人生において、戦略・作戦・戦術の複数のレベルにわたり広く感染症危機管理経験を積んでいることが必須である。

第二項▼参謀（Command Staff）～指揮官に準じる素養～

第一目　参謀の役割

感染症危機管理組織の事態対処行動の機動を適切な方向に管理・運用するためには、指揮官一人の能力だけでは限界がある。したがって、指揮官は、その意思決定を補佐するために、頭脳集団を必要とする。すなわち、指揮官の頭脳として機能するのが参謀組織である。例えば、戦略レベルの参謀は、作戦レベル以下の組織に対する指揮権限は有さず、同じ戦略レベルの指揮官のみに知的に奉仕し、補佐する存在である。具体的には、指揮官の決心を支えるための戦略策定や選択肢の絞り込みである。

前節第二項において指揮統制を可能ならしめる運用概念の一つとして述べた通り、指揮官を補佐する参謀が、指揮官のために第一に追求すべき事項は、真の状況認識（ＳＡ）を構築することである。真の状況認識の導出は、事態対処行動における全ての意思決定の基盤となるため、指揮官が事態対処行動を指揮するにあたり、感染症危機の収束に向けた機会や課題を見出すための前提条件である。そのため、時には事態対処活動が行われている最前線の現場に指揮官自らが出向き、直接見聞きし、情勢に関する肌感覚を研ぎ澄ますことも必要である。

参謀組織のスタッフには、一般参謀（General Command Staff）と特別参謀（Special Command Staff）の二種類が存在すると言われている。『戦術と指揮——命令の与え方・集団の動かし方』で松村劭元陸将補は、参謀組織内の役割分担について次のように解説している。

> 一般参謀は、「監理・行政」「人事」「情報」「作戦」「兵站」に区分される。そして一般参謀は、そのすべての領域に発言権がある。たとえば情報参謀であっても、作戦、人事、兵站などに発言権をもっている。
>
> 一方、特別参謀は「総務」「通信」「工兵」「輸送」「航空」「整備」「補給」「化学」「衛生」「会計」「厚生」「警務」などにわけられ、専門的事項に関して、全一般参謀に対しての調整権をもっている。いわば、一般参謀が横軸、特別参謀が縦軸ということである。

この結果、軍隊の参謀組織は「縦割り」ではなく、「網型」となっている。このような師団参謀組織の利点は、いずれの参謀も、師団長が承知している状況と同じ範囲の状況を、承知することである。なぜならば一般参謀は、すべての領域に発言権があり、最高会議につねに参加する。一方、特別参謀は、自分の専門域にかんして、すべての一般参謀と調整するので、結果的に全ての状況を知ることになるのだ。連隊、大隊の参謀も、それぞれの指揮官と同じ状況を承知する。したがって、担当参謀が留守の場合には、どの参謀でも、自動的に代役がつとまるのだ。これにより、会社や一般官僚における縦割り組織のもっとも悪い欠陥、参謀の官僚化（自分の領域しかわからない。他参謀の領域に口出ししない、踏み込まない。他参謀の代役をしない。自分の領域の利益のみを考える）などが、軍隊の参謀組織では、おこらないのだ。軍隊の参謀組織は一見、複雑で人員が必要なようであるが、参謀全員が師団長のつもりで状況を把握し、師団長の立場に立って問題解決策を考えているので、複雑な作戦を迅速に計画するには、最良の組織となっている。

ケーススタディ17

ＷＨＯの参謀組織

感染症危機が発生すると、ＷＨＯ危機管理局は、平時の組織とは切り離された危機時の参謀組織として、インシデント・コマンド・システムを起動・設置する。ＷＨＯ本部（戦略レベル）では、その危機時の参謀組織そのものを「Incident Management Support Team（ＩＭＳＴ）」と呼んでいる。六つの地域事務局（作戦レベル）にもＩＭＳＴがあり、各国の国事務所（戦術レベル）には、「Incident Management Team（ＩＭＴ）」という参謀組織があり、実動部隊を兼ねた存在として機能している。

このＷＨＯ本部におけるＩＭＳＴは、中央に位置する参謀組織であり、自衛隊でいうところの統合幕僚監部である。

ＩＭＳＴが設置されると同時に指揮官が任命され、「Incident Manager」と呼ばれる。同時に、指揮官に付属する副官組織も設置される。ＷＨＯではこの副官組織を「Project Management Office（ＰＭＯ）」と呼んでいる。ＷＨＯでは、比較的ジュニアのスタッフがＰＭＯに任命され、副官（Project Management Officer）として機能する。

ＩＭＳＴでは、指揮官の下に機能ごとの部門が複数ぶら下がり、軍事組織の参謀組織を模した構造を取っている。この各機能部門を「Pillar」、部門長を「Pillar Lead」と呼んでいる。例えば、ケーススタディ15で紹介したように、ＣＯＶＩＤ-19パンデミック下、ＷＨＯ本部ではＩＭＳＴが毎朝会議を開催し、事態のアップデートを行っている。主催者は指揮官であり、主要出席者は副官たるＰＭＯと、参謀組織の各機能部門長であるPillar Leadである。もちろん、各機能部門の個別の参謀も出席し、発言する機会はある。

第二目　参謀の種類

自衛隊や米軍では、司令部の参謀組織を複数の部に分け、第1部は人事、第2部は情報（インテリジェンス）、第3部は作戦（運用）、第4部は兵站、第5部は企画、第6部は通信といった担当を行うように組織が構成されている。NATO軍事ドクトリン[17]によれば、NATOでもほぼ同様の参謀組織の構造が採用されており、人事・情報（インテリジェンス）・作戦（運用）・兵站・企画・通信・訓練・財務・民軍連携・その他（建設・憲兵・衛生・リエゾン）の機能が置かれている。

効率的な事態対処行動を行うために、感染症危機管理組織も軍事組織を参考にすると良い。実際、文官の危機管理組織で一般的に用いられるインシデント・コマンド・システムも、軍事の参謀組織を参考に作られている。例えば、感染症危機管理組織で設置すべき参謀は、次の通りである。後述する感染症危機管理に最適化したインシデント・コマンド・システムも、基本的にはこの軍の参謀組織における構成を踏襲している。

人事参謀（Personnel）は、参謀組織の人事部門に所属し、サージキャパシティの起動と感染症危機管理組織外からの動員を含め、感染症危機管理組織全体の人事を担当する。事態対処行動中には、人事上のあらゆることが起こる。業務量の急増に伴う増員、時点時点で移り行く事態対処行動の中でホットスポットとなる機能への人員の柔軟な張り替え、スタッフの疲弊とバーンアウトに伴う欠員補充、新たな機能が必要になった際の新たな人材のリクルートなどである。事態対処行動を行うのは、人である。したがって、適材適所の人事が適時適切に行われなければ、事態対処行動そのものの破綻要因となるため、人事参謀と人事部門の果たす役割は絶大である。

情報参謀（Intelligence）は、参謀組織の感染症インテリジェンス部門に所属し、指揮官に決心の根拠となるインテリジェンスを提供し、指揮官の円滑な指揮統制を補佐する。情報参謀は、感染症危機管理の専門家である必要があるが、その中でも、疫学を中心とした感染症インテリジェンスに重きを置いた経歴が必須だ。後述するように、感染症インテリジェンス部門は、疫学データ収集・分析・評価や、数理モデリング・予測、地理情報システムといった感染症インテリジェンスに関連する様々な機能を抱えている。これらについて高度な理解を持たなければ、感染症インテリジェンス全体を理解することはできない。

作戦参謀（Operations）は、参謀組織の運用部門に所属し、現下の事態対処行動における医療措置・公衆衛生措置・渡航措置について、指揮官を補佐する。作戦参謀は、感染症危機管理の事態対処行動における戦略目標と作戦レベルの詳細について精通していなければならないが、それは、第3章第六節第四項で述べた「感染症危機管理計画」に規定されている。したがって、作戦参謀は、感染症危機管理計画に誰よりも精通していなければならない。作戦参謀に任命される者は、医療措置・公衆衛生措置・渡航措置の全てに関する国内及び国際法的制約について詳細に理解していなければならないし、それらの作用が及ぼす副作用としての社会経済的圧迫や、副作用対策としての経済対策についても一定の理解が必要だろう。

兵站参謀（Logistics）は、参謀組織の兵站部門に所属し、事態対処行動において必要となる兵站を感染症危機管理組織全体に供給すべく、指揮官を補佐する。特に、危機管理医薬品やその他の装備品といった兵站物資の国家備蓄を放出し、迅速かつ効率的に戦術レベルの前線機関に分配するための兵站オペレーションの構築は、事態対処行動の進捗と効果全体に影響を及ぼす大きな課題である。

企画参謀（Strategy, Plans and Policy）は、参謀組織の企画部門に所属し、運用部門に所属する作戦参謀によって遂行されている現在進行形の事態対処行動の状況や、徐々に明らかになる病原体と感染症危機の性質を踏まえ、感染症危機管理組織の事態対処行動に中長期的に必要となる強化策等を企画・立案し、指揮官を補佐する。具体的には、政府の感染症危機管理組織であれば、法令部門や財務部門、運用部門と連携しながら、国内の感染症危機管理関連法の改正や、予算要求の総合調整、事態対処行動期間中における危機管理医薬品の研究開発の推進、事態対処行動全体の見通しに関する中長期の戦略策定などを行う。そのため、国内法及び国際法の知識や運用経験に加え、予算関連知識、医薬品研究開発の知識なども広範に求められる。

通信参謀（Command and Control, Communications and Computers / Cyber）は、危機管理センター（ＥＯＣ）と通信部門に所属し、事態対処行動に伴う通信の正確性や効率性を監督・整備し、指揮官の指揮統制が最大限発揮できるように指揮官を補佐するＥＯＣのデジタル機器等の運用などが求められる。したがって、各種エンジニアなどが必要とされるだろう。

法務参謀（Legal Affairs）は、法務部門に所属し、事態対処行動に係る国内法及び国際法上の妥当性や制約について、その都度解釈・検証し、指揮官を補佐する。具体的には、第2章第五節で述べた国内ルールと国際ルールに精通していることは最低限求められる。政府の感染症危機管理組織であれば、国会の対応も法務参謀の責任範囲だろう。また、必要があれば、企画参謀と連携しつつ、国内の感染症危機管理関連法の改正についての対応を行う。

財務参謀（Budget and Finance）は、財務部門に所属し、第3章第三節で述べた危機時の資金調達スキームを起動し、事態対処行動に必要となる資金を獲得・分配する役割を担う。いかに国家の危機といえども、タダで事態対処行動ができるわけではない。例えば、日露戦争において当時の日銀副総裁の高橋是清が、外貨建て公債の発行を通じて戦費獲得を行い、我が国の戦争遂行に貢献したことはよく知られている。国家的な事態対処行動を行うためには金がかかるし、その資金を調達する人間が必要なのである。

広報参謀（Communication）は、コミュニケーション部門に所属し、指揮官の命を受け、事態対処行動にかかるクライシスコミュニケーションを担当する。コミュニケーション部門の長は「報道官」として、感染症危機管理組織の顔となってメディア対応への発信（クライシスコミュニケーション）を一元的に行うことにより、事態対処行動に対する国民及びメディアの理解を促進し、感染症危機管理組織が事態対処行動を円滑に実施することのできる言論空間を醸成する。報道官も感染症危機管理の専門性を有していることが望ましいが、それよりも重要なのは、メディア等での経験である。報道官は、報道等のコミュニケーションに関する専門性を有していることが何より重要である。危機時にメディアとの関係構築の任も負うことから、メディアの論理を解することのできる経歴を有することが望ましい。

衛生参謀（Staff Health and Wellbeing）は、スタッフの安全管理部門に所属し、第3章第六節第六項で述べた「業務継続計画（ＢＣＰ）」の実行を担当する。事態対処行動に従事するスタッフが常に安心して任務を遂行できる環境を整えることが求められる。目立たないが、非常に重要な役回りで、衛生参謀による環境整備がなければ、スタッフは自身の足元の安全の方が気になってしまい、国民に奉仕するどころではなくなってしまう。

第三目　参謀の禁忌

指揮官と参謀の役割は明確に分かれており、指揮官と異なり、参謀には組織の各部門に対する一切の指揮権がない。参謀は指揮官にのみ奉仕し、その決心を「補佐」することだけが使命である。したがって、参謀の指揮官に対する忠誠心（Loyalty）が極めて重要である。指揮官に仕える参謀達、特に部門長は、感染症危機管理に関する専門能力を有している実務家であることを前提条件として、指揮官に代わってトップになろうという野心のない人物であることが重要である。

本来は指揮官のための専属スタッフであるところの参謀が、あたかも指揮官のように振る舞うような「幕僚統帥」は明白な越権行為であり、感染症危機管理の指揮命令系統を乱す行いであるため、行ってはならないとされる[18]。

事態対処行動における「幕僚統帥」による失敗は、旧日本軍で発生した「幕僚統帥」による軍事行動の失敗に学ぶところが大きい。『失敗の本質』によれば、ノモンハン事件は陸軍の「幕僚統帥」による失敗の典型例であるという。少々長いが、該当部分をそのまま引用する。

ノモンハン事件を流れる一本の糸は、出先機関である関東軍が随所で中央部の統帥を無視あるいは著しく軽視したという事実であり、さらに、関東軍内部では、第一課（作戦）作戦班長服部卓四郎中佐、同ノモンハン事件主担任辻政信少佐を中心とする作戦参謀が主導権を握っていたという組織構造上の特異性である。これは、現地軍やその参謀の誤った専断、あるいは下剋上としてとらえることもできるが、別の見方をすれば最高統帥部（参謀本部）と関東軍の指揮官がなぜそれを阻止、矯正できなかったのかという問題になる。

陸軍では、陸軍士官学校出身者の正規将校の中から特に優秀なものが選抜されて高等教育機関である陸軍大学校に入学した。（中略）陸大はもっぱら高級幕僚を養成する機関として存在した。陸大は参謀総長が統轄しており、学生およびその出身者の人事は陸軍大臣ではなく、参謀総長が掌握した。卒業生は陸軍内の超エリートとして、大部分が参謀に任命され、さらにそのほとんどが将官まで昇進した。（中略）陸大出身者を中心とする超エリート集団は、参謀という職務を通じて指揮権に強力に介入し、きわめて強固で濃密な人的ネットワークを形成した。そのため、組織内部におけるリーダーシップは、往々にしてラインの長やトップから発揮されずに、幕僚によって下から発揮された。いわゆる「幕僚統帥」である。陸軍大学校では、議論達者であり、意思強固なことが推奨されるような教育が重視されたため、陸大出身の参謀は、辻に象徴されるように、指揮官を補佐するよりもむしろ指揮官をリードし、ときには第一線の指揮官を指揮するような行動をとるものも少なくなかった。

海軍の場合には、若干状況が異なるように見える。海軍の参謀は、指揮官を補佐するものであって、その指揮権に干渉したり、介入することは戒められていた。ハワイ奇襲攻撃の際も、当初軍令部（中央スタッフ）は強く反対したにもかかわらず、山本連合艦隊長官（ラインの長）がこれを積極的に主張したため、結局認めるところとなったのであり、ミッドウェー作戦のときも、軍令部はフィジー、サモア進攻を適切としたが、山本長官は米空母誘い出しのためにはミッドウェーを攻撃すべきであると強硬な態度を崩さなかった。レイテ作戦では、軍令部や連合艦隊の作戦参謀に対して、栗田艦隊側は敵主力との艦隊決戦の可能性を認めさせている。

また、磯部晃一元陸将は、２０１１年の福島原発事故の際の自衛隊の部隊指揮について、指揮官ではなく幕僚によって部隊が動かされてしまった事例を取り上げて、以下のように述べている。

> 軍の行動は兵士の生命に係わる問題だけに、指揮命令系統の厳格な適用が重視されなければならない。軍の指揮命令系統は、厳格に規定され、指揮官から隷下の指揮官に命令が下される。そこに注意すべき点が存在する。指揮命令系統のみならず、幕僚系統でも命令につい

図表28　インシデント・コマンド・システムの運営のイメージ

出典：Incident Management System and the plate spinner（Dr. Jorge Castilla）

て具体的に調整するからである。この幕僚系統による具体的な調整が、いつの間にか幕僚による指示、その指示が命令に置き換わったりしてしまうと軍隊の指揮命令系統は歪んでしまう。

第三項▼副官（Aide）

副官とは、指揮官に対する一種の秘書役とも言え、指揮官の庶務的事項を担当し、指揮官による危機管理組織の運営を補佐する。その役割において、参謀とは異なる。しかし、指揮官の意図を確実に汲み取りながら常時その側で補佐し、あらゆる事柄について指揮官の代理として部門間を調整することを要求される場合があることから、タフな者でなければ務まらない。

インシデント・コマンド・システムの運営

は、皿回しやジャグリング、機械の歯車に油を差す作業に似ている。人事・情報・運用（日々の事態対処行動）・兵站・企画（中長期戦略）・コミュニケーション・通信・法務・財務・スタッフの安全管理という名の「皿」がそれぞれしっかりと回転し続け、棒から落ちないように、常に目配りしておかねばならない。指揮官による組織運営を補佐する副官は、指揮官の命に従い、人事の皿を回す日もあれば、財務の皿を回す日もある。常に全ての皿が回っているように気を配り、危機管理組織が全体として動き続けるようにせねばならないのである。

ケーススタディ18

副官の仕事の実際

筆者は、２０１９年のコンゴ民主共和国におけるエボラ出血熱アウトブレイクに対するＷＨＯ本部の事態対処行動で、副官を務めた。

副官の仕事は、指揮官による危機管理組織の運営の補佐である。具体的な業務としては、参謀会議（ＩＭＳＴ会議）の資料作成や参謀組織の部門間調整といった指揮官による事態対処行動の運用補佐から、国連安全保障理事会等の政治的なハイレベル会議に出席する事務局長の声明原稿作成にまで及ぶ。

副官の人数は、事態対処行動の規模によって異なる。右の事態対処行動では副官は１名だけだが、COVID-19パンデミックのような世界規模の危機では、事態対処行動を行う参謀組織の規模も巨大なものとなり、指揮官による危機管理組織の運営も複雑なものとなる。したがって、それを支える副官の人数は最低でも5名以上が必要だろう。

ケーススタディ19

副官の重要性——鈴木康裕氏（厚生労働省初代医務技監）へのインタビュー

鈴木康裕氏は、厚生労働省の初代医務技監として、COVID-19パンデミックの事態対処行動の指揮官の重責を担った人物である。

筆者が鈴木氏に行ったインタビューで、鈴木氏は副官の重要性について述べている。COVID-19パンデミックの事態対処行動の指揮官である鈴木氏に副官が1人付いたのは、WHOによるパンデミック宣言がなされた後の3月後半からであったという。

同副官は、優秀なジュニア（30代前半）の文官であり、鈴木氏が総理大臣官邸で行う安倍総理大臣へのブリーフィング資料の作成や調整を行う等の業務を行い、非常に重宝していたという。

一方で、副官としては、理想的には感染症危機管理の参謀経験を有するシニアの文官である方が望ましいという。理由は、指揮官の命を受け、感染症危機管理組織（この場合は厚生労働省）の参謀部門間の調整を行うにあたり、シニアの方が参謀組織内の調整が円滑に進む場合が多いからであるとのことだ。

第四節　感染症危機管理組織の構造・機能・人員配置

感染症危機管理組織は、感染症早期警戒システムから得た情報を基に、リスクアセスメントを行い、特定の脅威が発現し自国に対して今にも危機を発生させんとしている状態（Imminent threat）または発生させた瞬間であると評価した場合、事態対処行動に移行する。この際に主要な役割を果たすのが感染症危機管理担当官（Emergency Focal Point）である。感染症危機管理担当官は、当該危機の責任者として任命された指揮官の命令に従い、感染症危機管理組織内の関係各所に働きかけ、初動に必要な人員を招集し、インシデント・コマンド・システムを立ち上げる。

立ち上げの際にまず真っ先に行わなければならない感染症危機管理担当官の仕事は、当該感染症危機の責任者として任命された指揮官の命令に従い、事態対処行動に必要な機能を組み込んだヒエラルキー構造の組織図を描き、指揮命令系統を決定することである。

指揮官は、インシデント・コマンド・システムの各機能部門長として任命する参謀を指名し、それら各部門長に、部門ごとの参謀チームを作らせる。そして、組織図上に誰が何を担当しているのか、すなわち具体的な氏名と責任を明確に図示し、組織図に沿った任務分掌状況を常に把握するように努めなければならない。その理由は、危機時には、事態対処行動に従事する全てのスタッフが、各々の任務と持ち場を明確に認識して対応にあたらねば、組織の統率は崩壊し、事態対処行動に失敗するからである。

ヒエラルキー型の明確な組織図と指揮命令系統が存在しない感染症危機管理は、初めから破綻していると言って良い。日本政府でこれまで慣例として用いられてきた「本部制」（平時の組織内で役職の高い者を本部・本部長・副本部長・本部員として当てはめていく方法）は、多くが平時の組織のヒエラルキーを踏襲しており、当て職であることも多く、必ずしも感染症危機管理について理解している人間が任命されているとは言えず、改善が必要だろう。

感染症危機時には、ヒエラルキー型の統一された指揮命令系統の下で効率的なオペレーションを行うことが重要である。すなわち、指揮命令系統と責任序列の一元化を行わなければならない。序列の各階層にスタッフを任命する際には、その階層に付与される権限とその人物の有するスキルが一致せねばならない。

『貞観政要』の「草創と守成と孰れか難き」という問にある通り、危機時に求められる能力は、平時に求められる能力とは異なり、平時に有用であったとしても、危機時に有用でない人間は、絶対に用いてはならない。例えば、「前例」などと述べる役人然とした人間は、危機管理に向いておらず、事態対処行動の中心に据えてはならない。危機時の難局に対処するためには、人事の常道や平時の年功序列制（Seniority system）を脇に置き、指揮官が個人的に信頼できる危機時に有能な部下を躊躇なく強引にでも引き抜き、個人的信頼関係に基づいた強固かつ有機的に団結したチームを編成し、事態対処行動を行わねばならない。すなわち、実力本位制（Merit system）の徹底である。

危機が発生した際に、平時の年功序列制から戦時の実力本位制に転換しなかった事例について、『失敗の本質』は以下のように述べている。

> 軍事組織は、平時から戦時への転換を瞬時に行えるシステムを有していなければならない。日本軍には、高級指揮官の抜擢人事はなかった。将官人事は、平時の進級順序を基準にして行われた。年功序列を基準とした昇進システムのなかで、最も無難で納得性のある基準が、陸士・海兵の卒業成績と陸軍・海軍大学校の卒業者の成績順位であった。
>
> 米軍は、南北戦争での体験から第二次世界大戦では徹底的な能力主義を貫いた。アイゼンハワー、ニミッツのトップ人事からして、思い切った能力本位の抜擢人事であった。日本軍

でも、日露戦争開戦の三ヵ月前に、当時の海軍大臣山本権兵衛大将が、常備艦隊司令長官日高壮之丞中将を舞鶴鎮守府長官東郷平八郎中将に替えて、平時から戦時への切り替え人事を行った例があるが、大東亜戦争の日本軍は平時の安定・均衡志向の組織のままで戦争に突入したのである。

第五節 感染症危機管理における インシデント・コマンド・システム——全体像

感染症危機が発生した際に第一に行わねばならないことは、閣僚による指揮官の任命である。

第二に、指揮官は、年功序列等の平時における人事慣行に従うのではなく、危機時に有用な腹心の部下を個別に参謀として指名し、それら参謀に感染症危機管理対応組織の組織図を描かせねばならない。組織図は、ヒエラルキー型であり、ヒエラルキーを構成する各機能にどの個人を任命するかについて、その氏名を明確に書き込み、指揮命令系統と各階層における責任体制を明確にすることが不可欠である。この組織図なくして、指揮統制のとれた事態対処行動などあり得ない。

事態対処行動遂行の第一歩として描画するインシデント・コマンド・システムの組織図は、図表29に図示したものが代表例である。指揮官を頂点として、山状に下層に広がっている。組織図は、人事・情報・運用・兵站・企画・通信・法務・財務・広報といった形で機能を明確に分けて構成し、指揮命令系統と責任序列の一元化を行わなければならない。また、実際にスタッフを任命する際には、その責任序列に付与される権限とその人物の有するスキルが一致せねばならない。ＷＨＯは、そのインシデント・コマンド・システムにおいて、ほぼ同様の組織構造を採用している。

感染症危機管理におけるインシデント・コマンド・システムの組織構造を考えるにあたっては、感染症危機管理が、軍隊が担う他の危機管理活動と異なる点を意識する必要がある。具体的には、①戦略・作戦・戦術レベルの三階層を包括した危機管理の統治機構全体の違いと、②参謀組織そのものの組織構造の違いである。

第一項▼統治機構全体の特徴

軍隊とは異なり、感染症危機管理は、戦略レベルから戦術レベルに至るまでの三階層を担う主体が、政府機関だけに収まらないことが特徴的である。

自衛隊を例に挙げてみる。自衛隊組織を使用し、有事の事態対処行動を統率する者（フォース・

ユーザー）の最高責任者は、最高指揮官たる内閣総理大臣である。自衛隊は、最前線の隊員まで国家公務員で構成されており、組織の全てが政府機関である。したがって、事態対処行動を行う場合は、中央政府機関を動かすだけで、三階層の末端まで理論上は指令が伝達され、国家的に指揮統制を行使できる組織構造になっている。

しかし、第2章第三節第四項で述べたように、感染症危機管理は、「総力戦」であることから国民を広く巻き込む必要があり、前線機関である保健所や医療機関は、基本的には政府機関ではなく、主に地方自治体や民間機関で構成されている。したがって、感染症危機管理では、中央政府機関だけではなく、国民全てを巻き込む必要が生じるのである。

第二項▼軍事組織と文官組織の違い

本章第二節第三項で、指揮統制を可能ならしめる組織形態と運用概念を具現化するために、文官（軍人ではないという意味）の危機管理組織が起動する「インシデント・コマンド・システム（ＩＣＳ）」（事態対処指揮システム）という危機時の組織構造について紹介した。

ここでわざわざ「文官」と述べたのには、理由がある。一般的なインシデント・コマンド・システムは、そもそもは軍事組織における参謀組織の構造を根源としつつも、軍事組織とは微妙に異なる構造を取っているからである。一般的なインシデント・コマンド・システムと軍隊の参謀組織が異なる点は、具体的には以下が挙げられる。

①軍事の参謀組織は、文官の危機管理組織が用いる一般的なインシデント・コマンド・システムより多くの部門を有している。それは、軍事組織の事態対処行動は必ず国家規模になる可能性があるからであり、文官の危機管理組織は、山火事や、地域限局的な大規模事故など、国家的規模の事態対処行動が必要ない局所的な事案が多いからである。

②軍事の参謀組織では、指揮官の下で参謀組織を統括する「参謀長（Chief of Staff）」という役職が存在するが、一般的なインシデント・コマンド・システムではそれに相当する役職は規定されていない。

③軍事組織では、平時から参謀組織が存在し（危機時に事態対処行動を行う組織としての軍令組織）、常に危機時に備えた訓練を繰り返している。一方、文官の危機管理組織は、危機が発生して初めてインシデント・コマンド・システムを立ち上げるのであって、平時にはインシデント・コマンド・システムが存在せず、スタッフは平時の業務に従事している。したがって、軍事の参謀組織の方が平時から多くの人員を必要とする一方、文官の危機管理組織は、危機時において平時の組織と危機時の組織の両方に重複して任用される結果、単純に職務内容が倍以上になり、危機時の事態対処行動に100％注力できない可能性や、すぐに疲弊してしまうおそれがある。このように、軍事組織は、危機時の組織の運用に関して独立性が保たれている点が、特徴的である。

図表29　感染症危機管理のためのインシデント・コマンド・システム

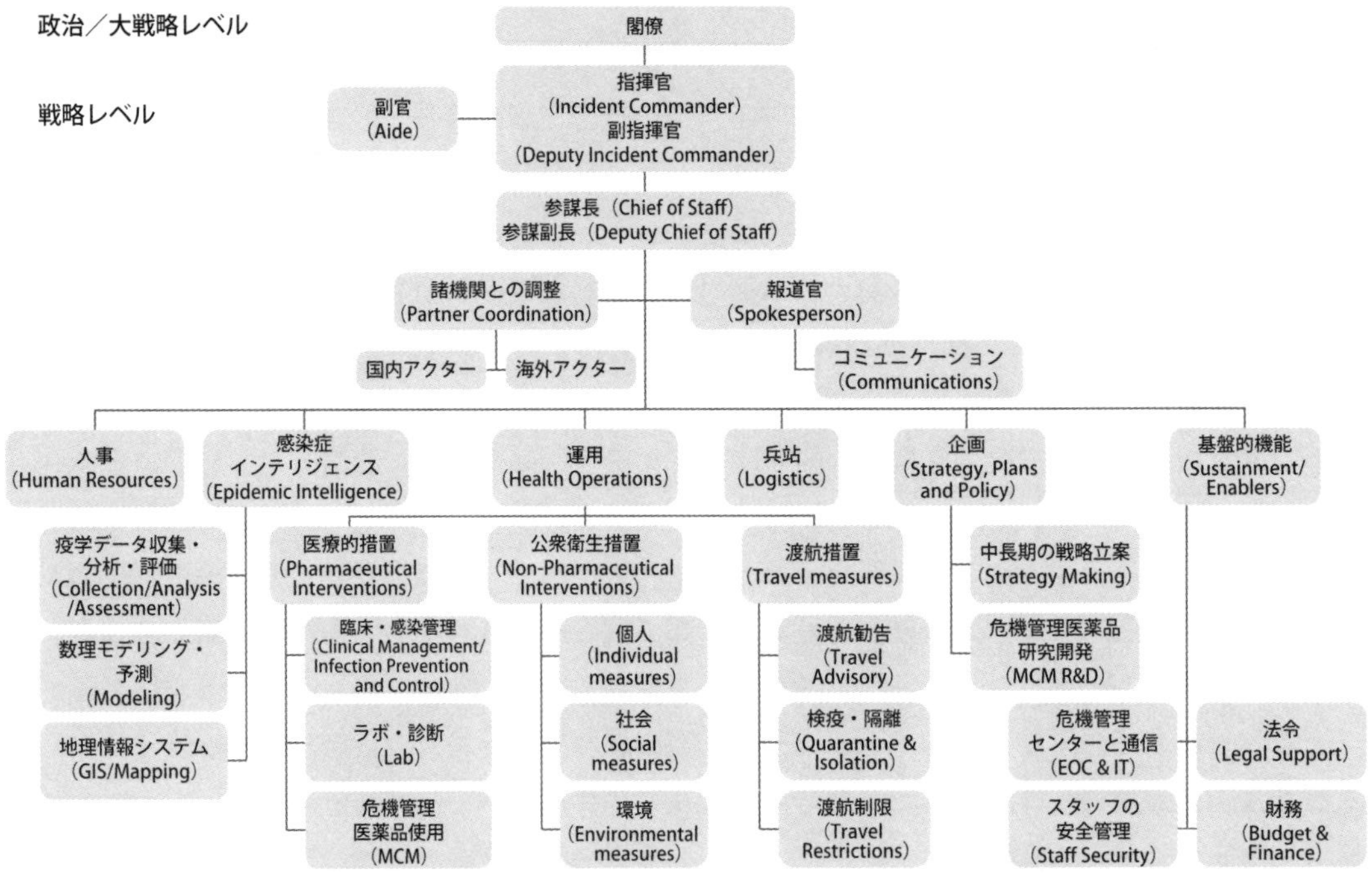

第三項▼理想的な組織構造

これまで見てきたように、感染症危機は、文官を主体として構成された感染症危機管理組織が主導しつつも、国家的規模の事態対処行動になることも多い。したがって、理想的には、軍隊の参謀組織と文官の危機管理組織が用いる一般的なインシデント・コマンド・システムの中間的な組織構造を採用することが適切だ。

これまで述べたような感染症危機管理に関する統治機構の特性を踏まえ、感染症危機管理の事態対処行動における効果的なインシデント・コマンド・システムは、戦略レベルについては図表29のようなものが考えられる（大戦略レベルとの関係性も示している）。

国家としての一体的な事態対処行動を可能とするためには、作戦レベルの都道府県・市町村や、戦術レベルの前線機関においても、同様の組織構造を採用したインシデント・コマンド・システム（参謀組織）を構築することが望ましい。そうすることで初めて、戦略レベル・作戦レベル・戦術レベルの相互の効率的な意思疎通が促進され、共通の言語で国家的な事態対処行動を実行することが可能となる。

第六節　感染症危機管理におけるインシデント・コマンド・システム——詳細

第一項▼人事部門（Personnel）

人事部門に所属する人事参謀は、サージキャパシティの起動と感染症危機管理組織外からの動員を含め、感染症危機管理組織全体の人事を担当する。事態対処行動中には、人事上のあらゆることが起こる。業務量の急増に伴う増員、時点時点で移り行く事態対処行動の中でホットスポットとなる機能への人員の柔軟な張り替え、スタッフの疲弊とバーンアウトに伴う欠員補充、新たな機能が必要になった際の新たな人材のリクルートなどである。事態対処行動を行うのは、人である。したがって、適材適所の人事が適時適切に行われなければ、事態対処行動そのものの破綻要因となるため、人事部門の果たす役割は絶大である。

第一目　人事参謀の任務

本章第四節で述べたように、事態対処行動立ち上げの際にまず真っ先に行わなければならない感染症危機管理担当官の仕事は、当該危機の責任者として任命された指揮官の命令に従い、事態対処行動に必要な機能を組み込んだヒエラルキー構造の組織図を描き、指揮命令系統を決定することである。

指揮官は、参謀を招集して事態対処行動の戦略を立案させると同時に、事態対処行動に必要な各機能部門長を指名し、それらに各機能部門に任命する参謀を集めさせ、機能ごとのチームを作らせる。このように、事態対処行動でまず真っ先に行うＴｏ ｄｏは、人事である。

人事部門の参謀は感染症危機管理組織内の人事プロセスの実務を担う者たちであることから、当該組織の人事に精通した者（人事に関する専門能力を有する者）を任用する必要がある。具体的には、以下のような任務を行う。

- 感染症危機管理組織内で実際に事態対処行動に従事する者の任命・解任手続き
- 感染症危機管理組織外からサージキャパシティとして動員する者の招集・任命・解任手続き
- スタッフに対する訓練・研修の提供
- 指揮官に対する人事状況の報告
- 感染症危機管理組織内で、インシデント・コマンド・システムにおける事態対処行動に従事しているスタッフと従事していないスタッフのローテーションの作成
- 感染症危機管理組織全体の業務量監視
- 給与支払いと福利厚生の提供

人事参謀は、指揮官の意を受けながら、インシデント・コマンド・システムの他の参謀（情報参謀、作戦参謀、兵站参謀等）と連携し、他部門において必要とされている人事情報を吸い上げて他部門の機能を支援したり、人事部門の状況を他の部門長経由で他部門に提供したりするなど、感染症危機管理組織における人事が円滑に作動し続けるようにすることが求められている。

第二目　実力本位制（Merit system）と専門能力

感染症危機時には、インシデント・コマンド・システムにおけるヒエラルキー型の組織構造の中で指揮命令系統と責任序列の一元化を行うが、序列の各階層にスタッフを任命する際には、その階層に付与される権限とその人物の有するスキルが一致せねばならない。『貞観政要』の例で述べた通り、危機時には、それに適した能力を有する人物を任用せねばならず、平時の任用体制を踏襲してはならない。平時に有用であったとしても、危機時に有用でない人間は、絶対に用いてはならない。

感染症危機時の難局に対処するためには、人事の常道や平時の年功序列制を脇に置き、指揮官が個人的に信頼できる危機時に有能な部下を躊躇なく強引にでも引き抜き、個人的信頼関係に基づいた強固かつ有機的に団結したチームを編成し、事態対処行動を行わねばならない。すなわち、実力本位制（Merit system）の徹底である。

機能別の各部門に任命される参謀は、危機時の行動ができるかという危機への適性という観点のほかに、即戦力が求められるという事態対処行動の特性に鑑み、各人が有する専門能力の種類によって選定されねばならない。任命された部門が司る機能と、当該部門の参謀の専門能力が一致しない時は、役に立たないばかりか、日々の事態対処行動の阻害要因にもなりかねず、感染症危機管理組織にとっても本人にとっても、果ては最終受益者である国民にとっても不幸である。

各部門の部門長とその部下の参謀は、専門能力と経験に違いがある。部門長は、自己の所属部門の専門に加えて、指揮官に準じ、「感染症危機管理」という専門を有している必要があるだろう。すなわち、前述した感染症危機管理に関する五つの素養について満遍なく知識と経験を有していなければならない。一方、部下の参謀は、自身が所属する部門の個別機能については専門性を有していなければならないが、感染症危機管理という営み全体に対する知識や経験については相対的に少なくても良いだろう。

また、危機時に感染症危機管理組織の外部からサージキャパシティとして招集された者が部門長に就くことは避けるべきである。なぜなら、配属される部門の個別機能については深い専門性があるかもしれないが、事態対処行動を実行するための五つの素養を広く有し、感染症危機管理という営み全体に対する知識や経験に欠けることが常だからである。そうすると、自身の専門分野の視点のみで語ることになり、国家としての事態対処行動の全体を広く俯瞰することがままならず、全体の事態対処行動にとって阻害要因となりかねない。

例えば、「感染症疫学」という専門性を有し、サージキャパシティとしてロスター登録されている研究者がいるとする。感染症危機管理の事態対処行動において「感染症疫学」は重要だが、あくまで事態対処行動の実施に必要となる数多ある要素の一つにすぎない。したがって、この者は、例えば感染症インテリジェンス部門の一スタッフとして、部門長の指揮統制に服するのが適切なのである。

第三目　交替人事の徹底

事態対処行動は、短期間で終わるかもしれないし、長期間に及ぶこともあるかもしれない。しかし、事態対処行動の持続可能性を常に確保するためには、事態対処行動が長期化する可能性を当初より念頭に置き、チーム制によるシフト勤務を敷くことが必須である。一人の人間が一つの課題について一人で責任を負って24時間いつでも対処せねばならないという状態では、事態対処行動の長期化には耐えられない。

これは、病院勤務でいうところの、主治医制ではなくチーム制によるシフト勤務と同様の概念である。病院には、重症患者や急変する可能性のある患者が多数入院しており、24時間体制で状態を観察し、緊急事態には即座に介入することが求められる。失敗すれば患者は死ぬ。これは、

24時間３６５日、危機管理の事態対処行動をやっているようなものである。主治医制とは、特定の医師が特定の患者の状態について24時間３６５日にわたり責任を負う体制のことを言う。すなわち、重症患者を担当している医師は、24時間３６５日、当該患者の状態を確認し、介入できる体制を一人で確保せねばならない。これが長期戦となると、労働環境が悪化し、寝不足や疲労によって医療ミスが発生するといった事態を招く。精神論では限界がある。したがって、今日では、単独主治医ではなく複数の医師で一人の患者を見るチーム制が多くの病院で採用されている。

危機管理組織の事態対処行動期間中における交替人事の好例が、『失敗の本質』に挙げられている。非常に示唆に富むので、そのまま引用する。

> ニミッツ太平洋艦隊司令長官によって行われた指揮官交替システムである。空母部隊指揮官としてハルゼー、スプルーアンスという二人の提督を、一定期間で交替させたうえに、指揮官が交替すると艦隊名も変更した。同一艦隊であるにもかかわらずハルゼーが指揮をとる場合は、第三艦隊、スプルーアンスの場合は第五艦隊と呼称した。有能な者の能力をフルに発揮させるという目的と、いつまでも同じポストに置いてその知的エネルギーを枯渇させてしまってはならないというねらいとを統合したアイデアである。交替人事システムは、指揮官だけでなく参謀についても実行されている。米海軍の作戦部長キング元帥は、作戦部員の人数を極力少なくすることに努めたが、それは組織を活性化するには、各自に精一杯仕事を

させることが重要であり、有能な少数の者にできるだけ多くの仕事を与えるのがよいと考えた結果である。しかし、人間は疲れるから、いつまでも同じ仕事を与えるのもまずい。その人間の能力の最良の部分を活用することが、大切である。キング元帥は、こう考えて特定の担当者のほかは、作戦部員を前線の要員と一年間前後で次々に交替させた。これによって、優秀な部員を選抜するとともに、たえず前線の緊張感が導入され、作戦策定に特定の個人のシミがつくこともなかったといわれる。また同時に、意思決定のスピード・アップも可能になったのである。

第四目　人的サージキャパシティ（予備役）の起動

平時と異なり、危機時に事態対処行動を行う際には大規模の人員を必要とするため、平時から感染症危機管理活動に従事しているものだけでは、必ず人員に不足が生じる。そのため、ひとたび事態対処行動が始まれば、平時から危機管理活動に従事している者以外の人員を動員する必要が生じる。

人事参謀は、第3章第一節で詳述した人的サージキャパシティを起動する。具体的には、感染症危機管理組織外からサージキャパシティとして動員する者の招集・任命・解任手続きを行う。動員にあたっては、動員される個々人の専門性が合致する参謀部門に配属させ、指揮官及び部門長の命令に服させることが重要だ。

ここで「人的」サージキャパシティと述べたのは、サージキャパシティには「人」と「物」が存在するからである。「物的」サージキャパシティについては、本節第四項の兵站の項目で詳述する。

第二項▼感染症インテリジェンス部門

感染症インテリジェンス部門に所属する情報参謀は、指揮官に決心の根拠となるインテリジェンスを提供し、指揮官の円滑な指揮統制を補佐する。情報参謀は、疫学を中心とした感染症インテリジェンスに重きを置いた経歴が必須だ。後述するように、感染症インテリジェンス部門は、疫学データ収集・分析・評価や、数理モデリング・予測、地理情報システム（ＧＩＳ）といった感染症インテリジェンスに関連する様々な機能を抱えている。これらについて高度な理解を持たなければ、感染症インテリジェンス全体を理解することはできない。

事態対処行動の初動では、当該感染症危機に対して多くの事柄が未知である。したがって、まずは危機を生起させている脅威そのものと当該感染症危機に関する情報を収集し、状況認識（ＳＡ）を行わねばならない。また、その後何らかの情報が判明したとしても、感染症危機管理組織と脅威の不断の相互作用により、時々刻々と新たな情報が生起するのが常である。

第一目　インテリジェンス・サイクル

「情報」という日本語には、「インフォメーション（Information）」と「インテリジェンス（Intelligence）」という二つの異なる概念が含まれている。米軍統合ドクトリン[19]によれば、「インフォメーションはそれ単体でも、指揮官にとって有用かもしれない。しかし、当該インフォメーションが、作戦環境に関する他のインフォメーションと関係したり、過去の経験と照らし合わせて考慮されたりする時には、当該インフォメーションに関する新たな理解が生起する。これをインテリジェンスと言う」と定義している。すなわち、インフォメーションは事実に関する単純なありのままの知識のことである一方、インテリジェンスとはその事実が指し示す意味に関する分析された知識のことであり、それを知覚した主体が次の行動に移るための判断の源となる知識のことである。

例えば、「目の前の信号機が青である」という知識はインフォメーションであり、「青信号は道路を横断して良いということである。したがって、目の前の道路を横断しても良い」という分析された知識がインテリジェンスである。そのインテリジェンスをもって「道路を渡る」という判断を行い、実際に道路を渡るという行動を生起するのだ。

感染症危機管理の指揮官は、インテリジェンスを通じて初めて作戦環境を理解し、判断し、事態対処行動を次の段階に進めることができる。したがって、情報（インテリジェンス）部門の役割は、目標を達成するために、指揮官に対して決心の根拠となるインテリジェンスを提供し、指揮

図表30　インテリジェンス・サイクル

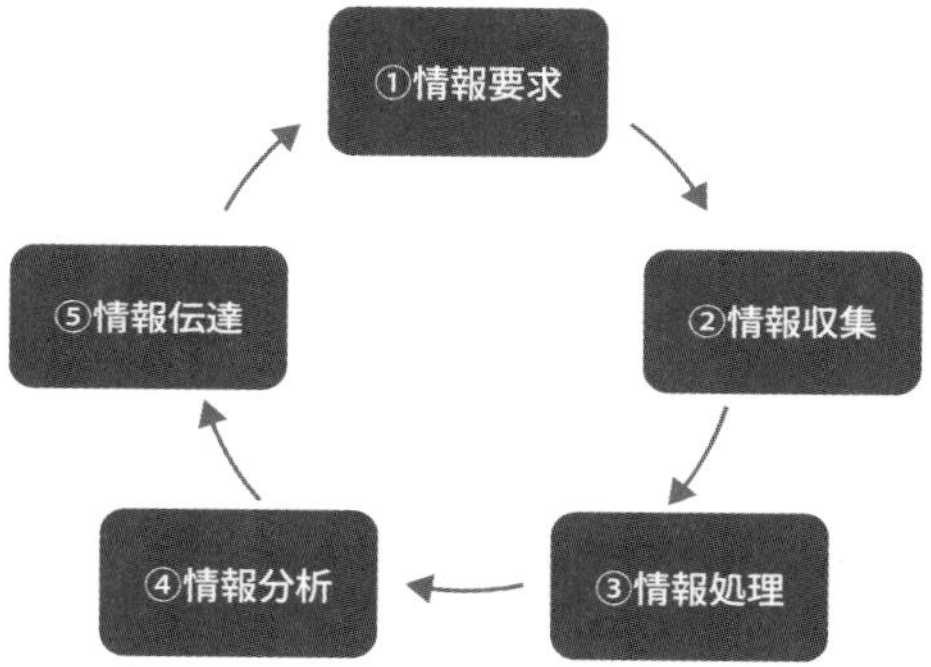

官の円滑な指揮統制を支援することである。この情報の獲得と提供のプロセスは、感染症危機管理活動の平時においても危機時においても行われる終わりなき道程である。すなわち、感染症インテリジェンス活動とは、インテリジェンス・プロバイダー（Intelligence Provider）である情報部門による、インテリジェンス・カスタマー（Intelligence Customer）である指揮官に対する不断のサービス活動である。一般的に、この一連のプロセスを「インテリジェンス・サイクル（Intelligence Cycle）」という。インテリジェンス・サイクルは、以下の五つのステップで構成される。[20]

①情報要求（Intelligence requirement）
②情報収集（Information collection）
③情報処理（Information processing）
④情報分析（Intelligence analysis）
⑤情報伝達（Intelligence dissemination）

ここで、これらのインテリジェンス・サイクルの考え方は、感染症インテリジェンス部門に限って適用されるわけではないことを述べておく（「インテリジェンス」・サイクルを紹介するにあたり、便宜的に、感染症「インテリジェンス」について解説する本項で述べているだけである）。このような考え方は、インシデント・コマンド・システムの他の部門、例えば運用部門の医療措置・公衆衛生措置・渡航措置を検討する際にも意識することが有用なので、全ての部門が共通して知っておくべき考え方だろう（事例として、ケーススタディ20で記した渡航制限に関するものが参考になる）。

以下の①〜⑤で示す内容は、インテリジェンスに関する一般的な理論や軍事ドクトリンに加え、筆者が実際に感染症危機管理や人道危機対応に関する情報活動に従事した経験と教育を踏まえたものである。

①情報要求

インテリジェンス活動は、例えば戦略レベルでは、インテリジェンス・カスタマーである戦略指揮官から、インテリジェンス・プロバイダーである情報部門に対して「情報要求」を行うことによって初めて可能となる。事態対処行動を行う際、戦略指揮官は運用部門に対して脅威に対抗する計画の立案を下令し、その計画に基づき指揮官が作戦レベルや戦術レベルに実行を命じるのである。情報参謀は、指揮官の命を受け、当該計画の実行にあたって作戦環境を理解するために不足している情報（インテリジェンス・ギャップ）を同定し、その穴を埋めるべく情報活動を行う。

「情報要求」とは、この特定のインテリジェンス・ギャップを解消するための情報収集・処理・分析・伝達に関する指示のことである。

情報（インテリジェンス）の目的は、目標を達成するために、指揮官に決心の根拠となるインテリジェンスを提供し、指揮官の円滑な指揮統制を支援することであり、指揮官による感染症危機管理組織の機動の管理・運用に資さない情報はいくら存在していても無意味である。したがって、指揮官から「情報要求」が発せられ、その意図が明確にされる必要があるのである（稀に、指揮官から曖昧な情報要求（「何でもいいから情報を取って来い」など）が発せられる場合があるが、そのような情報要求は「意図」が明確でなく、混乱を招くだけなので、避けなければならない）。

実際の事態対処行動では、運用部門を構成する多くの下位部門（例：医療措置部門・公衆衛生措置部門・渡航措置部門）によって、それら下位部門の個別的運用に必要なインテリジェンスの要望が出されるのが常だ。しかし、情報部門のキャパシティは有限である。したがって、事態対処行動に必要となるインテリジェンスは、情報参謀が交通整理を行い、優先順位付けを行う。

整然としたインテリジェンス機構を有する軍事組織では、優先度の高い情報要求は「最優先情報要求（ＰＩＲ：Priority Intelligence Requirements）」と呼ばれ、情報部門はそれに応えるために優先的に資源を割かねばならないという。[21] 最優先情報要求ではない普通の情報要求は、情報部門の時間と資源が許す限りにおいて行われる。

「情報要求」が行われ、指揮官が知りたいインテリジェンスの具体的内容が明らかにされた後、情報部門は、そのインテリジェンスを構成する要素として知らねばならないインフォメーションを同定する。これを特に「インフォメーション要求（Information requirements）」と呼ぶ。インテリジェンスの構成要素としてのインフォメーションの種類には、その内容のインテリジェンスへの貢献度に応じて大小軽重様々あるが、インテリジェンスを構成するために必須のインフォメーションを「必須インフォメーション（ＥＥＩ：Essential Element of Information）」と呼ぶ。このように、「情報要求」を受領した情報部門は、ＥＥＩを中心としてインフォメーションを収集する。これが、「情報収集」と呼ばれるインテリジェンス・サイクルの２段目である。

ケーススタディ20

最優先情報要求（ＰＩＲ）と必須インフォメーション（ＥＥＩ）の違い

(1)軍事組織の例[22]

〈例１：クローズド・クエスチョン〉

ＰＩＲ：「敵軍は72時間以内に攻撃してくるか？」

ＥＥＩ：「敵軍のＸＸ機甲師団はどこにいるか？」、「ＸＸ部隊隷下の砲兵部隊は前進したか？」、「前線飛行場の航空機は空対地兵器を積載しているか？」「主要水上艦はどこに

いるか？」など

〈例2：オープン・クエスチョン〉

PIR：「敵テロ組織に対する現地住民の支援はどの程度か？」

EEI：「現地住民が敵テロ組織に提供できる資源は何か？」、「敵テロ組織が現地住民を管理するために使用している強制手法は何か？」、「現地住民の実力者と敵テロ組織との関係性はどのようなものか？」など

(2)感染症危機管理組織の例

〈例1：クローズド・クエスチョン〉

PIR：「H7N9鳥インフルエンザが発生している中国に対する渡航制限を今すぐ行うべきか？」

EEI：「中国国内におけるH7N9鳥インフルエンザは広く拡散しているか？」、「中国国外に拡散しているか？」、「他国は渡航制限を発動しているか？」「日本行きの航空便がある空港周辺地域の感染状況は悪化しているか？」、「ヒト―ヒト感染は確認されているか？」など

〈例2：オープン・クエスチョン〉
PIR：「COVID-19の感染性はどの程度か？」
EEI：「基本再生産数（R_0）は？」、「発症間隔は？」、「潜伏期間は？」など

②情報収集

「情報収集」は、情報部門が質的情報及び量的情報を獲得するプロセスである。情報獲得手法として、インテリジェンスの世界では一般的に以下の種類があると言われている。

(1)人的情報（HUMINT：Human Intelligence）：人的ネットワーク等を介した情報収集
(2)電波情報（SIGINT：Signal Intelligence）：通信、電磁波、信号等を介した情報収集
(3)画像情報（IMINT：Imagery Intelligence）：衛生情報や地理情報、写真
(4)物体の計測情報（MASINT：Measurements and Signatures Intelligence）：大きさ、熱、化学組成、振動、形状の計測情報を収集
(5)技術情報（TECHINT：Technical Intelligence）：装備や武器に関する科学技術情報の収集
(6)公開情報（OSINT：Open-source Intelligence）：新聞や雑誌等の公開情報の収集

これらは、外交・軍事・警察分野ではもちろんのこと、感染症危機管理においても使用可能な概念である。これらの各種手段を駆使しながら、指揮官が必要とするインテリジェンスを構成す

る「必要インフォメーション（Information requirements）」、特にその核となる「必須インフォメーション（ＥＥＩ：Essential Element of Information）」の収集に努める。

感染症危機管理分野では、(1)や(6)はどのような情報の種類に対しても使われるし、(2)は感染者や接触者等の追跡や隔離、(3)は地理情報システム（ＧＩＳ）を通じた共通作戦状況図の作成、(5)は危機管理医薬品や個人防護具等の各種装備品に関する分析のために使用される。

感染症インテリジェンス部門における具体的な「情報収集」の手段については、同部門を構成する下位部門の項目で詳述する。

③情報処理

「情報処理」の段階では、「情報収集」の段階で得られた生データ等を処理し、「情報分析」の段階で分析担当者が使用できる形に整えるという作業を行う。具体的には、個別のインフォメーションを関連付ける作業、生データを統一された形式に変換するクリーニング作業、翻訳、解読などである。

④情報分析

「情報分析」とは、インフォメーションをインテリジェンスに変換する段階である。「情報処理」の段階で処理された個別のインフォメーションが統合され、分析され、解釈され、情報部門の製品としての感染症インテリジェンスが製造される。この製品（Intelligence products）は、インテリジェンス・カスタマーたる指揮官からの「情報要求」を満足させねばならない。

「情報分析」では、以下の四つのプロセスを順番に経て行われる。

(1)記述的分析（Descriptive analysis）
(2)説明的分析（Explanatory analysis）
(3)解釈的分析（Interpretive analysis）
(4)予測的分析（Anticipatory analysis）

「記述的分析」では、「『現在』の状況に関する事実（Fact of the present situation）」について分析する。収集されたインフォメーションのうち、（虚偽ではなく）妥当性をもって現在の状況を表していると考えられるものを選択し、それらのインフォメーションを整理・比較・対照する。

「説明的分析」では、「記述的分析」で対象とした「現在の状況に関する事実（Fact）」がなぜ起きたのかという「現在を発生させた『過去』の原因（Past events that caused the present situation）」について分析する。具体的には、「記述的分析」で得られたインフォメーションの集合を符号化（コーディング）する作業が行われ、原因と結果の関係性を観察する。コーディングについては、例えば、場所別、セクター別、影響を受けた人間集団の種類別などである。原因と結果の関係性を観察する際には、相関関係と因果関係の違いを明確に意識することが必要である。

「解釈的分析」では、「説明的分析」で同定された過去の原因と「記述的分析」で同定された現在の状況の関係性を踏まえ、「それらの事象が『現在』の事態対処行動にとってどのような意味を持つのか（重大なのか、重大ならばなぜ重大なのか）」を分析する。すなわち、「So What?」を分析する段階である。

事象の重大性を評価するにあたり、情報の重み付け（Weighting）が行われる。重大性評価（Severity analysis）や優先順位付け（Prioritization）と呼ばれることもある。事象の重大性を表す情報については多くの種類が存在する。例えば、交通事故の重大性を表す指標として、被害者数、被害者の重症度、車両の欠損度、当該事故に付随して生じる交通麻痺の程度など様々である。したがって、この交通事故の重大性を評価するためには、特に、数的に評価する場合には、これら個別指標を合成した統合指標（Composite indicator）が必要となる。その場合は、個別指標の中で交通事故の重大性と関係がより強いものが統合指標にも反映されるようにせねばならない。例えば、被害者数はより重く、交通麻痺の程度はより軽く、というようにする。これを重み付け（Weighting）といい、統合指標の作成に際して組み込まれる。

「予測的分析」では、「解釈的分析」で得られた「発生している事象の『現在』の事態対処行動にとっての重大性」を認識し、現時点での事態対処行動をめぐる環境を理解した上で、『未来』において何らかの新たな事象が発生した場合の事態対処行動に対する影響（Impact of future events on the emergency response）」について分析する。すなわち、「What if?」を分析する段階である。そのために、「シナリオ作成（Scenario building）」が行われる。シナリオ作成とは、「仮に将来Aという事象が発生した場合に、事態対処行動はどうなるか?」というストーリーを作ることである。

シナリオ作成には、どのような価値があるのだろうか?

将来起こり得る仮定の事象、すなわちシナリオには、蓋然性の高いシナリオ（likely scenarios）と蓋然性の低いシナリオ（unlikely scenarios）がある。前者の価値は、平時には「感染症危機管理計画」を作成することに直結し、危機時には企画参謀が担う中長期の運用計画の策定に寄与することである。後者の価値は、事態対処行動中の万が一の事態を想定し、仮にそのような事態が発生した際にも混乱を来すことなく冷静に対処できるような準備に寄与することにある。例えば、エボラ出血熱による自然発生的な感染症危機の際に、患者検体が輸送中に襲撃・強奪され、後日それが公共の場に散布されて人為的な感染症危機を併発するシナリオなどが考えられる。蓋然性は低いが、あり得る想定である。具体的なシナリオ作成と予測的分析の技術は、専門書に譲る。

⑤情報伝達

「情報伝達」は、「情報分析」で得られたインテリジェンスを指揮官に実際に提供し、インテリジェンス・カスタマーたる指揮官によって実際に消費される段階である。製品としてのインテリジェンスは、インテリジェンス・カスタマーたる指揮官に対して様々な形式で供される。具体的には、口頭報告、紙媒体の報告書、電子媒体の報告書等である。

このように、ひとくちに情報活動と言っても、それには複数の段階があるが、各段階を意識して指揮官の決心に資するインテリジェンスの提供を心がけねばならない。指揮官の決心に資するインテリジェンスを提供するとは、指揮官に常に適切な状況認識（ＳＡ）を行ってもらうためのインテリジェンスを提供するということである。

繰り返すが、感染症危機の性質は未知であり、事態対処行動は霧と摩擦に覆われている。したがって、感染症管理組織と脅威の不断の相互作用によって、事態対処行動の一挙手一投足に方向修正を迫られる可能性があると同時に、それが不可欠なのである。それを可能にするのが指揮官による決心と指揮統制であり、さらにそれを可能にするのが、感染症インテリジェンス部門を中心としたインテリジェンス活動である。

インテリジェンス・サイクルは、次に述べる感染症インテリジェンス部門を構成する下位部門にも共通しているので、インテリジェンス・サイクルを意識しながら読み進めていただくのが有用である。

第二目　疫学データ収集・分析・評価

疫学データ収集・分析・評価の機能を担う情報参謀は、感染症疫学に関する専門性を有している必要があるだろう。事態対処行動を実行するためには、国内の感染者や重症者、死亡者等に関する疫学情報を収集・分析・評価し、感染症危機に関する真の状況認識（ＳＡ）を獲得することが不可欠である。同時に、国内戦線と世界戦線の同期性という感染症危機の特性を踏まえ、海外の疫学情報の獲得も必須である。

⑴疫学データ収集手段

感染症危機管理組織が国内外の疫学情報について収集する主な手段は、例えば以下が挙げられるだろう。もちろん、それ以外にも多岐にわたる情報源が存在している。

●国内の疫学情報
・感染症サーベイランスシステム
・前線機関による接触者調査（Contact Tracing）
・国内の科学論文
●海外の疫学情報

・WHO Event Information Site（ＥＩＳ）※各国政府に置かれているＩＨＲ国家連絡窓口（ＮＦＰ：National Focal Point）が運用
・WHO Epidemic Intelligence from Open Sources（ＥＩＯＳ）
・WHO Disease Outbreak News（ＤＯＮｓ）
・感染症危機の最中にＷＨＯが公表する日報（SitRep：Situation Report）
・海外の科学論文

(2)日報（SitRep）

感染症危機管理組織が事態対処行動において日々作成しなければならない「日報（SitRep：Situation Report）」を作成するのもこの部門の任務である。

「総力戦」という感染症危機管理の特性を踏まえ、感染症危機の状況について常に国民に正しく伝達し、理解してもらうことが不可欠である。したがって、日報は、国家全体の事態対処行動を司る戦略レベルの感染症危機管理組織、すなわち、政府機関が、一元的に、毎日、タイムラグなく公表する必要がある。

諸外国も我が国の感染症危機の情勢について観察していることを踏まえれば、日報は、日本語だけでなく、英語でも毎日発出することが必要である。

(3)感染症リスクアセスメント

感染症危機が生起した際に、事態対処行動を起動するための感染症リスクアセスメントを行うのも本部門である（感染症リスクアセスメントの詳細は第3章第六節第二項参照）。もちろん、事態対処行動を起動する前の段階では、インシデント・コマンド・システムは設置されておらず、本部門は平時の感染症危機管理組織の一部門として存在している。しかし、前述の通り、感染症インテリジェンスは感染症危機管理活動の平時においても危機時においても行われる終わりなき道程である。したがって、インシデント・コマンド・システムが設置されたあとは、「疫学データ収集・分析・評価」部門を含めた平時の感染症危機管理組織で存在している感染症インテリジェンス部門は、そのままインシデント・コマンド・システムの感染症インテリジェンス部門として移管され、危機時における新たな指揮命令系統の下で機能を発揮するのである。

(4)疫学データの「個人」と「社会」の区別

疫学データの収集にあたっては、「個人」と「社会」に関する情報を区別することが重要である。具体的には、①個人の疫学上の症例定義、②個人の臨床上の重症度、③社会全体の蔓延の程度である。

①個人の疫学上の症例定義

1　疑い症例（Suspect case）：臨床症状（無症状も含む）や行動歴（感染者への接触や感染症発生地域への渡航等）から、現在の感染症危機を発生させている病原体に感染している蓋然性が高いが、病原体診断が未確定の症例。

2　可能性症例（Probable case）：疑い症例のうち、何らかの理由で病原体診断ができなかったり、病原体診断をしても結果が判然としないものの、当該病原体への感染以外に原因が見当たらない症例。確定症例と同等のものとして扱われる。

3　確定症例（Confirmed case）：臨床症状に関係なく、病原体診断において病原体が検出された症例。

②個人の臨床上の重症度

1　無症状（Asymptomatic）：感染しているものの、臨床症状がない状態。

2　軽症（Mild）：多少の臨床症状と所見があるが、多くが自然軽快。一般的に入院不要な状態。

3　中等症（Moderate）：一定の臨床症状と所見があり、増悪する可能性もあるため、入院での観察が必要な状態。

4　重症（Severe）：重度の臨床症状と所見があり、入院の上、高度な治療を要する状態。

5　重篤（Critical）：重度の臨床症状と所見があり、集中治療管理を必要とする状態。

6　死亡（Death）

③社会全体の蔓延の程度

一国における感染状況は、一般的に以下の4段階（4C）に区別される。

1　感染者なし（No Cases）：感染症サーベイランスシステムにおいて、新規感染者が発見されていないステージ。

2　散発的発生（Imported or Sporadic Cases）：輸入症例のみが発生したり、国内で散発的に新規感染者が発生したりするステージ。接触者調査が重要となる。

3　集団感染／群発的発生（Cluster of Cases）：社会で集団感染事例が認められるステージ。接触者調査が重要であり、感染の連鎖（chain of transmission）を追跡することができ、先回りして感染の連鎖を断ち切ることが求められる。

4　市中感染／蔓延状態（Community Transmission）：社会のあらゆる場所で継続的に新規感染者が発生しているステージ。接触者調査を通じて感染の連鎖を追跡することが困難となるため、接触者調査から感染症サーベイランスに重点を移すなど、感染症インテリジェンスの切り替えが必要となる。

(5)病原性の測定

感染症インテリジェンス部門は、危機発生後は継続的に当該病原体による「病原性」を測定し、指揮官に真の状況認識（ＳＡ）を提供する。

病原性の測定は、右記(4)で述べた「②個人の臨床上の重症度」に関する情報を継続的に獲得・分析することで可能となる。

(6)感染性の測定

感染症インテリジェンス部門は、危機発生後は継続的に当該病原体による「感染性」を測定し、指揮官に真の状況認識（ＳＡ）を提供する。詳細は専門書に譲るが、ここでは、感染症危機管理に従事する者が最低限知っておく必要がある概念について、簡潔に紹介することとする。

感染性を把握する上で必要な概念が、疫学に関する以下の五つである。

①基本再生産数（Basic Reproduction Number。R_0と表記し、R naught またはR zeroと読む。）
②発症間隔（Serial Interval）
③潜伏期間（Incubation Period）
④実効再生産数（Effective Reproduction Number。R_eと表記。）
⑤集団免疫（Herd Immunity）

①基本再生産数

1人の感染者が再生産する二次感染者の期待数のことで、病原体ごとのR_0は一定である（解析によって幅あり）。R_0の最も重要な用途は、

1　新たに発生した感染症が集団内に蔓延するか否かを判断すること

2　感染症を撲滅するためには集団のどのくらいの割合にワクチン接種をして免疫化すべきなのかを決定すること

R_0の解釈としては、以下の三つが挙げられる。

●R_0＞1→感染症が集団内で蔓延する（R_0の値が大きいほど流行抑制は難しい）。

●R_0＝1→感染症は集団内で蔓延はしないが、終息もしない。

●R_0＜1→感染症が集団内で蔓延せず、終息に向かう。

このように、R_0は感染性に関する標準的計測手法だが、感染症の増加は、R_0のみによって規定されるわけではなく、次に述べる発症間隔（Serial Interval）についても知っておく必要がある。

②発症間隔

発症間隔は、感染者間の感染伝播の連鎖（chain of transmission）の時間間隔（例：インフルエンザは3日間程度、COVID-19は5日程度、麻疹は12日間程度）のことをいう。

③潜伏期間

潜伏期間（Incubation Period）とは感染から発症までの期間のことだが、発症間隔が潜伏期間より短い場合は、潜伏期間にも感染力があることを示している。すなわち、感染者の追跡が困難であることを意味する。例えば、COVID-19の潜伏期間は2日〜14日程度だが、発症間隔は5日程度のため、症状の全くない潜伏期間にも他者に感染することから、追跡が困難である。

例えば、インフルエンザと麻疹について考えてみる[23]。インフルエンザは1人から2人に感染させ（R_0＝2）、麻疹は1人から14人に感染させる（R_0＝14）。一方、インフルエンザの発症間隔は3日で、麻疹の発症間隔は12日程度。すなわち、30日間では、インフルエンザは約10世代感染を繰り返し、麻疹は約2世代感染を繰り返す。この場合、30日間に発生するインフルエンザの新規感染者数は2^{10}＝1024人、麻疹の新規感染者数は14^{2}＝196人となる。

したがって、未感染集団における感染伝播速度（rapidity of spread）はインフルエンザの方が速い。

このように、基本再生産数（R_0）は空間的広がりを表現する一方、発症間隔（Serial Interval）

は時間的広がりを表現している。

④実効再生産数

実効再生産数とは、感染個体が既に存在するかもしれない現在の人間集団内で生み出される感染個体数のことである。R_eは、各種の公衆衛生措置等の導入によって減少する。

⑤集団免疫

ある感染症に対して集団の大部分が免疫を持っている際に生じる間接的な保護効果であり、免疫を持たない人を保護する手段（間接的保護効果）。

特定の社会集団における感染症の持続的な蔓延を防ぐためには、実質的に免疫化される（＝感受性のない）集団の割合が、集団免疫閾値（H：Herd Immunity Threshold）を超えなくてはならない。集団免疫閾値は、以下のように表される。

集団免疫閾値$H=1-1/R_0$

単なる集団免疫閾値の達成は、感染症の即座の消失を意味せず、減少傾向に転じるということだけを意味する。感染症根絶のアプローチとしては、集団免疫閾値の達成のみならず、理論的に

図表31　ワクチンで予防できる感染症の基本再生産数と集団免疫閾値

感染症	基本再生産数（R_0）	集団免疫閾値, H（%）
ジフテリア	6–7	83–85
インフルエンザ	1.4–4	30–75
麻疹	12–18	92–94
ムンプス	4–7	75–86
百日咳	5–17	80–94
ポリオ	2–20	50–95
風疹	6–7	83–85
天然痘	5–7	80–85
破傷風	該当せず	該当せず
結核	?	?
水痘	8–10 ?	?

出典：Plotkin's Vaccines。筆者が一部改変

は予防接種率１００％を達成かつ維持すること（当該感染症の消失速度を最大化するから）。

このように、低R_0は、集団免疫閾値が低いことを意味する。したがって、R_0の観点では、ワクチンを用いることによる感染のコントロールは、インフルエンザの方が麻疹より容易であることになる（集団免疫閾値は、インフルエンザH＝1-1/2＝50％、麻疹はH＝1-1/14＝93％）。

(7)超過死亡（Excess mortality）

本節第五項第一目で述べるように、感染症危機に対する事態対処行動の第一義的な戦略目標は、「国民の生命」という国益を守るという政治目的に鑑み、当該感染症危機による死亡率を低く抑えるこ

とである。したがって、当該感染症危機が一体どれほどの死亡者を発生させ、同時に、事態対処行動が一体どれほどの感染症危機による死亡を減らすことができているのかについて把握することは、現下の事態対処行動の有効性を判断する上で、重要である。しかし、事態対処行動の純粋かつ直接的効果を測定することは、「発生しなかった死亡者数」を数える必要があり、物理的に不可能である。

　したがって、その代替指標として、「超過死亡」という概念が用いられる。超過死亡とは、当該感染症危機による死亡だけでなく、特定社会集団における他疾患を含めた全ての死亡数（例：交通事故、季節性インフルエンザ、自殺、心筋梗塞、脳卒中、癌など）が平年に比べてどれくらい増減したのかを示す指標である。超過死亡は、もともとは、毎年発生する季節性インフルエンザの流行が社会に与える影響を把握するために用いられている。

　事態対処行動が起動され、一定期間が経過した段階で、感染症インテリジェンス部門は、継続的に超過死亡を測定し、指揮官に対し、事態対処行動に関する真の状況認識（ＳＡ）を提供する必要がある。

ケーススタディ21

医療措置及び公衆衛生措置の外部効果

ＷＨＯは、ＣＯＶＩＤ-19パンデミックの初めの1年間（２０２０年1月～２０２１年1月）で、ＣＯＶＩＤ-19を直接死因として報告された世界全体の死亡者数が約１８１万人である一方、超過死亡は少なくとも３００万人であったと発表した。

これは、ＣＯＶＩＤ-19を直接死因とする死亡数の過小報告が原因であった可能性や、ＣＯＶＩＤ-19による爆発的な患者の増加に伴う医療提供キャパシティの崩壊により、通常医療が受けられなかったことで死亡した間接死因の死亡者が相当数に上ったことも原因として考えられる。

一方、日本では、奇妙なことに、２０２０年における死亡者数の減少が認められた。これは、ＣＯＶＩＤ-19への事態対処行動として実施された医療措置及び公衆衛生措置が、ＣＯＶＩＤ-19を原因とするもの以外の死亡を大幅に減少させたからであると推察される。具体的には、毎年発生するはずの季節性インフルエンザの死亡者数を減少させたり、高齢者の誤嚥性肺炎やその他のＣＯＶＩＤ-19と見紛う呼吸器疾患に対して通常より手厚い医療上のケアが行われたことで死亡者数が減少したり、国民の外出自粛等によって年間の交通事故死が減少したりするなどである。

結果として、ＣＯＶＩＤ-19を直接死因とする死亡者数の増加より、ＣＯＶＩＤ-19以外の死亡者数の減少が上回ったと考えられるのである。

このように、医療措置及び公衆衛生措置には外部効果が認められる。

２０２０年の日本は、ＣＯＶＩＤ-19患者の急増により、全国的に集中治療室（ＩＣＵ）の医療提供キャパシティが逼迫し、「医療崩壊」とも形容されたが、むしろ事態対処行動による医療措置及び公衆衛生措置の外部効果を通じて、国家全体としての戦略目標（死亡率を低く抑えること）は達成されていたとも言える。

一方、２０２１年、新型インフルエンザ等特別措置法に基づく第３回目の緊急事態宣言下の日本は、集中治療室（ＩＣＵ）の医療提供キャパシティの上限を超える地域も多数現れ、医療機関にアクセスできず（入院できず）に自宅で死亡する者が発生するなど、同様に「医療崩壊」と形容された。

ＣＯＶＩＤ-19パンデミックの全期間を通じて戦略目標が達成できたか否かについては、事案総括・検証（ＡＡＲ：After Action Review）を通じて体系的に結論付けるべきである。

第三目　数理モデリング・事態予測

現下の感染症危機状況を分析するのが「疫学データ収集・分析・評価」だが、少し先の未来の流行状況を分析するのが本部門の役割である。本機能を担う情報参謀は、感染症数理疫学の専門性を有している必要があるだろう。

本機能の存在は、事態対処行動に伴う霧を少し晴らすことができる。したがって、作戦参謀による事態対処行動の短期の運用計画に関する見通しが立ちやすくなったり、今後の事態対処行動が取る軌道を一定程度の蓋然性をもって観測することで、企画参謀が立案する中長期の運用計画の範囲を絞りやすくしたりするなどの効果がある。結果として、指揮官による「決心」を通じた戦略目標達成の精度を上げることに寄与するのである。

しかし、本機能はあくまでシミュレーションであって、確実にそのような事態が起こるわけではないことに注意が必要である。指揮官や作戦参謀、企画参謀といった本機能を利用する者は、そのような前提を理解した上で使用する必要がある。

第四目　地理情報システム（GIS）

本部門は、地理情報の構築・共有を通じ、指揮官や参謀といった事態対処行動にあたるスタッフのために共通作戦状況図（ＣＯＰ）を提供し、状況認識（ＳＡ）を統一の上、効率的な事態対処環境を提供することである。

本機能を担う情報参謀は、地理情報システム（ＧＩＳ：Geographical Information System）に関する専門性を有している必要がある。ＧＩＳとは、地理的情報を基に、位置情報を持ったデータ（空間データ）を生成し、視覚的に表示し、高度な分析や迅速な判断を可能にする技術である。

ＧＩＳを活用した共通作戦状況図（ＣＯＰ）の具体例としては、感染症危機に関するダッシュボードが挙げられる。ダッシュボードとは、多種多様なデータを視覚的にまとめて地図上で表示し、一目で理解できるようにするデータ可視化ツールのことである。

ダッシュボードは、感染症危機管理組織が行う事態対処行動のために構築されるのはもちろんだが、「総力戦」という感染症危機管理の特性を踏まえ、国民にも広く公開され、現下の感染症危機の状況認識（ＳＡ）を正しく持ってもらうことが重要である。

第三項▼運用部門

第一目　作戦参謀の能力

事態対処行動の運用、すなわち、脅威に対する攻撃は、事態対処行動の中核である。これがなければ、脅威を排除できない。すなわち、感染症危機管理そのものが成立しない。

作戦参謀は、運用部門に属し、現下の事態対処行動における医療措置・公衆衛生措置・渡航措置について、指揮官を補佐する。戦略レベル・作戦レベル・戦術レベルの作戦参謀は、各々戦略目標・作戦目標・戦術目標について精通していなければならない。すなわちそれは、戦略・作戦・戦術の各レベルにおける「感染症危機管理計画」に精通しているということである。

また、作戦参謀に任命される者は、医療措置・公衆衛生措置・渡航措置の全てに関する国内及び国際法的制約について詳細に理解していなければならないし、それらの作用が及ぼす副作用としての社会経済的圧迫や、副作用対策としての経済対策についても一定の理解が必要だろう。このような能力に加え、医療措置・公衆衛生措置・渡航措置の各機能を担う作戦参謀が具体的にどのような専門性を有していることが望ましいかについて、次で述べる。

また、日々の事態対処行動の運用をリードするのは作戦参謀であり、それに合わせて人事・感染症インテリジェンス・兵站・企画等の各部門が連動する。そのダイナミズムは、オペレーションリズムによって律することが望ましい。運用部門のオペレーションリズムに合わせた参謀組織の各部門の動きについて、磯部晃一元陸将の以下の記述が参考になる。

> 大きな司令部になると、当面の作戦指導と同時に将来的な作戦の構想作りも極めて大事な仕事である。作戦部（いわゆるG-3と呼称している。陸上自衛隊では防衛部あるいは第3部と呼称）が先行的に作戦構想を策定し、指揮官の指導を受けながら同時並行的に、人事、情報、兵站、指揮通信などの部門が作戦構想に基づき機能別の構想を立てていく。さらに、他国軍隊との共同作戦ともなると相手国軍隊との連絡調整はもちろん、指揮官同士のミーティングも開く必要が出てくる。大部隊による作戦は、そうした各種の報告や決裁の時間、作戦会議や隷下部隊指揮官会議などを予め定め、作戦のテンポに合わせて、リズムを作り、効率的な仕事と任務達成に向けて、大きな部隊のベクトルを合わせていくのが重要である。そのため、情報ブリーフィングは何時、指揮官決裁は何時、指揮官会議は何時といったように時間を決

めて、指揮官の行動や幕僚の作業を律するサイクルのことをバトルリズムと言う。これにより、任務達成に向けた幕僚の努力の指向を合致させ、時間の無駄をなくし効率的、先行的に司令部業務が流れるようになる。

第二目　初動――平時の組織から危機時の組織への切替え

感染症危機が発生した際に作戦参謀が真っ先に行うべきは、事態対処行動の初動の立ち上げである。したがって、感染症危機管理担当官は、危機時に作戦参謀の任に就く者が担うべきだろう。事態対処行動の「初動の立ち上げ」とは、感染症危機管理組織の体制を「平時の組織」から「危機時の組織」へと転換することである。すなわち、インシデント・コマンド・システムを起動することだ。インシデント・コマンド・システムの起動手続きについては、第3章第六節第五項で述べた標準作業手続書（ＳＯＰ）に記載されている。

初動の立ち上げの目安は、自国の感染症インテリジェンス部門による感染症リスクアセスメントに基づくことが原則だが、ＷＨＯによるＰＨＥＩＣ宣言も目安になる。

第三目　臨床医療・感染管理

医療措置のうち、臨床医療・感染管理（Clinical Management / Infection Prevention and Control（ＩＰＣ））を担う作戦参謀は、感染症の臨床医療に精通していることが求められる。

本部門で立案された計画は、最終的には前線機関である医療機関で、医療従事者によって実行される。その立案する計画の中身には、⑴臨床医療及び感染管理に関する医療技術に関する内容と、⑵事態準備行動で整備した医療提供キャパシティの運用に関する内容が含まれる。

⑴臨床医療及び感染管理に関する医療技術

感染症危機管理は未知との遭遇である。病原体が生起する危機の程度は、危機が発生した段階ではほぼ全てがわからない。したがって、感染症危機管理組織と病原体との不断の相互作用を通じ、判明した情報をその都度アップデートしていく必要がある。

臨床医療及び感染管理に関する医療技術的内容についても、初めは全く何もわかっていない状況から事態対処行動が始まる。したがって、我が国及び国際社会で判明したあらゆる新情報を収集し、それを前線機関において実践していくというプロセスが求められる。

本部門が行うことは、戦略・作戦・戦術レベルによって異なる。

例えば、戦略レベルでは、臨床医療及び感染管理に関する医療技術的内容について、全国の前線機関で使用可能なガイドラインを策定し、方向性を示すこと（Direction）が重要である。情報源は、感染症危機時にＷＨＯが世界中の知見を集めて発行する、技術事項別の「ＷＨＯガイダンス」であったり、国内外の主要論文であったりする。作戦レベルでは、上記ガイドラインを地域の実情に合わせて改変したりする（Plan）ことが要求されるだろう。戦術レベルでは、各医療機関において実際に患者に向けて使用する（Execution）ために、柔軟性を持って活用されるだろう。

また、各医療機関における事態対処行動を通じて実際に得られた臨床医学データは、「ラボ・診断」部門で得られたウイルス学等の基礎医学データや、感染症インテリジェンス部門で得られた公衆衛生データと連結させ、感染症危機の全体像に関する状況認識（SA）を構築するための努力が必要である。

運用部門は、有症状の感染者（患者）に対して臨床的介入を行い、症状緩和や救命を行うという医療措置の目的を果たすための要となる。すなわち、「国民の生命」という国益を守るための最後の砦である。したがって、危機管理医薬品や支持療法の「使用」についての計画も運用部門で行われる（危機時における危機管理医薬品の「研究開発」は、通常は企画部門によって推進される）。危機管理医薬品の使用については、本項第五目で述べる。

(2)医療提供キャパシティの運用

第3章第二節第三項で述べた通り、感染症危機管理組織は、感染症危機発生時に医療提供キャパシティを確保・拡大するための医療システムを平時より造成していなければならない。具体的には、事態対処行動中の医療措置に従事する医療機関の選定や、それら医療機関における感染症病床の整備、危機時における医療資源の中央統制機能の整備、医療従事者に対する訓練の提供などである。

危機が発生し、事態対処行動が開始されれば、国家的な医療資源を戦略・作戦・戦術レベルで統制・分配する必要が発生する。

医療提供キャパシティは、概念的に「医療提供キャパシティ＝量×質」で表現され、医療提供キャパシティの「量」とは、医療の基礎インフラの量（人口当たり病床数、医師数等）を、医療提供キャパシティの「質」とは、医療提供レベル（医療機関の高度性、医師の技量に関する水準等）を指すとすでに述べた。しかし、危機時における医療提供キャパシティの変数は、医療従事者の数や、集中治療室のベッド数だけではない。医療機関で使用する危機管理医薬品、個人防護具や人工呼吸器等の装備品の保有状況にも影響を受ける。したがって、次項で詳述する兵站部門との連携が重要となる。

また、危機時にこれらの医療提供キャパシティを財政的に支える仕組みとして、医療提供キャパシティを提供する医療機関ほど売り上げが増大するような財政的インセンティブを平時に構築する必要性についても第3章第二節第三項で述べた。一方、危機の規模次第では、これらの財政的インセンティブを優に超える財源が必要となる可能性もある。したがって、本機能は、財政参謀と密に連携することによって、危機時に感染症リスクファイナンスを発動させる仕組みを十分に活用することが重要だ。

第四目　ラボ・診断

感染症危機が発生したか否かを判断するためには、病原体を取り扱う実験施設（ラボ）で病原体の性状を調べる必要がある。したがって、第3章第二節第四項の「ラボキャパシティの整備」で述べた通り、平時の段階から危機時に備えて全国的なラボキャパシティの整備・拡大を図ることは、感染症危機管理活動において死活的に重要である。

医療措置のうち、ラボ・診断部門を担う作戦参謀は、細菌学やウイルス学に加え、病原体診断や実験施設の取扱いの実務についても精通している必要があるだろう。

本部門は、感染症インテリジェンス部門の「疫学データ収集・分析・評価」の機能に情報を提供することで、同部門が共通作戦状況図（COP）を作成し、指揮官に真の状況認識（SA）を提供することを可能にする基盤的役割を果たしている。

第五目　危機管理医薬品の使用

危機の最中に、当該危機を発生させている病原体に特異的に作用する危機管理医薬品（診断薬・治療薬・ワクチン）の研究開発を担うのは企画参謀の任務である一方、開発された危機管理医薬品の使用や、備蓄されていた危機管理医薬品の使用、既に他の疾患に対して使用されている医薬品の応用使用についての運用を担うのは、現下の日々の事態対処行動に従事する運用部門の作戦参謀である。

危機管理医薬品の使用という機能を担う作戦参謀には、臨床医学に関する深い知識が求められる。例えば、本機能を戦略レベルで担う作戦参謀は、既に医療機関で使用されている既存の治療薬をスイッチして現下の感染症危機に応用使用し、成功した事例を全国的規模で普遍化させるといった任務も要求されることから、医療機関において実際に使用される危機管理医薬品の効果を医学的に理解する能力が求められるだろう。

また、国民におけるワクチン接種の優先順位を決定し、全国におけるワクチン接種体制を整備すると同時に、ワクチン接種による副反応や補償等に関する業務も担うことが考えられることから、ワクチンの医学的及び公衆衛生学的側面のみならず、ワクチン行政に関する深い理解が必要だ。

危機管理医薬品の供給は、事態対処行動における医療措置の成否を決するチョークポイントである。したがって、危機管理医薬品に関する国内外の研究開発状況の把握や、調達状況の把握、国内での分配システムの構築について、企画参謀や兵站参謀と密に連携することが不可欠である。

第六目　ワクチン

(1) ワクチンの有効性

危機管理医薬品とは、一般的に診断薬・治療薬・ワクチンの三つを指す。しかし、その中でもワクチンは、そもそも脅威となっている病原体に対する感染予防効果を発揮する可能性があることから、特に重要な武器である。

ワクチンとは、人為的に合成された病原体様の物質（抗原）を接種することにより、人体の獲得免疫系を刺激し、実際の病原体暴露前に獲得免疫を成立させ、実際に病原体に暴露した際に、迅速かつ十分な免疫応答を引き起こすことを目的としている。人体の獲得免疫系には細胞性免疫と液性免疫の二つの系統が存在し、ワクチンの種類（生ワクチン、不活化ワクチン、遺伝子ワクチン（ＤＮＡワクチン・ｍＲＮＡワクチン・ウイルスベクターワクチン）など）によって賦活化される免疫系は異なるが、詳細は専門書に譲る。

ワクチン接種で獲得される免疫（Immunity）をワクチンの「有効性」と呼ぶ。「有効性」には、「Efficacy」と「Effectiveness」の二つの概念があり、前者は市販前の二重盲検無作為化比較試験でその効果を評価したものであり、後者は市販後に当該ワクチン製品が実際に社会で使用されている状況において示される効果のことである。有効性は、一般的に疾病の発生の減少率（%）で定義される。ワクチンは、特定社会集団における一定割合が接種することによって、「集団免疫」を獲得することができる（集団免疫に関する詳細は本節第二項第二目参照）。

医学的には、ワクチンは人体内部における以下のいずれかの作用を通じて効果を発揮する。

Ａ　感染（infection / susceptibility）＝ヒトによる病原体の取り込み

Ｂ　再感染（reinfection）

Ｃ　保菌（carriage）

Ｄ　疾病の発症・重症化（disease）

Ｅ　感染性（infectiousness / transmissibility / shedding of the agent）＝　ヒトによる病原体の排出

これらの一個人の人体における作用が特定社会集団で累積する結果、同集団においてワクチンが発揮する価値は、以下の2点である。

1　ワクチン接種者に対する直接的保護効果　＝一個人における主にDの減少

2　ワクチン非接種者に対する間接的保護効果　＝　社会全体における主にE及びAの減少

ここで注意すべきは、ワクチン非接種者は、間接的保護効果によって同集団内で当該病原体に暴露する機会は減少するものの、直接的保護を得ていないことから、当該病原体に直接暴露してしまった場合は、当然のように感染するということである。

また、「感染（infection）」と「疾病（disease）」の違いを意識する必要がある。例えば、とあるワクチンが「疾病」に対する保護効果だけあるのであれば、当該ワクチンを接種した特定社会集団においては、その病原体による「疾病」の発症や重症化は減らすことはできるが、「感染」そのものを排除することはできない。[24]すなわち、間接的保護効果は、ワクチン接種者のＥの減少により、ワクチン非接種者のＡを減少させる作用のことであって、ワクチン非接種者のＤを減少させるのではない。もしワクチンが、ワクチン接種者のＡではなくＤのみ減少させるのであれば、ワクチンを接種しても感染すること自体は防ぐことができないので、特定社会集団における間接的保護効果は発生しない。言い換えれば、ワクチン接種者に対してＤのみを減少させるワクチンであれば、集団免疫は発生しない。

以上をまとめると、大まかに言って、ワクチンには以下の三つの効果があると言って差し支えない。

①感染予防効果　＝　Ａ及びＥの作用を通じて
②発症予防効果　＝　Ｄの作用を通じて
③重症化予防効果　＝　Ｄの作用を通じて

ワクチン製剤の種類によっては、年月とともにワクチンによって獲得した免疫が逓減することが知られている。したがって、特定社会集団における免疫状態を継続的にモニタリングすることが重要であり、免疫学的データの収集のみが、同集団における免疫状態及びワクチンの効果を把握し、その後の介入策を最適化する方策である。具体的には、定期的な血清学的調査（serosurveillance）を通じ、免疫を有する人口集団のモニタリングを行う。

このような獲得免疫の逓減作用を踏まえ、ワクチン接種によって獲得した免疫を維持するためには、初回接種後に一定期間が経過した時点で、再度のワクチン接種（ブースター接種）が必要となる場合もある（自然感染が同様に免疫機能のブースター効果を持つ場合もある）。

(2)ワクチンの副反応（adverse reactions）と有害事象（adverse events）[25]

ワクチンは、厳正な薬事審査を通じて有効性と安全性が確認された上で承認され、事態対処行動の医療措置に使用される。一方、副作用のない医薬品が存在しないのと同様、健康人の生体に対して人為的に炎症を引き起こして免疫反応を惹起させるワクチンにも、接種によって発生する人体の好ましからざる反応は存在する。ワクチン接種による好ましからざる反応は、ほとんどが軽微なものであり、自然軽快するものの、稀に重篤なものが発生するため注意深く観察する必要がある。

注意しなければならないのは、ワクチンには、「副反応（adverse reactions）」と「有害事象（adverse events）」という似たような二つの異なる概念が存在することである。この二つの概念の違いは、「因果関係」と「相関関係」に関する違いである。「副反応」は、ワクチンの「主反応」に対する対義語であって、いわゆる他の医薬品の副作用と同様、ワクチン接種と「因果関係」がある生体反応（症状）を表している。一方、ワクチン接種後の「有害事象」は、ワクチン接種と比較した場合に時間軸上は後に発生した何らかの生体反応を表しており、ワクチンとは時間的前後関係（相関関係）にはあるものの、生体反応としてはワクチンとは「因果関係」が全くなく、偶然発生したものも含んでいる広い概念である。

この二つの概念はよく誤解され、後述するワクチン忌避の議論にも影響する場合があるため、要注意である。

ワクチンが薬事承認されると、それまでの臨床試験と比較して多くの人口規模に接種することになり、臨床試験が対象としていた人口規模では観察することができなかった副反応が、多くの人口規模に接種することによって初めて表出し、観察されることがある。特定社会集団においてワクチンの効果を広く得るためには、ワクチンの安全性に対する信頼性を維持し、多くの人間に接種してもらうことが不可欠である。したがって、市販後の副反応に関するサーベイランスは非常に重要である。

(3)ワクチン忌避（Vaccine hesitancy）

ワクチン忌避または反ワクチンとは、ワクチン接種に対する何らかの躊躇や拒否反応のことである。ワクチン忌避を示す人々の理由は様々で、安全性への疑念が払拭できない、有効性に対する価値が見出せない、政府が実施する行為全般に対する根本的な不信感、ワクチンが一定の病気を引き起こすために悪意を持って作られたものであるといった陰謀論などがある。また、ワクチン忌避の対象は、ワクチン全般に向けられる場合もあれば、特定の製剤に向けられる場合もある。

ワクチンは、感染症危機における事態対処行動において、国民の生命を守るために非常に有効な手段であり、集団免疫の獲得を目指し、より多くの人口集団が接種する必要がある。しかし、ワクチン忌避は、特定のワクチンの有効性及び安全性に対して科学的コンセンサスが得られていたとしても発生する。したがって、事態対処行動において厳正な薬事承認を経て上市されたワクチンを使用する際には、感染症危機管理組織による国民へのコミュニケーションが鍵となる。したがって、危機管理医薬品、特にワクチンを担当する作戦参謀は、ワクチンの有効性と安全性について国民の適切な理解を促すべく、コミュニケーション部門との連携を密にする必要がある。

第七目　公衆衛生措置

(1)個別の措置の選択

第2章第三節第二項で述べたように、公衆衛生措置は、①個人、②社会、③環境の三つの分野における個々の措置の組み合わせによって実行される。その際、どの措置を採択すべきかについては、病原体の種類、特にその伝播様式（mode of transmission）によって大きく異なる。

例えば、感染性の高い病原体、すなわち市中における感染者増加のスピードが速い呼吸器感染症による飛沫感染や空気感染の場合には、特に医療措置のワクチンと治療薬といった危機管理医薬品が存在しない場合には、公衆衛生措置の存在が格段に重要となり、強度の高い公衆衛生措置の発動が必要となる。

エボラ出血熱といった体液を介した接触感染の場合には、呼吸器感染症ほどの強度の高い公衆衛生措置は必要ないだろうが、相当に致命率の高い病原体であるため、体液への接触機会を必ず減少させるため、施設・設備・物品の消毒や破棄、確実に滅菌・焼却した遺体処理など③環境分野が重要になるだろう。

(2)総力戦への理解

公衆衛生措置を担う作戦参謀は、医学・公衆衛生学のみならず、「総力戦」という概念に精通していることが求められる。例えば、危機管理医薬品が存在しない呼吸器感染症のDisease Xに対しては、対抗手段としての公衆衛生措置に依拠する度合いが格段に増す上に、それが長期化するおそれもある。

総力戦たる公衆衛生措置を実行するにあたり、作戦参謀が理解せねばならないのは、第一に、総力戦の本質は、「実際に国民全体が生存の維持に関して脅かされ、戦争を引き受けるという覚悟ができているときにのみ、総力戦は遂行可能となる」ということであり、「総力戦での重点は国民にある」ということである。第二に、総力戦の完遂を支えるためには、安定した経済を国民に提供することが重要であるということである。第三に、政府による経済への対処方法は「不誠実と腐敗」を排除し、「厳格かつ誠実」に実行し、国民が総力戦への協力を拒否するような事態を招いてはならないということである。

これらによって初めて、国民の抗戦力を長期間にわたって維持することができる。

作戦参謀が、このような総力戦的特徴のある公衆衛生措置を実施するためには、コミュニケーション部門と強固な連携を築く必要があるし、事態対処行動の副作用対策としての経済対策を統括する別の危機管理組織とも緊密な連携を行う必要がある。

また、「総力戦」という特徴を持ち、その効力が社会全体に与える影響が甚大なもの（例：学校閉鎖など）も含む公衆衛生措置について、最終的に①個人、②社会、③環境の三つの分野における個々の措置のどれを採用するかは、戦略・作戦レベルのみならず、より上位の大戦略レベルの判断が必要となる場合もあるだろう。

ケーススタディ22

COVID-19パンデミックにおける一斉休校

COVID-19への事態対処行動において実施された公衆衛生措置の中で、戦略レベルを超え、大戦略レベルの判断が必要となったのが、2020年3月における一斉休校である。

安倍首相は、同年2月27日の第15回新型コロナウイルス感染症対策本部で「全国全ての小学校、中学校、高等学校、特別支援学校について、来週3月2日から春休みまで、臨時休業を行うよう要請します」と発言した。文部科学省にとっても突然の決定だったという。

公衆衛生措置としての全国の一斉休校は、国民生活に対して非常に大きな影響がある。それゆえ、戦略レベルに位置する文部科学省を超え、大戦略レベルの安倍首相が決断した。学校で発生する感染のクラスターを契機として子供を介して高齢者に感染が拡大するリスクを真剣に懸念したゆえの決断だったという。

出典：『新型コロナ対応・民間臨時調査会　調査・検証報告書』

ケーススタディ23

COVID-19パンデミックにおける国民の抗戦力の低下

ＣＯＶＩＤ-19パンデミックでは、年単位の長期間にわたる事態対処行動により、国民生活は大きな制約の中に置かれ、いわゆる「コロナ疲れ」と呼ばれる状態が発生した。そのような状況下、新型インフルエンザ等特別措置法に伴う緊急事態宣言の発出に伴い、国民に対して夜半の営業停止が要請されるも、国会議員及び政府職員による夜半の飲食等が確認され処分がなされるなど、厳格さと誠実さについて疑問視される事態が発生した。

また、緊急事態宣言による公衆衛生措置の強化で、飲食店や観光関連業者をはじめとする多くの人々にとって経済的な苦境が続いた。例えば、ＣＯＶＩＤ-19パンデミック下の地域経済に関する多様なデータを公開している「Ｖ-ＲＥＳＡＳ」(日本政府が運営)によれば、「全国の求人情報数」のうち「販売・サービス職」は、２０２０年4月以降、危機前と比較して軒並み20％程度の減少を示している。

このように、経済的な困窮や、厳格さと誠実さが疑問視される事案の発生など、多くの要素が混ざり合うことで、国民の抗戦力が低下したと考えられる。

国民の抗戦力の低下は、Ｖ-ＲＥＳＡＳの「人流」のデータに表れている。例えば、第1回～第3回の緊急事態宣言が真っ先に発出された東京都について、他都道府県から東京都への移動を見てみると、第１波の感染者数が増加してきた２０２０年３月頃から都内の人口が一気に減少し始め、第１回緊急事態宣言下（同年４月〜５月末）の５月初旬には、ＣＯＶＩＤ－19による危機が始まったばかりの同年１月と比較して５分の１まで減少。緊急事態宣言解除後から徐々に回復し、都道府県を跨ぐ移動の自粛が全国で緩和されて以降は、５分の３前後で推移し定常化した。しかし、第２回及び第３回の緊急事態宣言の期間は、定常状態からの減少幅は微々たるものであり、公衆衛生措置による政策的影響力が減少（国民の抗戦力が低下）していることが推察される。

(3) 公衆衛生措置の強化と緩和の切り替え

感染症危機を生起させている病原体に特異的な危機管理医薬品が存在しない状態においては、公衆衛生措置が大きな役割を果たすことになる。

事態対処行動で実施される特定の公衆衛生措置の総合的な強度は、第２章第三節第二項で述べた通り、以下のように概念的に表現できる。

特定の公衆衛生措置の総合的な強度　＝　種類別強度　×　徹底度　×　期間

したがって、公衆衛生措置を担当する作戦参謀は、感染者数が増加してきた段階で、それが医

図表32　公衆衛生措置の強化と緩和

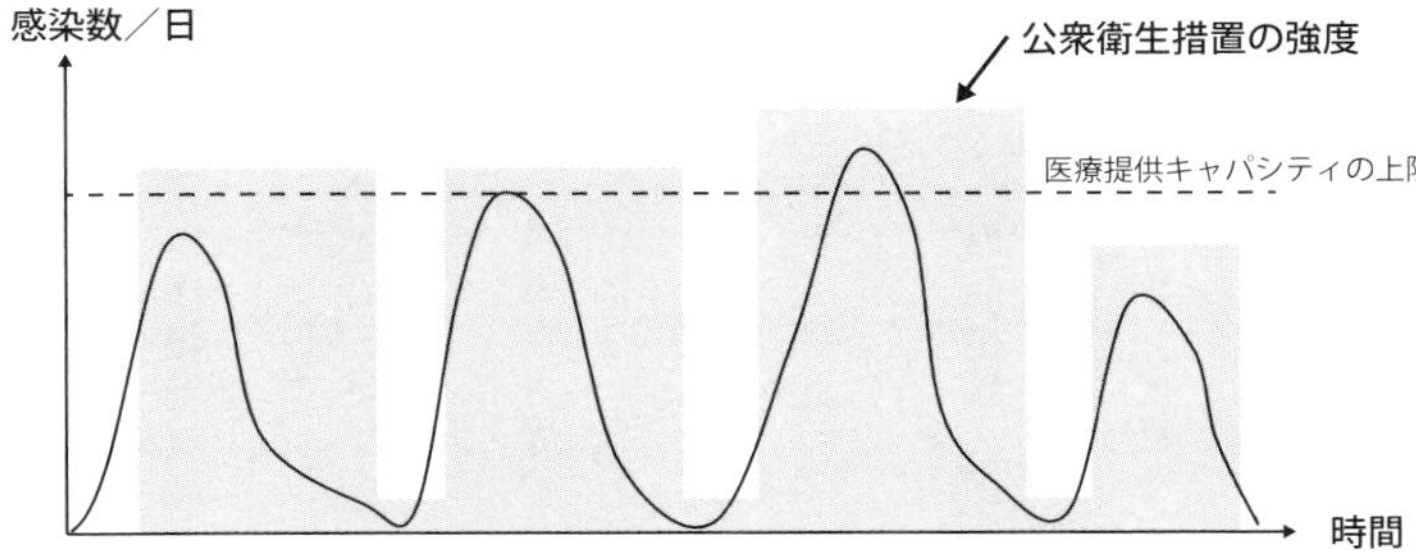

療提供キャパシティの上限を超えることを防ぐために、公衆衛生措置を強化する。具体的には、公衆衛生措置の個別の種類・徹底度（罰則等の組合せ）・実施期間を選択し、それら個別の公衆衛生措置の複数個をパッケージとして統合した上で、実行する。

感染者数の推移が減少し、医療提供キャパシティの上限を優に下回るようになった段階で、公衆衛生措置に関する当該パッケージを緩和する。

そうすると、一定期間の後に、感染者数がまた増加してきた段階で、再度、公衆衛生措置を強化すべく、パッケージを選択して実施する。

危機管理医薬品、特に治療薬やワクチンが開発されるまで、または、それらが開発されなかった場合は、自然感染による集団免疫を獲得することを目指す戦略を採用することで公衆衛生措置を解除する（本節第五項第一目で後述する「軽減戦略」を採用する）という決断を下すまで、上記のような公衆衛生措置の強化と緩和を繰り返すことになる。

第八目　渡航措置

渡航措置を担う作戦参謀は、いわゆるＣＩＱ（税関・出入国管理・検疫）の実務に精通していることが求められる。

個々の渡航措置は、感染症インテリジェンスを通じた海外情勢に関する状況認識（ＳＡ）が起点となり発動される。

特に、新しい脅威が世界のどこかで発現し、感染症危機の発生が予見される状況において、渡航措置は最重要の役割を担う。感染症危機管理組織は、渡航措置の発動によって稼いだ時間差を利用して、事態対処行動の初動を起動・強化し、国内の医療提供キャパシティの上限を引き上げて十分な医療措置を実施する体制を整える等、国内に脅威が流入した場合の準備を行うからである。

したがって、渡航措置を担う作戦参謀は、感染症インテリジェンス部門と連携しつつ、平時より海外情勢についてアンテナを高く維持していなければならない。

渡航措置における①渡航勧告、②検疫、③隔離、④渡航制限といった個々の措置の組み合わせについての決定は、公衆衛生措置と同様、戦略・作戦レベルのみならず、より上位の大戦略レベルの判断が必要となる場合もあるだろう。例えば、特定の国からの入国制限は、感染症危機管理の範疇を超え、国家間の基本的な外交的関係に影響を及ぼす事象である。したがって、大戦略レベルの判断は不可欠だ。

⑴渡航措置に関する国際ルール

渡航措置の実施については、明確な国際ルールが決められている。

渡航措置、特に②検疫、③隔離、④渡航制限を実行する際に、「国際交通を大幅に阻害するもの（国境を越える旅行者、手荷物、貨物、コンテナ、輸送機関、物品等の入出国の拒絶、またはその24時間以上の遅延を一般的に意味する）」については、各国政府はその個別の措置実施の48時間以内にＷＨＯ事務局に報告する義務を負っている。これは、ＩＨＲ43条「保健上の追加措置（Additional health measures）」が規定しており、これらの渡航措置は以下の3点を根拠として実行されねばならず、同報告をする際に、「公衆衛生上の根拠と関連する科学的情報（the public health rationale and relevant scientific information）」をＷＨＯ事務局に対して提供せねばならない。

（a）科学的諸原則

（b）人の健康にリスクがあるという入手可能な科学的証拠、またはその証拠が不十分な場合には、ＷＨＯその他の関連政府間組織及び国際機関からのものを含む入手可能な情報

（c）ＷＨＯから入手可能な一切の具体的指針または助言

また、これらの渡航措置は、「適当な保健水準を満たすと思われる合理的に利用可能な代替措

置よりも国際交通を制限せず且つ人に対して侵襲的又は立ち入ったものであってはならない」とされている。

ＷＨＯは、各国から報告を受けた渡航措置について他のＩＨＲ締約国に通知する（ＷＨＯが管理・運営するＥＩＳ（Event Information System）を通じて行われる）と同時に、必要があれば、実施国に対して当該措置の再検討を要請することができる。

また、実施国は、３カ月以内に、その措置を見直すこととされている。

このように、渡航措置については、国際法上の規定に照らせば、何でもかんでもやって良いというわけではなく、一定の国際ルールを遵守しながら行わねばならないのである。しかし、感染症危機管理組織の一義的な存在意義と目的は、国民の生命たる国益を守ることにあり、渡航措置は主権国家による主権行為の最たるものである。したがって、その目的の完遂のために必要と認められる渡航措置であれば、あらゆる手段で前述の規定を満たすようなロジックを形成し、国際法を遵守しつつ（国際法違反のそしりを回避しつつ）、柔軟に措置を実行するのが適切である。

ケーススタディ24

COVID-19パンデミックの初動における渡航措置

２０２０年１月、中国武漢発の未知の感染症（当時は「2019-nCoV」と呼ばれていた）の広がりに際し、真っ先に渡航措置（特に入国制限）を発動したのは、主には中国周辺の東アジア諸国と、太平洋及びカリブ海の島国であった。

東アジア諸国は、過去の経験から未知の病原体による感染症危機についてそもそもの脅威認識を有していたため、発動が比較的早く行えた。一方、太平洋及びカリブ海の島国は、その狭い国土から、一度感染が拡大すると国土全体が蹂躙されることが容易に想像できたため、外敵に対する非常に強い危機感を平素から有していたのだと想像される。

これらの国々による渡航措置の発動は、ＷＨＯが第１回目のＩＨＲ緊急委員会を開催した２０２０年１月22日から翌２月半ばまでに集中している。

我が国の各種渡航措置の発動も早かった。我が国の渡航措置に関する主な時系列は以下の通りである。

２０１９年12月31日：中国武漢市当局が海鮮物市場関係者を中心とした未知の肺炎の発生を発表

２０２０年１月５日：厚生労働省が検疫所ウェブサイトに右記情報を掲載

２０２０年１月６日：同肺炎発生状況と厚生労働省の対応をウェブサイトに掲載

２０２０年１月９日：中国当局が未知の肺炎の正体が新型コロナウイルスによるものであると発表

２０２０年１月15日：日本国内第一例確定診断

２０２０年１月21日：外務省が中国全土に感染症危険情報レベル１（十分注意してください）発出

２０２０年１月22・23日：ＷＨＯが第１回ＩＨＲ緊急委員会開催

２０２０年１月23日：武漢市が都市封鎖（ロックダウン）

２０２０年１月24日：外務省が武漢市を含む湖北省に感染症危険情報レベル３（渡航中止勧告）発出

２０２０年１月28日：日本国内のヒト―ヒト感染初確認

２０２０年１月30日：ＷＨＯが第２回ＩＨＲ緊急委員会開催。ＰＨＥＩＣ宣言
日本政府が新型コロナウイルス感染症対策本部の設置を閣議決定

２０２０年２月１日：日本政府が入管法に基づき14日以内に湖北省滞在歴を有する外国人渡航者の入国制限開始

ケーススタディ25

COVID-19パンデミックにおける日本政府による海外からの入国者に対する外出禁止措置の実際

日本政府は、特定の国からの入国者に対し、日本国籍の有無に関係なく、入国後に一定の外出制限を課した。

例えば、変異株の拡散が本格化する直前の２０２０年12月時点では、入国時点の唾液抗原検査で陰性だった者に対し、公共交通機関の利用を行うことなく国内の一定の場所（自宅等）に自力で移動させ、自宅等で14日間（ＣＯＶＩＤ-19の最大潜伏期間）の外出禁止を命じた。

変異株の拡散が本格化した２０２１年には、外出禁止措置が強化された。具体的には、入国時点の唾液抗原検査で陰性だった者を、大型バスで空港から政府指定の宿泊施設（民間のホテル等）に移送し、３日間は直接の監視下に置き、部屋からの外出を一切禁じた。３日目にＰＣＲ検査で再度陰性だった者は、再度大型バスで空港に移送し、そこから公共交通機関の利用を行うことなく国内の一定の場所（自宅等）に自力で移動させ、そこで残りの11日間の外出禁止を命じた。その際、入国時に空港において入国者個人のスマートフォンにダウンロードさせた位置情報報告アプリを通じ、１日に数回、自己の位置情報を報告させることによって、外出禁止措置を遵守しているか否かについて監視する体制を構築した。

⑵予防接種又は予防薬に関する国際証明書（ＩＣＶＰ：International Certificate of Vaccination or Prophylaxis）

渡航措置の中で、予防接種又は予防薬に関する国際証明書（ＩＣＶＰ）にも、ＩＨＲに基づく特別な国際ルールが存在する。

ＣＯＶＩＤ-19パンデミックまで存在していたＩＣＶＰは、黄熱病に対するワクチン接種証明書「イエローカード」である。南米やアフリカなど、黄熱病の予防接種を要求する国では、入国審査の際にイエローカードの提示が必要だ。提示できない場合には入国を拒否される。イエローカードの有効期限は、もともとはワクチンの効果が持続する10年とされていたが、生涯有効であるからＩＨＲを修正すべしとのＷＨＯ総会決議を受けて、２０１６年にＩＨＲが改正された。日本では、厚生労働省管轄下の検疫所が責任主体として発行している。

このように、国際法的には、ＩＣＶＰはＩＨＲに基づき議論がなされねばならないと規定されている。すなわち、新たな病原体の発現によって感染症危機が発生し、各国がＩＣＶＰを活用したい場合には、２０１６年のイエローカード有効期限変更のときと同様、ＷＨＯ総会においてＩＨＲ改正を決議し、当該病原体に対するＩＣＶＰをＩＨＲに追加することで果たし得る。

ＩＣＶＰの活用を検討する際には、以下の観点に注意しながら議論を進めるのが良い。

①科学的観点：当該病原体に対するワクチンまたは予防薬の感染予防効果等の有効性や持続期

間等に関する医学・公衆衛生学的エビデンスは、ＩＣＶＰを活用する際の根本的な価値を提供するものであり、科学的精査を抜きにＩＣＶＰの導入は検討し得ない。

②倫理的観点：当該病原体に対するワクチンまたは予防薬の利益を享受できる者（ワクチン接種または予防薬摂取可能者）もいれば、アナフィラキシーショック等の症状をきたしてしまうなど、利益を享受できない者（ワクチン接種または予防薬摂取不可能者）もいる。したがって、ＩＣＶＰを発行する際には、ワクチン接種または予防薬摂取不可能者に対する差別や不利益を助長しない措置を同時に講じること。

③法的観点：国際法と国内法の論点が存在する。国際法的には、新たなＩＣＶＰを導入するためにはＩＨＲ改正が必要であることに加え、ＩＣＶＰの対象となる当該病原体に対する特定の製品（ワクチンまたは予防薬）は、ＷＨＯの医薬品承認（ＰＱ）を取得する必要がある。国内法的には、ＩＣＶＰの存在を法的に明示するハードローとして規定するのか、政府の指針等によってソフトローとして対応するのかという論点がある。

④技術的観点：ＩＣＶＰの発行方法としては、従来からイエローカードで使用されてきた紙という「アナログ」の形式に加え、スマートフォンのアプリ等を利用した「デジタル」の形式も想定されている。アナログの場合は、使用が簡便である一方、偽造の問題が付きまとうことは避けられない。一方、デジタルの場合は、スペックや相互互換性、個人情報保護、偽造防止策、データ管理主体等の各種規格について、発行主体間または国際的な合意・標準化が

必要となる。

ケーススタディ26
ＩＣＶＰの国内適用

予防接種又は予防薬に関する国際証明書（ＩＣＶＰ）は海外渡航に適用される制度である。しかし、ＣＯＶＩＤ-19パンデミックにおいては、ＩＣＶＰの活用を通じて、各国の渡航措置によって生じた国際経済への副作用を緩和するだけにとどまらず、ＩＣＶＰを国内移動にも適用し、各国の公衆衛生措置によって生じた国内経済への副作用を緩和しようとする動きが見られた。すなわち、前述の①～④の四つの軸に加え、「地理的範囲」という五つ目の観点が発生したのである。

例えば、イスラエルやデンマーク等の諸外国においては、ＩＣＶＰ保持者に対してはレストランやコンサート、映画館等へのアクセスといった一部の公衆衛生措置が緩和され、国家全体としては一定の公衆衛生措置を保ちつつも、国内経済の維持・回復に役立ったという。

ケーススタディ27

ＣＯＶＩＤ‐19パンデミックにおけるＰＣＲ陰性証明書の要求

ＣＯＶＩＤ‐19を引き起こすＳＡＲＳ‐ＣｏＶ‐2ウイルスに対する危機管理医薬品が存在しない中で、各国は渡航措置を強化せざるを得なくなった。しかし、徹底した国境閉鎖（航空機制限・船舶制限・陸上交通制限の完全実施）を行って完全なる鎖国状態を作り出し、海外渡航と国際貿易を排除することは現実的ではない。

したがって、各国政府は、強度の高い渡航措置を実施しながらも、一定の海外渡航を認める政策を採用した。一方、危機管理医薬品、特にワクチンが存在しない中では、予防接種又は予防薬に関する国際証明書（ＩＣＶＰ）は使用できない。その苦肉の策として、各国は、ＩＣＶＰの代わりにＰＣＲ陰性証明書の提出を海外からの入国者に対して義務付けた。

第九目　三つの手法の統合運用

これまで、運用部門の下の個別機能部門ごとに、作戦参謀が有するべき能力について詳述した。しかし、運用部門の下の個別機能部門ごとで作戦参謀の専門性に多少の違いはあるにせよ、作戦参謀は、医療措置・公衆衛生措置・渡航措置という二つの攻撃と一つの防御に関する全般的な医学・公衆衛生学的知識を有し、これら措置を発動するための政策実務についても広く理解している必要があるだろう（詳細は第2章第三節第二項を参照）。なぜなら、これら三つは、脅威に対する攻撃という意味で密接不可分かつ相互に連関しており、一体的に運用されなければならないからである。そうすると、作戦参謀の理解という話に留まらず、組織構造としても、これら三つを一体的に運用する体制を構築することが理想的である。

これは、自衛隊における「統合運用」という概念と同じである。冷戦以降、各国の軍隊で、統合運用を進める動きが加速しているが、「統合運用」とはそもそもどういうことなのだろうか。『防衛用語辞典』（眞邉正行編著、国書刊行会、２０００年）は、統合とは、「同一国家に属する2以上の軍種又はそれらの部隊等が、ある特定の目的達成のために協力することをいう。この際、指揮関係により単一指揮官による場合と、そうではない場合（協同という。）とがあり、広義では両者を、狭義では前者のみを指す」と述べている。また、防衛省によれば、統合運用とは、「自衛隊が、陸・海・空自衛隊ごとに個別に活動を行うのではなく、はじめから一体となって活動を行うこと」[26]である。

「統合運用」が必要な理由としては、各自衛隊が有機的に連携し、迅速かつ効果的に任務を遂行するためには、情報の同時共有と一元的指揮が求められることや、各自衛隊がそれぞれの専門的見地から閣僚を補佐してしまうと、場合によっては異なる状況認識と作戦方針が複数存在し、迅速かつ効果的な事態対処に支障を来すおそれがあることなどが挙げられている。[27]

感染症危機管理組織の戦略指揮官は、自衛隊における統合運用を支える統合幕僚長（統幕長）のような役割が必要なのではないだろうか。

統幕長の役割は、①統一的な運用構想を立案し、自衛隊の運用に関する軍事専門的見地からの大臣の補佐を一元的に行うこと、②自衛隊の運用に関する大臣の指揮は統幕長を通じて行い、自衛隊の運用に関する命令は、統幕長が執行すること（その際、統合任務部隊が組織された場合はもとより、単一の自衛隊の部隊を運用して対処する場合であっても、大臣の指揮命令は、統幕長を通じて行われる）[28]である。

磯部晃一元陸将は、その著書『トモダチ作戦の最前線――福島原発事故に見る日米同盟連携の教訓』において、統合運用について以下のように述べており、参考になる。

> 統合運用を一言で言い表すとすれば、作戦を遂行するために、陸軍、海軍、空軍及び海兵隊など各軍種をばらばらに運用するのではなく、一人の指揮官の指揮の下にすべての軍種の部隊を配下に入れて運用することである。
>
> 統合運用形態は、国によって千差万別であるが、二つの視点で見るとよく分かる。一つは、軍の中央組織（国防省、日本の場合は防衛省と捉えていただいてよい）に結合された幕僚組織が存在するかという点、二つは、統合軍、すなわち一人の指揮官の下に陸海空軍などの部隊が

指揮に入っているかという点である。

感染症危機管理においても、1人の大臣の下に、1人の指揮官を配置し、医療措置・公衆衛生措置・渡航措置を統合運用する体制を取ることにより、国家としての一体的な事態対処行動が可能となることが想定される。

ケーススタディ28 感染症危機管理の統合運用の必要性

ＣＯＶＩＤ-19パンデミックにおいて、日本政府の事態対処行動に従事していた政府高官は、感染症危機管理における統合運用の必要性について語った。

具体的には、ケーススタディ7でも述べたように、ＣＯＶＩＤ-19パンデミックでは、日本政府における感染症危機管理を担当する国務大臣は、感染症法と検疫法を所管する厚生労働大臣、新型インフルエンザ等特別措置法を所管する内閣官房新型コロナウイルス感染症対策推進室を率いる大臣、新型コロナウイルスワクチン接種担当大臣の3人が存在していた。

感染症危機管理の事態対処行動は、医療措置・公衆衛生措置・渡航措置という二つの攻撃と一つの防御を有機的に連携させ、一体的に運用することが重要である。これを実現するためには、1人の閣僚の指揮下に全事態対処行動を統括する戦略指揮官を配置し、その下に医療措置・公衆衛生措置・渡航措置の三つの参謀部門を配置して運用することで可能となる。

政府の統治機構改革を通じて感染症危機管理の統合運用体制を確立できるか否かは現時点で不明だが、将来の大規模な感染症危機に備え、今からそのような構想をしておくことも重要だろう。

第一〇目　付随的被害の極小化と経済対策

感染症危機管理を含め、危機管理の分野に関係なく重要となるのが、脅威に対する作用としての攻撃が社会に対して二次的に発生させてしまう副作用（付随的被害（Collateral Damage））の極小化である。副作用は、意図しない付随的な人的・物的被害として生じる。副作用を完全になくすという「ゼロリスク」的な視点は非現実的で議論自体意味をなさないが、副作用を極力低減するという「リスクマネジメント」的視点は有用である。すなわち、作用と副作用のバランス、一時的に得られる効果と二次的に発生する付随的被害のバランスをどのように取るべきかという視点である。

軍事行動においては、軍事目標に対する軍事攻撃による効果と、巻き添えを被る非戦闘員等に対する付随的被害のバランスについて、比例性原則（Principle of Proportionality）というものが存在する。比例性原則とは、想定される軍事的利益に比例して、軍事攻撃によって生じる付随的被害が過度になってはならないというものである。

このような考え方は、感染症危機管理にも適用できるだろう。感染症危機管理が守る国益とは、一義的には「国民の生命」を指す。一方で、「経済的繁栄」も我が国の守るべき国益として厳然として存在する。第2章第四節第一項の「政治／大戦略レベル」の項目で述べたように、医療措置・公衆衛生措置・渡航措置という作用によって国民の生命を保全することと、その副作用によって生じる経済的損失をどの程度許容できるかということの、作用と副作用の天秤は程度問題である。したがって、どの程度の塩梅、すなわち、いかなる程度の比例性原則が妥当と考えるかという政治判断を大戦略レベルが行うことが適切だ。

第四項▼兵站部門

第一目　兵站――事態対処行動の根

兵站（ロジスティクス）部門に所属する兵站参謀（Logistics）は、事態対処行動において必要となる兵站を感染症危機管理組織全体に供給すべく、指揮官を補佐する。特に、危機管理医薬品やその他の装備品といった兵站物資の国家備蓄を放出し、迅速かつ効率的に戦術レベルの前線機関に分配するための兵站オペレーションの構築は、事態対処行動の進捗と効果全体に影響を及ぼす大きな課題である。

「兵站は、作戦を支える礎石」[29]である。この言葉が指し示すように、危機管理組織の攻撃を成立させる上で、兵站は何より重要である。特に、感染症危機管理においては、脅威の種類によっては事案が長期化することもあるため、本部及び前線で事態対処行動に従事する者への継続的な物資の供給は、その持続可能性を保つ上でも非常に重要である。兵站とは「物の準備」のことであり、その運用には高度な専門性が要求されるため、これらの事項に精通した者を兵站参謀として任命する必要がある。兵站の重要性については、福山隆元陸将が、その著書『兵站――重要なのに軽んじられる宿命』で次のように述べている。

> 日本の国花の桜を例に「兵站部隊」についてわかりやすく比喩すればこうだ。「陸軍の歩兵・砲兵部隊、海軍の艦隊、空軍の戦闘機部隊などの『戦闘部隊』を「万朶の桜（多くの枝に咲きそろった桜）」とするなら、「兵站部隊」は「桜の根」に相当する。見事な爛漫の桜を咲かせるためには大地に深く広がりを持つ「根」が不可欠なのだ。もしも、モグラなどから根を切断されれば、桜は花どころか木自体が枯れてしまう。
>
> といっても、桜は根だけでは支えきれない。「肥沃な大地」が必要だ。この「肥沃な大地」こそが、マンパワー、財政、資源、工業力などを提供する「国民・国家・政府」なのである。

また、福山氏は兵站を人体の血管系統の働きと同じであると述べる（神経系統は指揮統制）。軍事分野では、一国の軍需物資の供給源を「策源地」と呼称する。策源地は、前線の作戦部隊に対して、補給、整備、配備、配給、衛生、物流、建設等の兵站支援を行う後方基地（根拠地）のことであり、人体で言えば心臓にあたる。心臓が末端の細胞に対して大動脈―各種分岐動脈―毛細血管を通じて酸素や栄養を送り、その血液循環により人間一個体の生命活動が可能になるように、兵站が国家の策源地から前線部隊の一兵卒に及ぶまで一貫した陸海空の輸送路で継続して送られることにより、軍事組織の一体的な軍事行動が可能になる。逆に、血管が詰まれば、脳梗塞や心筋梗塞が発生し、結果、人間一個体が死に至るのと同様、兵站が敵の攻撃等により寸断されれば、前線部隊は機能不全を起こすか最悪死に至り、軍事行動全体が機能しなくなる。

兵站軽視による事態対処行動の破綻の代表的事例として、『失敗の本質』は多くの事例を挙げ、一貫して批判している。長いが、そのまま引用する。

短期決戦志向は、補給・兵站の軽視にもつながっている。これも大東亜戦争を一貫して流れる考え方であった。インパール作戦しかり、ガダルカナル島しかり。燃料、弾薬、食糧などの物的資源の補給がつねに滞りがちであったばかりでなく、パイロットや士官という人的資源も戦争中段以降は急速に不足していた。サマール湾で敵空母群を追撃した栗田艦隊があ

図表33　兵站機能とその業務内容(30)

兵站機能	具体的業務
配置と分配	前線機関の維持
補給	補給と装備の管理、在庫管理、物流業者管理
整備	修理場維持管理、現場での修理、装備交換
物流	食糧、水、衛生物品、遺体処理
契約支援	事態対処行動に伴う協力業者との契約締結業務、契約業者管理
建設	工兵業務

と一歩のところで追撃を中止したのも燃料不足を懸念したためといわれる。

日本軍の短期決戦志向は、戦争全体を通じて抜きがたく個々の戦略を支配していた。それが必要な場合でも、長期持久戦は極力避けられた。フィリピンのルソン島では、長期持久戦が採用されたが、それはもはや前途になんらかの見通しのある状況での持久戦ではなく、武器、弾薬、食糧を欠いたなかでの死に至るまでの待ち時間にすぎなかった。沖縄戦の際に、第三二軍長勇参謀長以下は総攻撃を主張してこれを敢行し、戦略的合理性を主張して持久戦の方針を堅持した高級参謀の八原大佐はしだいに孤立していったのである。

これは軍事領域における兵站軽視の事例だが、無意識的に兵站を軽視したり捨象してしまったりしていることが多いという事実は、感染症危機管理の事態対処行動においても共通している。特に、食糧供給の重要性は、何度言っても言い過ぎることはない。

事態対処行動中は、食事の時間を割くことができないほど多忙になる。しかし、ただでさえ連日の事態対処行動で疲労が蓄積する中、食料を摂取しないと一つ一つの判断が鈍るし、より意欲も減退する。ミスも発生する。短気にもなり、気を張って事態対処行動に従事する者同士、同僚と衝突することも多くなる。そんな最中に食料の差し入れがあったり、温かい料理を食べることができると、幸福感は倍増するし、意欲も漲って作業効率も上がり、新たな戦略的アイディアも湧いてくる。筆者も、感染症危機に対する夜半の事態対処行動中、わざわざ温かい出前を取って同僚と食べたりしていた。

福山氏は、食糧供給の重要性について以下のように述懐している。

> 大分県湯布院市の傍に広がる日出生台演習場で二夜三日の演習（連隊の攻撃訓練）に参加した。
>
> 私の小隊約20名は中隊主力とは別行動で、広い演習場のなかを行動した。そのとき、小隊陸曹（小隊長の補佐役）の吉田鉄馬一曹が私にこう言った。「福山小隊長、今後あなたの自衛隊生活で最も大事なことを申し上げます。それは、演習に出たときは、部下にきちんと食事を与えるように努めることです。これさえ守れば、隊員たちはどんなにつらくても福山小隊長を信頼し、ついてきます」と。

ひとくちに「兵站」と言っても、その具体的業務内容は一般的に以下のように整理され、そのカバーする範囲は多岐にわたることがわかる。[31]

これらの兵站「機能」も、戦略レベル・作戦レベル・戦術レベルの各階層の観点によって必要なものが異なる。[32]

- 戦略的観点から見る兵站：感染症危機に際し、国家的な事態対処行動を続けるのに必要な人的資源（ヒト）、装備品の造成（モノ）、資金（カネ）、さらには作戦レベルの各戦域（都道府県・市町村単位）へのそれらの分配方法や移動手段の調達など。
- 作戦的観点から見る兵站：支援内容が多様なことから、戦術行動よりも複雑。例えば、拠点の造成（例：ワクチンの大規模接種会場）、作戦レベルの各戦域（都道府県・市町村単位）における配分システム、各地域での人員の採用、各種装備品の調達、物品の補給・整備など。作戦指揮官は兵站のオペレーションを組織化して、その供給をコントロールできる（戦術指揮官はできない）。作戦指揮官は、戦術レベルの前線機関が付与された戦術目標を達成することを可能にするために、作戦戦域において十分な兵站支援を整える必要がある。
- 戦術的観点から見る兵站：戦術指揮官にとって、兵站とは日々目の前で繰り広げられる事態対処の準備と実施の間に消費する具体的な品目である（例：医療機関における個別の医薬品の在庫管理等）。戦術指揮官は、作戦戦域からの兵站支援を受けるのみで、それらをコントロールできない。

第二目　物的サージキャパシティの起動

サージキャパシティには「人」と「物」があることを述べたが、「物的」サージキャパシティは、兵站部門が担う。感染症危機管理における物的サージキャパシティも、戦略・作戦・戦術レベルの各階層の観点によって必要なものが異なる。[33]

- 戦略レベルの物的サージキャパシティ：戦略レベルの物的サージキャパシティは、危機管理医薬品や各種装備品の研究開発と生産、装備品の国家備蓄の放出、兵站物資の国内増産体制の起動、それらを作戦地域（都道府県・市町村単位）に送り込むために必要な輸送手段の確保などである。
- 作戦レベルの物的サージキャパシティ：作戦レベルの物的サージキャパシティは、各作戦地域において、必要に応じて対処できるように用意しておく兵站物資のことである。戦術レベルの各前線機関における兵站物資保有状況をつぶさに観察しつつ、その都度迅速に補給することが求められる。
- 戦術レベルの物的サージキャパシティ：戦術レベルの物的サージキャパシティは、各前線機関で戦術指揮官が利用できる物資のことであり、各医療機関・保健所・検疫所で個別に備蓄している個人防護具等の各種装備品のことを指す。これらは、目の前で繰り広げられる事態対処行動にすぐに投入できるものでなければならない。

第三目　兵站物資の国内外からの調達・分配

危機管理医薬品やその他の装備品（個人防護具、マスク、消毒液、人工呼吸器等）を国内外から調達し、全国の戦術レベルの前線機関に分配するための兵站オペレーションの構築は、事態対処行動の行く末を左右する。

特に、危機管理医薬品の供給は、事態対処行動における医療措置の成否を決するチョークポイントである。第3章第二節第二項「兵站物資の備蓄（Stockpiling）・増産体制整備・輸入先多様化」でも述べた通り、危機管理医薬品については、天然痘等の既存の病原体に対するワクチン等は既に開発されており、事態準備行動期間中の備蓄が可能であるため、危機発生時においてはその備蓄を国民に放出すれば良い。一方、新型インフルエンザやDisease Xといった未知の病原体に対する危機管理医薬品は、そもそも危機発生時点では製品が存在せず備蓄など存在しないため、危機発生後から研究開発が急ピッチで行われる。したがって、兵站参謀は、危機管理医薬品に関する国内外の研究開発状況や調達状況について、企画参謀や作戦参謀と密に連携することが不可欠である。

各種装備品に関する国内の増産体制を確保するのも兵站参謀の任務である。民間機関に対して人工呼吸器や消毒液といった各種装備品の増産を依頼し、国内での供給量を増大する必要がある。

危機管理医薬品と各種装備品が国内で調達できなければ、海外より調達するほかない。危機管理医薬品に関する海外からの調達交渉は、企画参謀が担う方が適切である一方、調達の目処が立った後の実際の輸入に関するロジスティクスは、兵站部門が担う方が専門能力を活かせる。装備品に関する海外からの調達については、調達交渉から輸入に関するロジスティクスまで、一貫して兵站部門が担うのが効率的である。

ケーススタディ29

ワクチンを全国に分配するための兵站

全国にワクチンを分配して国民への接種体制を構築するためには、兵站が全てである。そして、その兵站を実行するためのヒト・モノ・カネを十分に手当てする必要があり、その全体像の設計は、非常に複雑多岐にわたるプロの仕事である。

ヒトについては、ワクチンの流通を担う卸売販売業者、接種会場で実際にワクチン接種を行う者（医療従事者に限るわけではない）、分配情報システムを構築する者、それらに関する事務を担う者などが挙げられる。

モノについては、ワクチン製剤そのもの、コールドチェーン（ワクチン製剤を推奨温度で保管・輸送するシステム）を支える冷凍設備、保管倉庫、配送トラックや飛行機等の交通手段、注射器、接種券（紙またはデジタル）、接種証明書（紙またはデジタル）などが挙げられる。

カネについては、ワクチン購入費用、物流費用、接種会場の借上費用・警備費用、ワクチン接種を行う者の雇用費用などが挙げられる。

これらが総合されて、初めて全国的なワクチン接種体制が確保できるのである。

参考：第25回厚生科学審議会予防接種・ワクチン分科会研究開発及び生産・流通部会資料（２０２０年12月10日）

ケーススタディ30

兵站物資の国際争奪戦

ＣＯＶＩＤ-19パンデミックの初期には、国際的にマスクや消毒液といった兵站物資の需要超過に陥り、争奪戦が発生した。結果としてこれらの価格が高騰。筆者も外国の薬局に立ち寄った際には、１人につき1枚だけ購入可、価格は約１０００円という超高額で、非常に驚いた。また、スウェーデンのマスク製造会社が、フランス経由でイタリアとスペインにマスクを供給しようとしたところ、フランス政府から輸出を禁じられ、マスクを押収されたなどの事態も発生したという。

このように、感染症危機においては限られた兵站物資を奪い合う国際争奪戦が発生することが予想されるため、平時から輸入先を多様化しておくと同時に、国内の開発・製造体制を整備しておくことが重要である。

第五項▼企画部門（Strategy, Plans, and Policy）

企画参謀（Strategy, Plans and Policy）は、運用部門の作戦参謀によって遂行されている現在進行形の事態対処行動の状況や、徐々に明らかになる病原体と感染症危機の性質を踏まえ、感染症危機管理組織の事態対処行動に中長期的に必要となる強化策等を企画・立案し、指揮官を補佐する。

具体的には、戦略レベルに位置する政府の感染症危機管理組織であれば、運用部門や法令部門、財務部門と連携しながら、国内の感染症危機管理関連法の改正や、予算要求の総合調整、事態対処行動中における危機管理医薬品の研究開発の推進、事態対処行動全体の見通しに関する中長期の戦略策定、事態の推移に応じたインシデント・コマンド・システムの組織構造の設計・改変などを担う。

そのため、事態対処行動の運用経験に加え、国内法及び国際法の知識、予算関連知識、医薬品研究開発の知識なども広範に求められる。特に、危機管理医薬品の研究開発についての機能を担う企画参謀には、一般的な医学・公衆衛生学に関する知識に加え、バイオエンジニアリングや金融、ベンチャーのエコシステム、薬事規制など、広範な領域にわたる学際的な知識体系が求められる。

これらの任務を遂行するにあたり重要なことは、運用部門の作戦参謀と企画部門の企画参謀の役割に関する明確な線引きである。すなわち、企画参謀は、作戦参謀が担う日々の運用業務からは明確に切り離され、落ち着いて中長期の戦略的思考を行い、議論が深められるよう、時間的・空間的余裕のある環境を与えられる必要がある。

第一目　戦略の種類と戦略目標

戦略レベルの企画参謀は、事態対処行動の中長期的な戦略を立案せねばならない。国家的な感染症危機管理の事態対処行動における戦略については、一種のスペクトラムを念頭に置く必要がある。

一般的に、感染症危機管理の戦略スペクトラムの一方の極には、「封じ込め戦略（Containment Strategy）」があり、もう一方の極には、「軽減戦略（Mitigation Strategy）」がある。これらは、一般的には公衆衛生措置の強度によってどちらの極に傾くかが決まる。

例えば、徹底した刑罰と行政罰によって、政府が国民に強度の高い公衆衛生措置を課す場合は、封じ込め戦略の極に近づく。一方、強度の高い公衆衛生措置を何ら課さない場合は、軽減戦略の

図表34　感染症危機管理の戦略スペクトラム

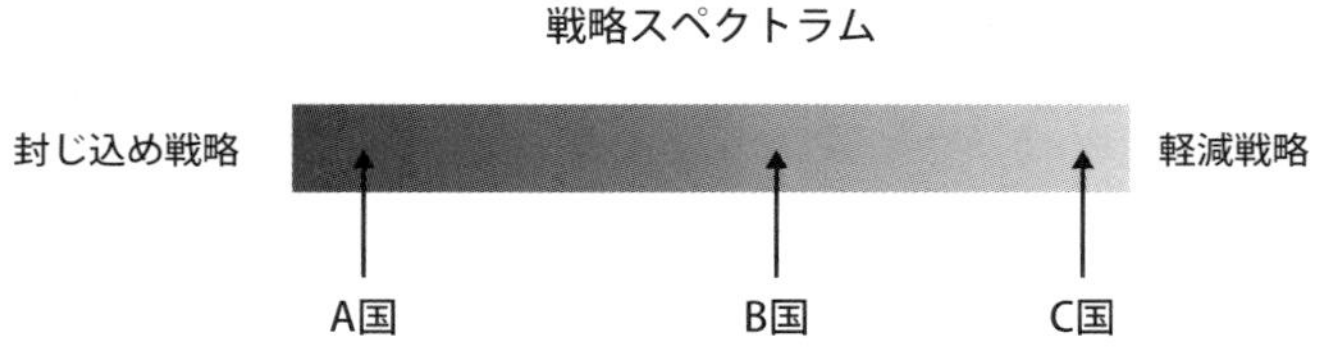

※あくまで概念的な考え方であって、どの国が戦略スペクトラム上のどこに位置すると厳密に言うことは難しい。

極に近づく。強度が高くなかったり、国民に対して何らの強制力も持たずに公衆衛生措置を課したりする場合は、両極の間のどこかに位置付けられることになるだろう。

事態対処行動で実施される特定の公衆衛生措置の総合的な強度は、第2章第三節第二項第二目で述べた通り、次のように概念的に表現できる。すなわち、概念的には、この数字が大きいほど「封じ込め戦略（containment strategy）」の極に近づき、小さいほど「軽減戦略（mitigation strategy）」に近づくと考えられる。

特定の公衆衛生措置の総合的な強度　＝　種類別強度　×
徹底度　×　期間

このように、各国が事態対処行動において採用する戦略の違いは、同一のスペクトラムの中で表現でき、いわば相対的である。概念的に、「封じ込め戦略」と「軽減戦略」のどちらの極に近い戦略を採用するのかについては、最終的には各国の大戦略レベルの政治判断に委ねられる。

封じ込め戦略は、感染症危機による国民の生命に対する直接的な侵害作用を阻止し、被害を低減するという感染症危機管理の第一義的な目的、すなわち、事態対処行動の作用に重点を置いた戦略であり、戦略目標は「死亡率を低く抑えること」である。

一方、軽減戦略は、事態対処行動の作用を通じて死亡者の抑制を目指すものの、副作用たる経済的繁栄への悪影響を軽減することも重視し、作用と副作用のバランスを図る戦略である。すなわち、戦略目標は「死亡率の抑制と経済的損失の抑制の両立」である。

これはどちらが正解というわけでもなく、あくまで大戦略レベルの政治判断であるということである。

戦略スペクトラムのどの位置を概念的に選択するにしても、戦略目標として、「死亡率を低く抑えること」という要素が含まれることは確実である。それは、事態対処行動における医療措置・公衆衛生措置・渡航措置の三つの手段を行使することで達成される。

この場合、指標としての「死亡率（mortality rate / death rate）」を、「致命率（CFR：case fatality rate）」や「罹患率（incidence rate）」、「有病率（prevalence rate）」などと混同してはならない。

第2章第三節第二項の感染者の重症度トライアングル（Severity Triangle）を活用した図表7を見るとわかるように、公衆衛生措置はそもそも社会における感染者を抑制するように作用する。したがって、例えば公衆衛生措置の強度を単純に比較する場合は、（医療措置の介入効果を同一と仮定すれば）「罹患率」を用いることが適切である。一方、医療措置は、（ワクチンの感染予防効果を除けば）感染した人間に対して作用する措置であることから、「致命率」を用いることが適切である。一方、事態対処行動における医療措置・公衆衛生措置・渡航措置の三つの手段を総合した効果を測るのであれば、「死亡率」が適切だろう。

ケーススタディ31

COVID-19に対する「封じ込め戦略」と「軽減戦略」

COVID-19パンデミックにおいて、中国は厳格な「封じ込め戦略」を採用した。第2章第三節第二項で述べたように、公衆衛生措置には、それを適用する主体別に①個人、②社会、③環境の三つの分類が存在するが、②社会の類型に位置付けられる健康監視や隔離、集会・イベントや外出の制限・禁止、都市封鎖（ロックダウン）、空港閉鎖などが、罰則付きで徹底的に履行された。

一方、「軽減戦略」の極に近い戦略を当初採用したのがスウェーデンである。スウェーデンは、強度の高い公衆衛生措置を実行せず、医療提供キャパシティが崩壊しない程度に自由な生活を国民に許容することで、社会におけるCOVID-19の流行を一定程度促し、早期に集団免疫を獲得する方法を模索した。

日本は、新型インフルエンザ等特別措置法上の緊急事態宣言を発出するも、都市封鎖等の強度の高い公衆衛生措置を実施せず、また、当初は罰則もなく要請ベースの実施であったことから、戦略スペクトラムにおいては両極の間のどこかに位置するものであると考えられる。

第二目　危機時における危機管理医薬品の研究開発・海外調達

危機の最中に、当該危機を発生させている病原体に特異的に作用する危機管理医薬品（診断薬・治療薬・ワクチン）の研究開発を担うのは企画参謀の任務であり、開発された危機管理医薬品の使用を担うのは、現下の日々の事態対処行動に従事する運用部門の作戦参謀である。

新型インフルエンザであれ、Disease Xであれ、感染症危機を発生させている未知の病原体に対して特異的に有効な危機管理医薬品を平時から作っておくことは不可能である。したがって、感染症危機が一度発生すれば、平時の事態準備行動期間中に整備しておいた危機管理医薬品の研究開発基盤を最大限利用することで、危機の最中に迅速に危機管理医薬品を開発する必要がある。すなわち、第3章第二節第一項で述べた平時の事態準備行動期間における基盤整備がどれだけできているかで、危機時の研究開発能力に差が生まれるのである。危機時になってあたふたしても、時既に遅しである。

本機能を担う企画参謀は、政府機関・学術機関・民間機関（製薬企業等）の能力を結集し、国家的な研究開発体制を構築し、診断薬・治療薬・ワクチンという一連の危機管理医薬品のラインナップを一刻も早く揃え、作戦参謀に武器として提供できるように努めなければならない。

危機管理医薬品の研究開発は、治験の実施等について、国内だけで完結させることが困難な状況が発生する可能性もある。その場合には、他国とも連携して実施する必要があるため、平時からそのような国家間連携体制（規制調和等）を整備し、危機時にすぐに活用できるようにしておくことが必要だ。

また、自国における危機管理医薬品の開発に成功したあかつきには、ＷＨＯの医薬品承認「ＰＱ（Prequalification）」の獲得等を通じ、当該製品を諸外国でも使用できるように、国際的なロビイングを行うことが必要となる。

一方で、万一自国における危機管理医薬品の開発に失敗した際には、成功した国及び企業に対し、一定量を提供してもらうことを外交的に要請しつつ、購入に向けた交渉が発生する。したがって、本機能を担う企画参謀には、国際的能力が必須だろう。交渉に成功し、海外から調達する目処が立った後、実際に危機管理医薬品を輸入するロジスティクスは、兵站部門が担うのが専門性の観点から適切である。

危機管理医薬品の供給は、事態対処行動における医療措置の成否を決するチョークポイントである。すなわち、危機管理医薬品を自国で開発・製造できず、その供給に関する意思決定を他国に握られるということは、自身の生死を他人に預けているようなものなのであり、可能な限り避けなければならない。どの国の為政者にとっても、まずは自国民の命を守ることが第一目的であり、他国民の命は二の次であるのは当然だ。自国で危機管理医薬品を開発・製造する能力を保持することは、危機管理上の譲れない一線なのである。

ケーススタディ32

日本政府の事態対処行動——企画参謀の不在

日本政府においてＣＯＶＩＤ-19パンデミック対策の指揮をとっていた鈴木康裕氏や、その他の政府高官に対するインタビューによれば、日本政府の事態対処行動には、一貫して企画参謀の機能が欠けていたという。

そして、理想的には、30〜50人規模の企画参謀で構成される企画部門が必要だということだ。その理由は、企画参謀は、国内の感染症危機管理関連法の改正や、予算要求の総合調整、事態対処行動中における危機管理医薬品の研究開発の推進、事態対処行動全体の見通しに関する中長期の戦略策定、事態の推移に応じた危機管理組織の組織構造の設計・改変など、多岐にわたる任務を担う必要があるため、様々な専門能力を持った数多くの人員が求められるからである。

彼らによれば、もし2020年1月の初動から参謀組織を整然と構築し、企画部門を設け、企画参謀を任命していれば、少なくとも以下の2点を達成することができたと考えられるという。

(1)事態対処行動における国家的な戦略の決定

2020年、COVID-19パンデミックの第1波で日本政府が採用した事態対処行動の戦略は「法的な強制力を伴う行動制限措置を採らず、クラスター対策による個別症例追跡と罰則を伴わない自粛要請と休業要請を中心とした行動変容策の組み合わせにより、感染拡大の抑止と経済ダメージ限定の両立」であった。(※) しかし、これは、戦略スペクトラムを明確に意識した上で、大戦略レベルによって明示的に意思決定されたものではなく、事態対処行動の末、振り返れば結果論としてそのような戦略として観察されるというものであった。

もし企画部門が存在し、中長期の戦略立案が可能だったのであれば、前述のような戦略を明確に意識しつつ、大戦略レベルの意思決定をサポートし、より体系的で常に先手を打ちに行くような事態対処行動を実施することができたと考えられる。

※『新型コロナ対応民間臨時調査会　調査・検証報告書』

(2)中長期的な危機の趨勢を見据えたワクチンの早期調達

日本政府は日々目の前で繰り広げられる国内の事態対処行動に追われ（主に運用部門の任務のみに終始していたという意味）、COVID-19パンデミック初期には、危機管理医薬品に関する中長期の展望を持つことができなかったという。結果として、COVID-19ワクチンに関する国内の研究開発促進がままならず、海外からのCOVID-19ワクチンの調達も一歩出遅れた感があるとのことだ。

このような反省から、事態対処行動の日々の運用とは完全に切り離され、中長期の各種戦略立案に特化した企画部門を設けることの重要性を強調した。重要なのは、企画部門が運用部門に巻き込まれないことだという。極端な言い方をすれば、運用部門は、日々目の前で繰り広げられる事態に対処するために、毎日必死に自転車を漕ぎ続ける。一方、企画部門は、中長期の戦略をじっくり練るために、時間的・空間的余裕のある環境を与えられ、お茶でも飲みながら議論を深めることが求められるということだ。

両者のイメージには大きな差があるが、それは単に求められる役割が違うからである。とはいえ、毎日必死に自転車を漕ぎ続けることだけをやっていては疲弊するし、人間の性として作戦参謀が企画参謀のゆとりある任務を妬ましく思うこともあるかもしれない。したがって、双方の任務をこなせる能力のある者については、本節第一項第三目で述べた「交替人事」を通じて配置換えを定期的に行うのも手だろう。

ケーススタディ33

危機管理医薬品の国家間連携体制

医薬品（危機管理医薬品を含む）の薬事審査承認制度は、各国ごとに異なる。したがって、危機時にはその規制制度の違いが壁となり、海外で開発された危機管理医薬品が国内で迅速に使用できず、事態対処行動の障害となるおそれがある。したがって、各国間の薬事に関する規制調和（regulatory harmonization）を推進することが重要である。ＣＯＶＩＤ-19パンデミックでは、２０２０年3月より薬事規制当局国際連携組織（ＩＣＭＲＡ：International Coalition of Medicines Regulatory Authorities）が議論を開始し、治療薬及びワクチンに関するワークショップを開催していた。

また、ＷＨＯは、ＣＯＶＩＤ-19に対する有効な治療薬を選定するため、治療薬に関する大規模な国際共同治験（「Solidarity Trial」と命名）を主催し、危機管理医薬品の選定に関する国家間連携体制を促した（ＷＨＯの有する「事態対処行動調整ハブ」機能の典型）。同治験は、30カ国以上の５００の医療機関で、約1万２０００人の患者に対して実施されたという。

ケーススタディ34

COVID-19ワクチン供給というチョークポイントを握られた日本

危機管理医薬品については、日本企業によるＣＯＶＩＤ-19ワクチンの研究開発が遅れ、我が国は外国にある企業が開発したワクチンに頼らざるを得なかった。具体的には、ファイザー社（米）／バイオンテック社（独）、モデルナ社（米）、アストラゼネカ社（英）、そしてＣＯＶＩＤ-19ワクチンの国際共同購入枠組み（ＣＯＶＡＸファシリティ）という四つのチャネルを通じて獲得を目指した。

そうしたところ、２０２１年1月29日、ＥＵは域内で製造するＣＯＶＩＤ-19ワクチンについて「輸出透明性・許可メカニズム」という域外に対する一種の実質的な輸出規制を開始（ＥＵは輸出規制ではないと主張）。ＥＵから日本へのワクチン供給スケジュールに影響が出たということだ。

第六項▼横断的機能

第一目　コミュニケーション部門（Public Affairs and Communication）

コミュニケーション部門に所属する広報参謀は、指揮官の命を受け、事態対処行動にかかるクライシスコミュニケーションを担当する。特に、コミュニケーション部門の部門長である報道官は、感染症危機管理組織の顔となって国内外メディアへの発信（クライシスコミュニケーション）を一元的に行うことにより、国民及びメディアの事態対処行動への理解を促進し、感染症危機管理組織が事態対処行動を円滑に実施することのできる言論空間を醸成する。

報道官をはじめとする広報参謀も感染症危機管理の専門性を有していることが望ましいが、それよりも重要なのは、メディア等での実務経験である。特に、国内外のメディアの前面に立つ報道官は、報道等のコミュニケーションに関する専門性を有していることが何より重要である。危機時にメディアとの関係構築の任も負うことから、メディアの論理を解することのできる経歴が必要なのである。

広報参謀は、自らの専門性を生かし、対外的な説明機会が多く発生することが予想される指揮官等に対し、専門的なコミュニケーション訓練を提供することも重要である。

感染症危機時には、2種類のコミュニケーションが求められる。それらは、受動的コミュニケーションと能動的コミュニケーションに分けることができよう。

前者は、新聞やテレビ等のマスメディアやインターネット、ソーシャルメディアの言論空間に溢れるいわゆるデマやフェイクニュース（インフォデミック（Infodemic）と呼ばれる）への対策である。インフォデミックを放置しておけば、事態対処行動への阻害要因となり、受益者である国民にとって有害である。したがって、感染症危機管理組織は積極的にインフォデミック対策を講じなければならない（出てきたデマなどを一つ一つ潰していくということ）。

後者は、我が国の事態対処行動の状況について、国内外に能動的にアピールする行為であり、パブリックディプロマシーと同義である。国内世論を適切に導き、国際世論戦を制するための戦いである。これにより、事態対処行動のための好意的な言論空間を醸成し、事態対処行動への効果を向上させることができる。

このことについて、福島原発事故の事態対処行動にあたった磯部晃一元陸将は、以下のように述べている。

> 高度にネットワーク化された現代においては、スピードと多言語での発信が国際社会において世論戦の勝敗を決すると言っても過言ではない。政府レベルでは、首脳レベルから実務レベルまで重層的にカウンターパートに対して、正確な情報を迅速に伝え、メディアに対しても、決定的に重要な情報を日本側から発信することにより、世論戦をリードすることが何よりも重要である。このためには、常日頃から幅広く、多くのヒューマン・ネットワークを構築しておくことが必要である。

リスクコミュニケーションの専門家である西澤真理子氏は、その著書『リスクコミュニケーション』で、平時のリスクコミュニケーションと、危機時のクライシスコミュニケーションの違いについて述べている。感染症危機時の事態対処行動における広報参謀の役割は、クライシスコミュニケーションの実施にある。未知との遭遇であり、事態が刻々と移り変わる感染症危機時においては、発表のスピードとタイミングが鍵であり、断片的にでもわかっていることはわかっていると言い、わからないことはわからないと言うことが、国民とメディアから信頼を得、感染症危機管理組織が事態対処行動を円滑に実施することのできる言論空間を醸成することに資する。西澤氏は、危機時には、首尾一貫した内容を伝達し、社会に混乱を来さないために、「統一したメッセージ」を「一つの機関」から出すことの重要性についても触れている。

また、筆者の同僚であったＷＨＯのコミュニケーション担当官は、「良いリスクコミュニケーションとは、大衆の恐怖のレベルを専門家の恐怖のレベルに適合させることである（Good risk communication aligns people's level of fear with the technical specialist level of fear.）」と述べている。

ケーススタディ35

我が国の海外向けクライシスコミュニケーション

２０２０年２月、大型客船ダイヤモンド・プリンセス号で発生したＣＯＶＩＤ-19アウトブレイク事案について、当初、日本政府から海外メディア等への説明が十分になされなかった等の理由から、国際的に様々な批判が巻き起こった。その後、日本政府は船内の感染制御策が適切であった旨を最終的に公表したものの、国際社会における日本の信用が一時的に低下したことから、本事案が、海外向けのクライシスコミュニケーションの重要性を改めて認識させるものであったことは間違いない。

後から振り返れば、船内のエピカーブ（流行曲線）といった各種情報をタイムリーに公表するなど、情報の透明化を徹底することによって国際世論を安心させることができたのではないかと推察されるが、厚生労働省及び国立感染症研究所を中心とするスタッフは、現場の事態対処にあたることが優先であり、同時に科学的な情報を整理して海外メディア向けに公表するというのは過度な負担だったという。

また、２０２０年5月、比較的強度の低い公衆衛生措置でも日本国内の感染状況がコントロールされていたことについて、「日本の奇妙な成功」として海外メディアが報じるなど、日本の対策状況がうまく海外に伝わっていないことが見受けられるような事案があった。

海外メディアとは、大抵は「欧米」主要メディアのことである。したがって、感染症危機管理組織の側も日本語ではなく英語を使用しつつ、ロジカルに話の内容を展開し、発信することが有効である。これらの対応にあたった日本政府職員の方は、「英語のハンディもあり、対外発信にスピード感を欠き、遅れがちになったとともに、そういった発信ができる人材も少なかった」と指摘している。

出典：『新型コロナ対応・民間臨時調査会 調査・検証報告書』

ケーススタディ36

ＭＥＲＳアウトブレイクに苦しむ韓国政府のクライシスコミュニケーション

２０１５年5月に韓国でＭＥＲＳアウトブレイクが発生した際には、その初期対応の失敗により感染が拡大し、朴槿恵政権の支持率が一気に10ポイント以上も下落した。さらに、日々の事態対処行動に追われているとは言え、韓国政府から国際社会への情報共有がなかなか行われなかったため、韓国政府に対する国際世論の不信感が高まっていた。この点は、日本政府が、２０２０年2月に大型客船ダイヤモンド・プリンセス号におけるＣＯＶＩＤ−19アウトブレイクの対応に追われ、国際社会への情報発信が十分になされず、国際世論の不信感が高まった状況に酷似している。

しかし、韓国政府は、翌6月にＷＨＯとの合同調査ミッションを実施し、情報の透明性をアピール。同ミッションによって国内及び国際社会への積極的な情報発信が行われたことで、国内外へのコミュニケーションが改善。韓国政府に対する国民及び国際社会の信頼が回復された。

このように、必然的にその発表が国際性を帯びるＷＨＯを活用して海外向けのクライシスコミュニケーションを改善することは非常に有用であり、我が国でも取り入れるべき手法である。

このＭＥＲＳアウトブレイクの反省を踏まえ、韓国ＣＤＣ（ＫＣＤＣ）はコミュニケーション部門を拡大し、コミュニケーションのプロを大量に雇用したということだ。

ケーススタディ37

COVID-19パンデミックにおけるWHOのクライシスコミュニケーション

ＣＯＶＩＤ-19パンデミックの初動においてＷＨＯが真っ先にやったことは、広報参謀（コミュニケーション・オフィサー）の大量採用である。世界の事態対処行動調整ハブとしての機能を有するＷＨＯは、大量のメディア攻勢にさらされる。対外コミュニケーションの失敗は、組織に対する外部の信頼を失墜させ、その後の回復は容易ではない。したがって、それらのメディア攻勢を適切にさばくため、コミュニケーションに関する専門性を有する外部の人材を大量に雇用したのである。

また、ＷＨＯのテドロス事務局長は、ほぼ毎日のペースで記者会見を実施することで、日々発生する世界中の問題をうまくフレームし、国際世論の流れを交通整理して導くことで、ＷＨＯが事態対処行動を実施するための好環境を醸成するのに役立てていた。例えば、連日の記者会見で、「連帯（solidarity）」という同じ単語を使って何度も呼びかけたり、「ワクチンの平等（vaccine equity）」という単語を繰り返し使い、先進諸国によるＣＯＶＩＤ－19ワクチンの囲い込みを排して世界に平等に行き渡る必要性を説いたりしていた。

第二目　他組織との調整・リエゾン部門（Coordination and Liaison）

大規模な危機時には、単一の危機管理組織のみで収束させることは困難であり、多くの危機管理組織が関与することになるのが常である。したがって、危機の収束という同一の目標に向け、異なる強みや管轄を有する複数の危機管理組織が全体として統一された事態対処行動を実施するにあたり、危機管理組織間または同一危機管理組織内の異なる部門間の調整が必然的に生じる。

本章第二節第二項で、指揮統制を可能ならしめる運用概念の一つとしての「調整機構」（Coordination Mechanism）について説明したが、その調整機構を駆動させるための重要な歯車が、「リエゾン」である。リエゾン派遣の目的は、異なる危機管理組織間の調整を容易にし、事態対処行動における効果的な協働を実現することである。相互にリエゾンを派遣することで、相手の組織が何を考えてどう動いているかについて、相手の言語を自身の言語に翻訳して理解することが可能になり、意思疎通が円滑化され、協働しやすくなるのだ。

リエゾン派遣には、縦のリエゾン派遣と、横のリエゾン派遣がある。縦のリエゾン派遣とは、感染症危機管理の三階層の異なる階層に位置する他の組織にリエゾンを派遣することである。また、横のリエゾン派遣とは、感染症危機管理の同じ階層に位置する他の危機管理組織にリエゾンを派遣することである。前者の具体例としては、中央政府から自治体へのリエゾン派遣、政府と自治体と前線機関との間の相互派遣などがある。後者の具体例としては、異なる省庁間の相互派遣、日本政府と外国政府の相互派遣、日本政府と国際機関の相互派遣が挙げられる。

他組織に派遣されたリエゾンは、個人で判断し、調整を実行に移すことのできる者である必要がある。したがってリエゾンには、主に作戦参謀の能力を有する比較的シニアの者を選任するのが適当だ。

第七項▼基盤的機能（Sustainment / Enablers）

第一目　危機管理センター（EOC）・通信部門

事態対処行動における通信活動を統括するのは、感染症危機管理組織を指揮する中央指揮所たる「危機管理センター（ＥＯＣ：Emergency Operations Center）」を管理する部門である。

ＥＯＣでは、感染症危機が発生した際に迅速に対応を行うことができるよう、平時からスタッフを常駐させて積極的に活用することが必須である。ＥＯＣを機能させるための「３Ｓ」として、Staff（人員）・Stuff（設備）・System（指揮統制支援システム）を整備する必要性については本章第二節第四項で既に述べたが、通信を統括する本部門は、Stuff（設備）及びSystem（指揮統制システム）の管理・運用に一元的な責任を負うことが求められる。

本部門が提供すべき具体的機能の代表例は、以下である。

- ＥＯＣ設備の保守管理
- 事態対処行動中の文書等の記録管理
- 事態対処行動で必要となる電話等の音声通信機器、ビデオ会議システム、インターネット環境の保守管理
- インテリジェンス・サイクルを機能させるための情報収集・処理・分析・伝達システムの保守管理
- 全通信機能に関するセキュリティの確保
- 他の危機管理組織のＥＯＣと連結されたＥＯＣネットワークの運用

危機管理センター（ＥＯＣ）・通信部門に所属する通信参謀は、事態対処行動に伴う通信の正確性や効率性を監督・整備し、指揮官の指揮統制が最大限発揮できるようにＥＯＣのデジタル機器等の運用などが求められる。したがって、ＥＯＣの運用に習熟したエンジニアの常駐が必要である。

また、ＥＯＣ及び各種通信設備は、事態対処行動における指揮統制を機能させるための基盤となる（指揮統制支援システム）。通信設備があることで、共通作戦状況図（ＣＯＰ）を通じた適切な状況認識（ＳＡ）を指揮官及びその他のスタッフに提供することが可能となり、初めてミッショ

ンコマンドによる「集権的統制と分散型実行」が達成できる。

第二目　法務部門（Legal Affairs）

法務部門に所属する法務参謀は、事態対処行動に係る国内法及び国際法上の妥当性や制約について、その都度解釈・検証し、指揮官を補佐する。具体的には、第2章第五節で述べた国内ルールと国際ルールに精通していることは最低限求められる。政府の感染症危機管理組織であれば、国会の対応も法務参謀の責任範囲だろう。

事態対処行動を行うためには、その行動の一つ一つに法的正当性が要求される。したがって、法務部門は、戦略・作戦・戦術レベルの事態対処行動について、その都度、国内法的妥当性と国際法的妥当性を検証し、事態対処行動を支えなければならない。また、当該危機に対処するために必要な事態対処行動が法的に担保されていないという現状が明らかになった場合には、必要に応じ、企画参謀と連携しつつ、国内の感染症危機管理関連法の改正についての対応を行う。

第三目　財務部門（Budget and Finance）

財務部門に所属する財務参謀は、第3章第三節の「カネのプリペアドネス」で述べた②〜④の危機時における資金調達策を活用し、事態対処行動に必要となる資金を獲得・分配する役割を担う。したがって、財務参謀には、財務や金融に関する専門知識が求められるだろう。

「②危機時における平時の財源確保スキームを活用した資金調達策（平時の資金調達スキーム）」については、財務部門は、事態対処行動に伴い突発的に必要となった各種資金について、予算案を策定し、財務当局との交渉を通じて獲得する。日本政府の例では、補正予算の獲得や、予備費の動員が例として挙げられるだろう。

「③危機時における公的資金を活用した資金調達策（危機時の資金調達スキームＡ）」を利用すれば、平時からプールしている基金から迅速な資金動員が可能である。

「④危機時における市場を活用した資金調達策（危機時の資金調達スキームＢ）」で述べた金融商品（保険形式と債券形式の二つの資金調達形式）を活用して市場から資金を調達する場合は、それらを調達するための厳密な基準が設定されているはずであり、③ほど迅速に資金を調達できるわけではないが、より多額の資金を動員できる可能性がある。

第四目　スタッフの安全管理部門（Staff Health and Wellbeing）

第3章第六節第六項の「業務継続計画（ＢＣＰ）」の項目でも述べたが、感染症危機が、事態対処行動を実行している感染症危機管理組織自体にも波及する場合（感染症危機管理組織のスタッフに感染者が多く発生する場合）もある。したがって、事態対処行動に従事するスタッフが感染する等の事態が発生した場合に備えて全面的なバックアップ体制を提供することは、スタッフが安心して任務に集中することができる環境の形成に繋がり、非常に重要である。

この任を負うのが、衛生参謀である。本部門は、事態準備行動中に既に策定されているはずのＢＣＰについて、感染症危機の特性に応じて改訂を加え、その実行に責任を有する部門である。また、本部門は、事態対処行動に従事するスタッフの心身の健康を維持するために、主に以下の二つの機能を提供する。[31]

- 予防サービス：スタッフに対して傷病等の健康被害が及ぶことを防ぐ。具体的には、ワクチン接種機会の提供、危機管理医薬品に関する情報の提供、労働衛生サービス、化学・生物・核・放射線災害（ＣＢＲＮ）等の脅威の排除、危機管理組織内の感染症流行状況の監視、衛生環境管理など。
- 治療等サービス：事態対処行動中に何らかの傷病を負ったスタッフに対するサービスを提供する。具体的には、傷病者の移動、治療、緊急医療搬送（ＭＥＤＥＶＡＣ：Medical Evacuation）、入院管理、医療物資管理、医療情報管理など。

本部門の部門長は、業務継続計画（ＢＣＰ）の項目で述べた「施設とスタッフの安全管理責任者（Security Warden）」に位置付けられ、ＢＣＰの10項目の改訂と実行に責任を負う。また、感染症危機管理組織に危機が及ぶ際には、非主要スタッフ（non-critical staff）の退避（出勤停止）のタイミングの判断について、指揮官を補佐する役目を担う。さらに、スタッフが実際に感染した際には、手厚い医療上のバックアップ体制を提供するだけでなく、緊急医療搬送のオペレーションを率いなければならない。

第八項▼参謀長・参謀副長 (Chief of Staff / Deputy Chief of Staff)

参謀長及び参謀副長は、常時指揮官と直接接触を持ち、指揮官の意図に沿うように参謀組織を統括する。指揮官と参謀長の個人的忠誠関係は密でなければならず、指揮官が参謀長を自身の希望で選定して良いとされている。

参謀長は、指揮官または副指揮官が指揮できない場合や、両者が不在の場合は、指揮官の意図に沿った命令を参謀組織に伝え、必要な決定を行う。

また、参謀組織の部門間調整も参謀長・参謀副長の主要任務である。

第七節　感染症危機後を見据えた外交 ——危機後の国際秩序の構築

国内の事態対処行動を円滑に遂行するためには、感染症危機管理組織におけるインシデント・コマンド・システムを構成する様々な部門の参謀に国際的能力が要求されることは、これまで述べた通りである。

しかし、感染症危機時には、国内の事態対処行動の傍ら、危機の最中から危機後を見据えた国際秩序の構築に関する外交的闘争が始まるのが常である。我が国は、国内戦線の事態対処行動に注力することで国内的責務を果たすことは言うまでもない。しかし、同時に、危機後の国際秩序が我が国の国益と国際公益の双方を満足する形で構築されるよう、自ら主体的に国際秩序を構想し、海外アクターに対して能動的に働きかける必要がある。

危機後を見据えた国際秩序の構想は、第2章第五節第二項第三目の「国家間協力」で述べたように、①志を同じくする諸国で構成する国際秩序、②地域秩序、③世界秩序の三つのドメインで考えることが有用である。そして、これら異なるドメインを俯瞰的に捉え、各ドメインにおける感染症危機に関する個別政策の有機的結合が、国益と国際公益の双方に資するような絵姿（政策体系）を構想し、実行することが重要である。

このような感染症危機後を見据えた外交機能は、国内の事態対処行動の遂行のために作られたインシデント・コマンド・システムには馴染まず、組み込むべきではない。しかし、同インシデント・コマンド・システムと密に連携し、情報を共有しながら外交活動を展開する必要がある。

危機後の国際秩序は、我が国の「国益」と「国際公益」の双方を満足する形で構築されることが望ましいと述べたが、この観点は非常に重要である。国内戦線と世界戦線が同期する特性を持つ感染症危機において、国際社会との協働は不可欠だ。第2章第三節第一項で述べたように、感染症危機管理における国際的な協力関係の構築には、各国・国際機関との事態対処協力と、国際的な資源獲得競争における協調という二つの目的がある。国内的な利益ばかりを追求する国は、いざというときに他国からの協力が得られない。したがって、国内の事態対処行動と並行し、国際社会に対する協力も惜しまず行うことが求められる。国内的責務に加えて国際的責務も果たし、国際政治上の政治資産（political asset）を蓄積することで、初めて我が国の「国益」にも適う国際秩序の構築が可能となるのである。

ケーススタディ38

COVAXワクチン・サミットの開催

2021年6月2日、日本政府とGaviワクチンアライアンスは、COVAXワクチン・サミット（AMC増資首脳会合）を開催した。

「COVAX ファシリティ」とは、COVID-19ワクチンに対する世界各国の公平なアクセスを確保するための国際的な共同購入枠組み（資金調達・ワクチン供給調整メカニズム）のことであり、Gaviワクチンアライアンス主導の下で設立された。COVAXファシリティの枠組みの中で、特に途上国向けのワクチン供給を支援する仕組みである「COVAX

ＡＭＣ（Advance Market Commitment）」では、２０２１年末までに合計83億米ドル（対象となる途上国の人口約30％に相当する18億回分のワクチンを確保するための資金調達目標）の資金が必要と試算されていた。ＣＯＶＡＸワクチン・サミットは、そのＣＯＶＡＸ ＡＭＣに対して各国からの資金拠出を促すための首脳レベルの会合である。日本政府は、ＣＯＶＡＸワクチン・サミットにおいて8億ドルの追加支援を表明した（それまでに2億ドルの支援を既に表明していたので、合計10億ドル）。また、日本の取りまとめや働きかけの結果、その他の政府及び民間セクターからも多くの追加の資金拠出が表明されたことにより、83億米ドルを大きく超える額を確保することができた。

ＣＯＶＡＸ ＡＭＣはあくまで途上国向けの国際的な枠組みであり、日本が直接的に利益を享受するわけではない。しかし、国内戦線と世界戦線の同期性という特性を有する感染症危機管理では、国内戦線の危機の収束と同様に、世界各国における危機の収束も重要である。したがって、日本政府は、このような危機時の外交活動を通じて国際的責務を果たすことで、危機後の国際秩序の構築を念頭に国際政治上の政治資産を蓄積しつつ、国内の事態対処行動にも好影響を与えているのである。

注

（1）Van Creveld, M. (1985, July). *Command in War.* Harvard University Press.

（2）永田高志、石井正三、長谷川学、寺谷俊康、水野浩利、深見真希、レオ・ボスナー監訳『緊急時総合調整システム基本ガイドブック——あらゆる緊急事態（All Hazard）に対応するために』東京法規出版、２０１４年

（3）磯部晃一『トモダチ作戦の最前線——福島原発事故に見る日米同盟連携の教訓』彩流社、２０１９年

（4）永田高志、石井正三、長谷川学、寺谷俊康、水野浩利、深見真希、レオ・ボスナー監訳『緊急時総合調整システム基本ガイドブック——あらゆる緊急事態（All Hazard）に対応するために』東京法規出版、２０１４年

（5）US Joint Publication 1, Doctrine for the Armed Forces of the United States（25 March 2013, incorporating change 1, 12 July 2017）.

（6）US Joint Publication 1, Doctrine for the Armed Forces of the United States（25 March 2013, incorporating change 1, 12 July 2017）.

（7）US Joint Publication 3-0, Joint Operations（17 January 2017, incorporating change 1, 22 October 2018）.

（8）米軍統合ドクトリンでは、基本的には「Centralized Planning and Direction」とされているが、空軍関係のドクトリンでは「Centralized Control」となっている。本書では、感染症危機管理において必要となる「国土全体にわたる組織的に統一された活動」という点に鑑み、「集権的統制」を使用することにする。

（9）山下隆康「米軍の指揮統制関係」『防衛研究所紀要』第21巻第1号（２０１８年12月）、２３３頁。

（10）中村好寿『自衛隊幹部学校戦略教官が教える〈米軍式〉最強の意思決定』パンダ・パブリッシング、２０１８年

（11）US Joint Publication 1, Doctrine for the Armed Forces of the United States（25 March 2013, incorporating change 1, 12 July 2017）.

(12) US Joint Publication 2–0, Joint Intelligence (22 October 2013).

(13) FEMA. (2017, October). *National Incident Management System*, 3rd edition.

(14) 永田高志、石井正三、長谷川学、寺谷俊康、水野浩利、深見真希、レオ・ボスナー監訳『緊急時総合調整システム基本ガイドブック――あらゆる緊急事態（All Hazard）に対応するために』東京法規出版、2014年

(15) 佐々淳行『公務員研修双書　危機管理』ぎょうせい、1998年

(16) 佐々淳行『公務員研修双書　危機管理』ぎょうせい、1998年

(17) NATO AJP-3―Allied Joint Doctrine for the Conduct of Operations, edition C, version 1 (February 2019).

(18) 参謀と幕僚の違いについては、『日本の参謀本部』（大江志乃夫著）の以下の記述が参考になる。「参謀部を有する高級司令部には、『兵謀の図略』を本務とする参謀官のほか、『日常の庶務』つまり軍事行政事項を専任とする副官などの職がおかれ、これらを全体として幕僚と呼んだのである。のちに鎮台制度が師団制度に改変されて一八八八年（明治二一）に師団司令部条例が制定されたとき、参謀部は参謀長が統括する参謀部と高級副官が統括する副官部に分離した。軍令事項を参謀部、軍政事項を副官部が管掌することになり、参謀長は両部にたいする監督権を持ち、両部の所属将校をあわせて幕僚と呼ぶようになった。もっとも当初から幕僚という用語の使い方は法規のうえでもあいまいであり、このあいまいな使い方は日本陸軍の最後までそのままであった。ひろい意味では、中央の参謀本部・陸軍省を含めて、軍令事項と軍政事項の管掌者をあわせて幕僚と呼び、せまい意味では参謀将校とおなじ意味で幕僚という言葉が使われた。」

(19) US Joint Publication 2–0, Joint Intelligence (22 October 2013).

(20) US Joint Publication 2–0, Joint Intelligence (22 October 2013).

(21) US Joint Publication 2–0, Joint Intelligence (22 October 2013).

(22) US Joint Publication 2–0, Joint Intelligence (22 October 2013).

(23) Plotkin, S. A. Orenstein, W. A., Offit, P. A., & Edwards, K. M. (2017, June). *Plotkin's Vaccines*. Elsevier.

(24) ワクチンが特定社会集団で達成する成果は、3段階に分けられる。第1段階は「制圧(control)」、第2段階は「排除(elimination)」、第3段階は「根絶(eradication)」である。「制圧」は、病原体による感染は同集団の中で依然として発生しているが、社会に大きな影響を与えることなく、社会的には無視できる状態のことを指す。「排除」は、一国内での病原体による感染が完全に消え去ったものの、依然として他国から侵入する恐れがある状態のことを指す(例:ポリオ)。「根絶」は、地球上から病原体が消え去り、ワクチン接種をやめてしまっても新たな感染が発生することがない状態を指す(例:天然痘)。

(25) 日本ワクチン学会編『ワクチン——基礎から臨床まで』朝倉書店、2018年

(26) 防衛庁編『防衛白書(平成16年版)』

(27) 防衛庁編『防衛白書(平成17年版)』

(28) 防衛省編『防衛白書(令和2年版)』

(29) 福山隆『兵站——重要なのに軽んじられる宿命』扶桑社、2020年

(30) US Joint Publication 4–0, Joint Logistics (4 February 2019, incorporating change 1, 8 May 2019).

(31) US Joint Publication 4–0, Joint Logistics (4 February 2019, incorporating change 1, 8 May 2019).

(32) 中村好寿『「作戦」とは何か——戦略・戦術を活かす技術』中央公論新社、2019年

(33) 中村好寿『「作戦」とは何か——戦略・戦術を活かす技術』中央公論新社、2019年

(34) US Joint Publication 4–02, Joint Health Services (11 December 2017, incorporating change 1, 28 September 2018).

おわりに

医学や公衆衛生学を含む科学技術は、国家の危急存亡に際し、危機の最中にこそ広範かつ急激な発達を遂げてきたという人類の歴史がある。おそらく、今般のＣＯＶＩＤ‐19パンデミックという国家的危機に際し、我が国においても多くの技術的発展が見られることだろう。しかし、そこに通底する危機管理活動のエッセンスは、幾ばくかの漸進的変化はあろうとも、突然変異的な変化を見せることはないだろう。そこにはまだ、本書が提供できる視点もあることを期待したい。

危機管理には、ソフト（問題解決の思想・方法論）と、それらを現実社会で実装するハード（法的・人的・財政的制度）の二つの理論的側面が存在し、本書はそのソフト面について体系的に述べたものであることを序章で述べた。本書で述べた内容をいかにハードとして社会実装するか、すなわち、法を制定し、それを実行する感染症危機管理組織を適切な組織構造に組み替え、訓練された一流の人材を養成し、十分な設備・物資・資金を用意することで、我が国を一流の危機管理国家とすることできるか否かは、感染症危機管理の前面に立つ関係者一人一人の努力にかかっている。しかし、それだけでもまだ十分でない。

米国のケネディ大統領は、核戦争の脅威にさらされていた冷戦構造を踏まえ、１９６１年の就任演説で以下のように述べている。

アメリカ国民の皆さん、あなたの国があなたのために何ができるかではなく、あなたがあなたの国のために何ができるかを問うてほしい。世界の市民の皆さん、アメリカがあなたのために何をするかを問うのではなく、我々が人類の自由のために、一緒に何ができるかを問うてほしい。

(My fellow Americans: ask not what your country can do for you, ask what you can do for your country. My fellow citizens of the world: ask not what America will do for you, but what together we can do for the freedom of man.)

感染症危機管理は総力戦であり、政府などの感染症危機管理組織だけでは事態対処行動を完遂し得ない。国民一人一人の協力が必須である。また、国内戦線と世界戦線が同期する特性を有する感染症危機管理においては、自らの国が国内的責務を果たすと同時に、国際的責務をも果たさねば、危機の収束は望めない。したがって、このケネディ大統領の言葉は、感染症危機管理の文脈でこそ、より一人一人の心に響くのではないかと思う。

感染症危機管理では、常に世界の国際公益を見据えつつ、自国の国益のために尽くすことが重要だ。２０１４年12月、筆者は、とある自衛隊の基地にいた。西アフリカを震源地とするエボラ出血熱の対策にあたり、感染症臨床・感染管理を専門とする医師や、自衛隊の方々などと連携して政策を作っていた。お名前は伏せるが、当時の航空自衛隊副司令が仰っていた以下の言葉は、感染症危機管理に従事する者の心構えとして、生涯忘れることはないだろう。

眼（まなこ）は世界に。心は祖国に。

今後、感染症危機管理を志す方々には、この言葉の意味することを意識しつつ、祖国と国際社会のために力を尽くしていただくことを期待したい。その過程で、本書が何らかの役に立てば、望外の幸せである。

参考文献

〈英語資料〉

Alberts, D. S. & Hayes, R. E.（2006, January）. *Understanding Command and Control.* CCRP.

Allison, G. & Zelikow, P.（1999, January）. *Essence of Decision—Explaining the Cuban Missile Crisis.* Longman.

Australia Group.（2018, February）. *Australia Group Common Control List Handbook* Volume II: Biological Weapons-Related Common Control Lists.

CDC & FBI.（2016）. *Joint Criminal and Epidemiological Investigations Handbook,* 2016 international edition.

Clausewitz, C.（1976）. *On War.* Edited & Translated by M. Howard & P. Paret. Princeton University Press.

FEMA.（2017, October）. *National Incident Management System,* 3rd edition.

Francis, M. E., King, M. L., & Kelvin, A. A.（2019, January）. Back to the Future for Influenza Preimmunity—Looking Back at Influenza Virus History to Infer the Outcome of Future Infections. *Viruses,* 11（2）, 122. https://doi.org/10.3390/v11020122

Gaddis, J. L.（2018, April）. *On Grand Strategy.* Allen Lane.

Global Partnership Against the Spread of Weapons and Materials of Mass Destruction website https://www.gpwmd.com/（原稿執筆時点）

Hart, B. H. L.（2008）. *Strategy.* BN Publishing.

Morgenthau, H. J.（1952, December）. Another “Great Debate”: The National Interest of the United States（pp. 961–988）. *The American Political Science Review,* 46（4）. Retrieved from https://www.jstor.org/stable/1952108

NATO AJP-01(D)—Allied Joint Doctrine（December 2010）.

NATO AJP-3—Allied Joint Doctrine for the Conduct of Operations, edition C, version 1（February 2019）.

Plotkin, S. A., Orenstein, W. A., Offit, P. A. & Edwards, K. M.（2017, June）. *Plotkin's Vaccines*. Elsevier.

The Australia Group website https://www.dfat.gov.au/publications/minisite/theaustraliagroupnet/site/en/index.html（原稿執筆時点）

US Joint Publication 1, Doctrine for the Armed Forces of the United States（25 March 2013, incorporating change 1, 12 July 2017）.

US Joint Publication 1-0, Joint Personnel Support（31 May 2016）.

US Joint Publication 2-0, Joint Intelligence（22 October 2013）.

US Joint Publication 2-01, Joint and National Intelligence Support to Military Operations（5 July 2017）.

US Joint Publication 3-0, Joint Operations（17 January 2017, incorporating change 1, 22 October 2018）.

US Joint Publication 3-30, Joint Air Operations（25 July 2019）.

US Joint Publication 4-0, Joint Logistics（4 February 2019, incorporating change 1, 8 May 2019）.

US Joint Publication 4-02, Joint Health Services（11 December 2017, incorporating change 1, 28 September 2018）.

US Joint Publication 5-0, Joint Planning（16 June 2017）.

US Joint Publication 6-0, Joint Communications System（10 June 2015, incorporating change 1, 4 October 2019）.

Van Creveld, M.（1985, July）. *Command in War*. Harvard University Press.

WHO R&D Blueprint（WHO website）

WHO.（2004, August）. Laboratory biosafety manual, 3rd edition.

WHO.（2017, June）. Emergency response framework（ERF）, 2nd edition.

WHO. (2020, December). Laboratory biosafety manual, 4th edition.

WHO. (2017, May). Pandemic influenza risk management.

WHO. (2020, March 22). Interim guidance—Critical preparedness, readiness and response actions for COVID-19.

WHO. (2020, April 16). Interim guidance—Considerations in adjusting public health and social measures in the context of COVID-19.

WHO. (2019). Global Influenza Programme—Non-pharmaceutical public health measures for mitigating the risk and impact of epidemic and pandemic influenza.

WHO. (2020, March 20). Interim guidance—Global surveillance for COVID-19 caused by human infection with COVID-19 virus.

WHO. (2020, March 26). Interim guidance—Operational considerations for COVID-19 surveillance using GISRS.

WHO. (2020, April 2). Interim guidance—Considerations in the investigation of cases and clusters of COVID-19.

WHO. (2020, May 10). Interim guidance—Contact tracing in the context of COVID-19.

WHO. (2020, November 4). Interim guidance—Considerations for implementing and adjusting public health and social measures in the context of COVID-19.

WHO. (2020, December 16). Interim guidance—Public health surveillance for COVID-19.

WHO. OpenWHO.org—Incident Management System (Tier 1).

WHO. OpenWHO.org—IMS Tier 2: Working in WHO's Incident Management System.

WHO. OpenWHO.org—Introduction: Operational Readiness (Tier 1).

WHO. OpenWHO.org—Management and Facilitation of an After Action Review (AAR).

World Economic Forum. (2020, March 15). A visual history of pandemics. Retrieved from https://www.weforum.

org/agenda/2020/03/a-visual-history-of-pandemics（原稿執筆時点）

〈日本語資料〉

B・H・リデルハート（市川良一訳）『リデルハート戦略論――間接的アプローチ（上）』原書房、２０１０年
B・H・リデルハート（市川良一訳）『リデルハート戦略論――間接的アプローチ（下）』原書房、２０１０年
H・ニコルソン（斎藤眞、深谷満雄訳）『外交』東京大学出版会、１９６８年
J・D・ニコラス、G・B・ピケット、W・O・スピアーズ（野中郁次郎監訳、谷光太郎訳）『統合軍参謀マニュアル』白桃書房、２００９年
一般財団法人アジア・パシフィック・イニシアティブ『新型コロナ対応・民間臨時調査会　調査・検証報告書』ディスカヴァー・トゥエンティワン、２０２０年
磯部晃一『トモダチ作戦の最前線――福島原発事故に見る日米同盟連携の教訓』彩流社、２０１９年
岩沢雄司『国際法』東京大学出版会、２０２０年
エーリヒ・ルーデンドルフ（伊藤智央訳・解説）『ルーデンドルフ　総力戦』原書房、２０１５年
大江志乃夫『日本の参謀本部』吉川弘文館、２０１８年
外務省『オーストラリア・グループ（AG：Australia Group）の概要』、２０２０年11月、https://www.mofa.go.jp/mofaj/gaiko/bwc/ag/gaiyo.html（原稿執筆時点）
片岡徹也編著、戦略研究学会編『戦略論大系　③モルトケ』芙蓉書房出版、２００２年
金谷治訳注『論語』岩波文庫、１９９９年
兼原信克『戦略外交原論』日本経済新聞出版社、２０１１年
北川敬三『軍事組織の知的イノベーション――ドクトリンと作戦術の創造力』勁草書房、２０２０年

クラウゼヴィッツ（清水多吉訳）『戦争論（上）』中公文庫、２００１年
クラウゼヴィッツ（清水多吉訳）『戦争論（下）』中公文庫、２００１年
グレアム・アリソン、フィリップ・ゼリコウ（漆嶋稔訳）『決定の本質――キューバ・ミサイル危機の分析 第2版 Ⅰ』日経ＢＰ、２０１６年
グレアム・アリソン、フィリップ・ゼリコウ（漆嶋稔訳）『決定の本質――キューバ・ミサイル危機の分析 第2版 Ⅱ』日経ＢＰ、２０１６年
郷田豊、李鐘學、杉之尾宜生、川村康之『「戦争論」の読み方――クラウゼヴィッツの現代的意義』芙蓉書房出版、２００１年
呉兢（守屋洋訳）『貞観政要』ちくま学芸文庫、２０１５年
小林勝人訳注『孟子（上）』岩波文庫、１９６８年
小林勝人訳注『孟子（下）』岩波文庫、１９７２年
佐々淳行『公務員研修双書　危機管理』ぎょうせい、１９９７年
佐々淳行『完本　危機管理のノウハウ――信頼されるリーダーの条件・闘うリーダーの条件・危機に強いリーダーの条件』文藝春秋、１９９１年
ジョセフ・Ｓ・ナイ・ジュニア（田中明彦、村田晃嗣訳）『国際紛争――理論と歴史（原書第7版）』有斐閣、２００９年
ジョン・ルイス・ギャディス（村井章子訳）『大戦略論』早川書房、２０１８年
新型インフルエンザ（Ａ／Ｈ１Ｎ１）対策総括会議『新型インフルエンザ（Ａ／Ｈ１Ｎ１）対策総括会議報告書』２０１０年
第１４７回国会衆議院法務委員会第13号会議録（平成12年4月18日）

第25回厚生科学審議会予防接種・ワクチン分科会研究開発及び生産・流通部会資料（２０２０年12月10日）
髙嶋博視『指揮官の条件』講談社現代新書、２０１５年
田村尚也『各国陸軍の教範を読む』イカロス出版、２０１５年
堂下哲郎『作戦司令部の意思決定――米軍「統合ドクトリン」で勝利する』並木書房、２０１８年
戸部良一、寺本義也、鎌田伸一、杉之尾孝生、村井友秀、野中郁次郎『失敗の本質――日本軍の組織論的研究』ダイヤモンド社、１９８４年
内閣府地方創生推進室、内閣官房まち・ひと・しごと創生本部事務局「Ｖ-ＲＥＳＡＳ」ウェブサイト https://v-resas.go.jp/
永田高志、石井正三、長谷川学、寺谷俊康、水野浩利、深見真希、レオ・ボズナー監訳『緊急時総合調整システム基本ガイドブック――あらゆる緊急事態（All hazard）に対応するために』東京法規出版、２０１４年
中村好寿『「作戦」とは何か――戦略・戦術を活かす技術』中央公論新社、２０１９年
中村好寿『自衛隊幹部学校戦略教官が教える〈米軍式〉最強の意思決定』パンダ・パブリッシング、２０１８年
西澤真理子『リスクコミュニケーション』エネルギーフォーラム新書、２０１３年
日本ワクチン学会編『ワクチン――基礎から臨床まで』朝倉書店、２０１８年
福山隆『兵站――重要なのに軽んじられる宿命』扶桑社、２０２０年
防衛大学校安全保障学研究会編著、武田康裕、神谷万丈責任編集『新訂第5版　安全保障学入門』亜紀書房、２０１８年
防衛省・自衛隊「予備自衛官制度の概要」https://www.mod.go.jp/gsdf/reserve/yobiji/index.html（原稿執筆時点）
防衛省編『防衛白書（令和２年版）』
防衛庁編『防衛白書（平成16年版）』

防衛庁編『防衛白書（平成17年版）』
松村劭『戦術と指揮――命令の与え方・集団の動かし方』ＰＨＰ文庫、２００６年
眞邉正行編著『防衛用語辞典』国書刊行会、２０００年
モーゲンソー（原彬久監訳）『国際政治――権力と平和（上）』岩波文庫、２０１３年
モーゲンソー（原彬久監訳）『国際政治――権力と平和（中）』岩波文庫、２０１３年
モーゲンソー（原彬久監訳）『国際政治――権力と平和（下）』岩波文庫、２０１３年
山本草二『新版 国際法』有斐閣、１９９４年
ヤン・オングストローム、Ｊ・Ｊ・ワイデン（北川敬三監訳）『軍事理論の教科書――戦争のダイナミクスを学ぶ』勁草書房、２０２１年
吉川直人、野口和彦編『国際関係理論』勁草書房、２００６年
ヨハン・ギセック（山本太郎、門司和彦訳）『感染症疫学――感染性の計測・数学モデル・流行の構造』昭和堂、２０１２年
留守晴夫『常に諸子の先頭に在り――陸軍中將栗林忠道と硫黄島戰』慧文社、２００６年

謝辞

冒頭で記載した通り、筆者は、これまでの職業人生において、多くの感染症危機管理を経験する機会を得た。その際、多くの同僚から、危機管理における技法やリーダーシップを学んだ。本書の内容は、共に危機管理に取り組んだ同僚から得た示唆を多分に含んでいる。

ここに、個々の危機事案において筆者を指導してくださった先輩諸氏に、感謝を述べたい（肩書きは全て当時のもの）。

〈筆者に感染症危機管理についてご指導下さった方々〉

- 中国のＨ７Ｎ９鳥インフルエンザアウトブレイク対策（２０１３年）：厚生労働省健康局結核感染症課の正林督章課長、難波江功二課長補佐、齋藤智也課長補佐、岡邦子主査。
- 西アフリカのエボラ出血熱対策（２０１４～15年）：同省大臣官房の鈴木康裕技術総括審議官、大臣官房厚生科学課の姫野泰啓健康危機管理・災害対策室長、関谷悠以国際健康危機管理調整官、健康局結核感染症課の井上肇課長、難波江功二課長補佐、中谷祐貴子課長補佐、梅木和宣課長補佐、加賀山成久課長補佐、齋藤基輝係長、有本博文係長、有村秀一係員、同局総務課の野﨑伸一課長補佐、国立保健医療科学院健康危機管理研究部の齋藤智也上席主任研究官、外務省領事局政策課の飯田慎一課長、上垣礼子課長補佐ほか。

- 韓国のＭＥＲＳアウトブレイク対策（２０１５年）：エボラ出血熱対策でご指導いただいた右記の方々に加え、ＷＨＯ西太平洋地域事務局の幹部の方々。
- 感染症危機管理に関する外交政策：厚生労働省の鈴木康裕医務技監、山本尚子総括審議官、佐原康之総括審議官、難波江功二課長補佐、江副聡国際保健企画官、外務省国際協力局国際保健政策室の鷲見学室長ほか。
- コンゴ民主共和国エボラ出血熱アウトブレイク対策（２０１９年）、ＣＢＲＮ災害対策（２０１９年）及びＣＯＶＩＤ–19パンデミック対策（２０２０年）：WHO Director-General の Tedros Adhanom Ghebreyesus 氏、Health Emergencies Programme Executive Director の Mike Ryan 氏、Incident Manager の Rob Holden 氏と Tom Grein 氏、筆者の Supervisor であった Jorge Castilla 氏、ＩＨＲ事務局の Carmen Dolea 氏。

また、本書の出版にあたり、以下でお名前を挙げた方々や、ご事情等によりここでは実際にお名前をご紹介することができない複数の方々より、専門的な見地からご助言を頂戴した。

磯部晃一氏（第37代東部方面総監、陸将）

江副聡氏（外務省国際協力局国際保健政策室長）

國井修氏（世界エイズ・結核・マラリア対策基金（グローバルファンド）戦略・投資・効果局長）
齋藤智也氏（国立感染症研究所感染症危機管理研究センター長）
鈴木康裕氏（国際医療福祉大学副学長、厚生労働省顧問、初代厚生労働省医務技監）
中谷比呂樹氏（慶應義塾大学訪問教授、公益社団法人グローバルヘルス技術振興基金代表理事、前ＷＨＯ執行理事会議長）

感染症危機管理に関する筆者の考えを汲み取っていただき、本書の編集と出版を快く引き受けて下さった東洋経済新報社の渡辺智顕氏と、同時期に東洋経済オンラインで筆者が感染症危機管理について連載していた際に編集をご担当いただいた倉沢美左氏に深く御礼を申し上げたい。本書を上梓することができたのは、お二人のお陰である。

最後に、一般財団法人アジア・パシフィック・イニシアティブの船橋洋一理事長と仲川聡事務局長に心からの感謝を申し上げたい。筆者の言論活動は、お二人のお力添えがなければなし得なかった。紙面の関係で残念ながらここに述べることができなかった方々からも、多くのご指導と学びをいただいた。この場を借りて、心より感謝申し上げます。

【著者紹介】

阿部圭史（あべ　けいし）

前WHO（世界保健機関）健康危機管理官、医師。専門は国内外の感染症危機管理、国際保健外交。1986年生まれ。北海道大学医学部卒業。ジョージタウン大学外交大学院修士課程（国際政治・安全保障専攻）修了。国立国際医療研究センターで初期研修医（脳神経外科専攻）を経たのち、厚生労働省入省。ワクチン政策や診療報酬改定等の内政政策、国連やWHO等の国際機関や諸外国との外交政策、国際的に脅威となる感染症に関する危機管理政策に従事。また、WHO本部で感染症危機管理政策、大量破壊兵器に対する公衆衛生危機管理政策、中東・アフリカ地域の脆弱国家における人道危機対応に従事。国連軍縮部生物兵器禁止条約履行支援ユニットでは、専門家として生物兵器対策に関与。本書が初の単著。共著に、『新型コロナ対応・民間臨時調査会　調査・検証報告書』（ディスカヴァー・トゥエンティワン）がある。

感染症の国家戦略

日本の安全保障と危機管理

2021年8月26日発行

著　者——阿部圭史
発行者——駒橋憲一
発行所——東洋経済新報社
〒103-8345　東京都中央区日本橋本石町 1-2-1
電話＝東洋経済コールセンター　03(6386)1040
https://toyokeizai.net/

装　丁…………秦　浩司
ＤＴＰ…………アイランドコレクション
印刷・製本……丸井工文社
編集協力………小林茂樹
編集担当………渡辺智顕

　ISBN 978-4-492-44461-0
